MARCO POLO

MITTELMEER

Schon die Anreise mit dem Kreuzfahrtschiff ist etwas Besonderes, denn vom Wasser aus sieht die Welt gleich ganz anders aus.
Vielfältige Ziele, Kunst und Kultur, Land und Leute – auf einer Kreuzfahrt erleben Sie die bunte Vielfalt des Reisens. Und nicht nur das, die modernen Liner warten natürlich auch mit Unterhaltung und Entspannung an Bord auf.
Gute Reise und Schiff ahoi auf Ihrer Route rund ums Mittelmeer!

SYMBOLE

INSIDER TIPP Insider-Tipp
★ Highlight
Schöne Aussicht
Grün & fair: für ökologische oder faire Aspekte

PREISKATEGORIEN RESTAURANTS

€€€ über 12 Euro
€€ 6–12 Euro
€ unter 6 Euro

Die Preise gelten für ein Hauptgericht und ein nicht alkoholisches Getränk

GUT ZU WISSEN

KARTEN IM BAND
(🕮 1/A3) verweist auf die herausnehmbare Faltkarte

UMSCHLAG VORN:
Die wichtigsten Highlights

UMSCHLAG HINTEN:
Karte der Region

Die besten MARCO POLO Insider-Tipps

Von allen Insider-Tipps finden Sie hier die 15 besten

INSIDER TIPP Mittelalterliche Wolkenkratzer
Die *Plaça del Rei* und die faszinierende Silhouette des historischen Königspalastes bilden zusammen einen großartigen Anblick in der Abendsonne → S. 17

INSIDER TIPP Katalanische Brotzeit im Feinkostgeschäft
Zünftige Stärkung mit Tapas, Wurst und Wein im Kolonialwarenladen *La Pineda* → S. 20

INSIDER TIPP Gerührt, nicht geschüttelt
Kühle Erdmandelmilch, *horchata*, wird hier selbstverständlich jeden Tag frisch zubereitet: in Valèncias *Horchatería El Siglo* an der *Plaça Santa Catalina* → S. 24

INSIDER TIPP Stadtexotik
Ein moderner Zoo des 21. Jh.s. Mit hohen Ansprüchen und lebensecht aufgezogenen Lebensräumen: der *Bioparc València* im *Parque de Cabecera* → S. 25

INSIDER TIPP Eat global
In Palmas angesagtem Trendviertel *Santa Catalina* können Sie die ganze Welt verkosten – in mehr als 80 internationalen Restaurants und Bars → S. 36

INSIDER TIPP Japan am Mittelmeer
So viel Grün hatten Sie zwischen dem monegassischen Beton wohl nicht vermutet?! Hier ist es – im *Jardin Japonais*. Der Shinto-Garten ist ein Naturkunstwerk aus Wasser, Stein und Pflanzen → S. 44

INSIDER TIPP Traumblick auf den Hafen
Über Jahrhunderte hinweg haben nur wenige Eingeweihte diese Aussicht genossen: Der Festungsturm *Roi René* im Fort *Saint-Jean* von Marseille ist seit 2013 für alle zugänglich und bietet einen Traumblick auf den Hafen (Foto o.) → S. 51

INSIDER TIPP Fischgenuss mit Meerblick mitten in der Großstadt
Im Marseiller Fischerhafen *Vallon*

des Auffes gibts gleich drei nette Restaurants → S. 52

INSIDER TIPP **Biobistro**

Ginger heißt der Treffpunkt für die hippe, fitnessgestählte Klientel der feinen *Via Borgognona*, wo es Biosäfte und -tees, Smoothies, Sojamilchshakes, Salate und leichte Pastagerichte gibt → S. 64

INSIDER TIPP **Verborgene Schätze**

Mehrere Meisterwerke von *Tintoretto* verstecken sich in der gotischen Kirche *Madonna dell'Orto* etwas abseits vom Touripfad → S. 73

INSIDER TIPP **Aperitivo alla veneziana**

Zur blauen Stunde ein Glas Wein und leckere Häppchen genießen – im Getümmel vor der angesagten *Osteria Bancogiro* am Fischmarkt → S. 73

INSIDER TIPP **Ein orientalischer Traum**

In Palermo schufen arabische Künstler und Baumeister für die Normannenherrscher das Schloss *La Zisa*, einen eleganten Steinwürfel, dessen raffinierte Klimaanlage auch nach über acht Jahrhunderten noch funktioniert → S. 82

INSIDER TIPP **Krieger im Holzpferd**

Antike Antikriegskunst gab es nicht? Schauen Sie sich nur einmal die 2700 Jahre alte *Darstellung des Trojanischen Pferds* auf Mykonos genau an! (Foto u.) → S. 117

INSIDER TIPP **Alltag im Orient**

Gayer Andersons stattliches Bürgerhaus in Kairo ist heute ein Museum und ein wahres Kleinod, das intime Einblicke in den Alltag des Orients gibt → S. 149

INSIDER TIPP **Rare Köstlichkeit made in Marokko**

Nutzen Sie die Gelegenheit und probieren Sie das einzigartige Arganienöl, eine Spezialität, die nur in der Region um Agadir aus den Nüssen des dort wachsenden Arganbaums hergestellt wird → S. 167

LEINEN LOS

ENTDECKEN SIE DAS MITTELMEER!

Geschafft! Spüren Sie vielleicht ein klein wenig Erleichterung? Dass Ihr Gepäck wohlbehalten an Bord gelandet ist? Sie Ihren Reisepass nicht vergessen haben? Da stehen Sie nun also endlich hier, auf diesem Schiff, das in den nächsten Tagen oder auch Wochen Ihr schwimmendes Zuhause sein wird – auch wenn Sie oftmals gar nicht merken werden, dass sich der Grund unter ihnen bewegt.

Jetzt heißt es endlich ***„Leinen los" und in See stechen!*** Das Ablegen aus dem Einschiffungshafen ist nicht nur für Reisende, die zum ersten Mal auf eine Kreuzfahrt gehen, ein Erlebnis. Selbst „Profis" schwärmen immer wieder von diesem Moment, wenn das Schiff sich mehr und mehr vom Kai entfernt und dann, endlich, sich das weite, scheinbar unendliche Meer vor ihnen erstreckt und die Küstenlinie allmählich im Dunst versinkt.

Auf geht es zu neuen Ufern, spannenden Erlebnissen und faszinierenden Kulturen – der Moment ist gekommen, in dem Sie sich so fühlen dürfen wie die Seefahrer vergangener Zeiten. Im Gegensatz zu Ihren Vorgängern auf hoher See müssen Sie sich zum Glück um nichts kümmern, auf den modernen Schiffen wird bestens für Ihr Wohl gesorgt – und natürlich auch für Ihre Sicherheit, die sich manche der segelnden

Bild: Mit voller Kraft voraus auf zu neuen Ufern und faszinierenden Erlebnissen

Vorgänger auf ihren Schiffen wohl auch gewünscht hätten.
Vielleicht denken Sie, während das Schiff sanft dahingleitet, noch an die Kataloge, die Sie gewälzt, die Touren, die Sie verglichen haben? Karibik? Nordland? Oder doch gleich das ganz Große, die Weltreise? Nein, Sie haben sich für das ***Mittelmeer*** entschieden. Herzlichen Glückwunsch, eine gute Wahl! Eine sehr gute sogar, denn hier wird Ihnen gleich ein ganzes Menü an Reiseköstlichkeiten serviert. ***Kunst*** und ***Architektur, fremde Kulturen*** und ***jahrtausendealte Geschichte, Naturschönheiten*** und exotische ***Köstlichkeiten*** – was Vorspeise, Hauptgericht und Dessert in diesem Menü ist, bleibt Ihrer Vorstellung überlassen. Sicher ist aber, dass Ihnen auf Ihrer Reise rund ums Mittelmeer, dem *mare nostrum* der alten Römer, garantiert nicht langweilig werden wird.

Entdecken Sie die beliebtesten Sommerreiseziele der Deutschen wie Spanien und Italien aus einer ganz anderen Perspektive und erleben Sie, dass der Mittelmeerurlaub von Abenteuer über Entspannung, Einsamkeit und Geselligkeit unglaublich viel zu bieten hat. Und natürlich werden Sie auch verschiedene Küchen kennenlernen – entlang des Mittelmeers reicht das Spektrum von mediterran bis orientalisch, und ihr Geschmackssinn darf sich gleich zu Reiseantritt auf vielfältige, neuartige Reize freuen. Länderübergreifend erwarten Sie faszinierende Städte mit einer jahrhunderte-, ja zum Teil jahrtausendealten Geschichte. Apropos Geschichte: Wenn Ihnen die trockenen Zahlen in der Schule jeglichen Spaß an Geschichte verleidet haben, seien Sie versichert, der kommt zurück,

Abwechslungsreich: Das Mittelmeer punktet mit seiner Vielfalt

Um 4000 v. Chr. Die ägyptische Hochkultur entsteht

Um 3000 v. Chr. Die minoische Kultur entsteht auf Kreta

Circa 2600 bis 2500 v. Chr. Bau der Pyramiden von Gizeh

Ab 1000 v. Chr. Hoch entwickelte Kunst und Technik der Etrusker

700–480 v. Chr. Entstehung der griechischen Stadtstaaten

4.–1. Jh. v. Chr. Rom herrscht im gesamten Mittelmeerraum

Tolle Destinationen und ein schwimmendes Hotel – gute Gründe für eine Kreuzfahrt

wenn Sie auf Ihrer Reise die Wiegen der Kultur wie ***Griechenland***, ***Ägypten*** oder ***Italien*** hautnah erleben, durch mittelalterliche Städte wie das kroatische ***Dubrovnik*** schlendern, die ***Kathedralen von València und Barcelona*** bestaunen oder fasziniert vor der ***Hagia Sofia*** in Istanbul stehen und sich fragen, wie zum Teufel (nein, der hatte die Hände wohl eher nicht im Spiel) die Baumeister des 6. Jh.s es auf eine Kuppel mit sage und schreibe 18 Stockwerken brachten. An der ***Südküste Frankreichs*** und im ***Fürstentum Monaco*** dürfen Sie dann zumindest ein klein bisschen so tun, als seien Sie Grace Kelly oder Cary Grant, und sich in mondänen Luxus hineinträumen. Natürlich können Sie auch auf den Spuren von Humphrey Bogart in Casablanca wandeln; in den nordafrikanischen Ländern ***Marokko***, ***Tunesien*** und ***Ägypten*** tauchen Sie ein in die Farben und Gerüche aus Tausendundeiner Nacht.

Und nicht, dass ein falscher Eindruck entsteht: Inseln werden Sie auf Ihrer Reise natürlich auch besuchen, auch wenn vielleicht beim Landgang nicht immer Zeit für ein ausgiebiges Sonnenbad bleiben wird. Aber ***Zypern*** und ***Malta***, ***Rhodos*** und ***Kreta***, ***Ibiza*** und ***Mallorca*** werden Sie auch mit Kultur und Natur überraschen.

5. Jh. Germanen, Langobarden, Vandalen und Hunnen dringen nach Italien ein; Fall des Römischen Reiches

Ab 722 Reconquista, Rückeroberung muslimischer Machtbereiche auf der Iberischen Halbinsel

Ab dem 13. Jh. Die Seerepubliken Venedig, Genua und Pisa kontrollieren den Seehandel

1870 Vereinigung Italiens

Ab 1951 Dekolonisation Nordafrikas

RUND UMS MITTELMEER

TIEF, TIEFER, AM TIEFSTEN

Im *Calypsotief* südwestlich der griechischen Halbinsel Peloponnes erreicht das Mittelmeer seine maximale Tiefe von 5 267 Metern. Die durchschnittliche Wassertiefe liegt bei rund 1 430 Metern. Damit ist das siebtgrößte Meer weltweit (2,5 Mio. km²) vergleichsweise flach, im Durchschnitt sind die Weltmeere eher 4 000 bis 5 000 Meter tief.

FEUER UND WASSER

Im Mittelmeer liegen zwei noch aktive Vulkane, einer ist der ca. 916 m hohe Stromboli auf der gleichnamigen Insel, die Teil der Liparischen Inseln ist. Auf Sizilien in der Nähe von Catania und Messina befindet sich der ca. 3 323 m hohe Ätna. Aktiv ist auch noch der Vesuv bei Neapel; der letzte Ausbruch fand zwar 1944 statt, ein erneuter ist aber nicht auszuschließen. Legendär ist der Ausbruch vom 24. August 79 v. Chr., der die Städte Pompeji, Herculaneum, Oplontis und Stabiae förmlich in Schutt und Asche legte. Für die Menschen war der Ausbruch eine Katastrophe; Wissenschaftler späterer Zeiten fanden jedoch unter der meterdicken Ascheschicht einzigartige Zeugnisse römischer Kultur.

DIE MITTE DER ERDE

Die Römer nannten es „Unser Meer" (mare nostrum), um ihre Macht zu demonstrieren. Für die Türken ist es das „Weiße Meer" und die alten Ägypter gaben dem Meer den Namen das „Große Grün". Der Name „Mittelmeer" leitet sich

Bild: Mehr Mittelmeer-Idylle geht kaum: bunte Fischerboote auf

Tauchen Sie ab in die Tiefen des Mittelmeeres: Von der beeindruckenden Unterwasserwelt bis zu geschichtsträchtigen Landgängen

wohl aus dem lateinischen Begriff „mediterraneus" ab. Dies bedeutet so viel wie die Mitte der Erde. Im Weltbild der Antike lag das Mittelmeer eben in der Mitte dieser bekannten Welt.

DIE LÖWEN-POWER DER VENEZIANER

Der geflügelte Markuslöwe prangt an Stadtoren, Kirchen und auf Plätzen rund ums Mittelmeer. Er weist auf die lange Vorherrschaft der venezianischen Republik und ihrer Kolonien im *östlichen Mittelmeer* und der *Adria* hin. Vom 7./8. Jahrhundert bis 1797 war die Löwenrepublik die See- und Wirtschaftsmacht, deren Ausdehnung von *Oberitalien* bis *Kreta* und zeitweise bis zur *Krim* und nach *Zypern* reichte. Der geflügelte Löwe wird meist mit erhobener Pranke und offenem Buch dargestellt, auf dem in Lateinisch zu lesen ist „Friede sei mit dir, Markus, mein Evangelist". Manchmal sieht man ihn aber auch mit Schwert, wo er dann die venezianische Flottenmacht symbolisiert.

Weltberühmte Kulturdenkmäler: die Pyramiden von Gizeh mit Sphinx

ALLES SO SCHÖN ALT HIER

Dass im Mittelmeerraum die eine oder andere antike Hochkultur ansässig war, dürfte aus dem Geschichtsunterricht bekannt sein. Tatsächlich aber reicht die Besiedlung bis in prähistorische Zeiten zurück. Um 2500 v. Chr. errichteten die Ägypter ihre Pyramiden, etwa zur gleichen Zeit entwickelte sich die minoische Kultur auf Kreta. Im 1. Jh. v. Chr. begannen die Römer, ihre Macht auszudehnen. Ihrem gigantischen Imperium machte erst die Völkerwanderung den Garaus. Auch wenn die antiken Reiche längst Geschichte sind – zahlreiche Zeugnisse ihrer Kulturen haben die Zeiten überdauert und können rund um das Mittelmeer immer noch bestaunt werden, von den Pyramiden bei Gizeh über die Akropolis in Athen bis hin zum Kolosseum in Rom.

BLÜTENPRACHT

Sie duftet nicht, wird aber von Millionen Tauchern und Schnorchlern ebenfalls bewundert für ihre blumenartigen Tentakelkrone und die Artenvielfalt: Die Zylinderrose lebt am Grund des Mittelmeers in Tiefen von 5 bis 40 Metern. Mit ihrer Fußplatte saugt sie sich auf Steinen, Felsen, Muschelschalen oder anderen harten Gegenständen fest. Viele Arten sitzen nur auf frei liegenden Gegenständen, manche nutzen auch vergrabene Objekte. Wenn sie sich bei Gefahr zusammenziehen, verschwinden sie dann ganz im Boden.

VON FISCH-MÜTTERN UND MEERES-GÖTTERN

In den Mythen des antike Griechenlands hat das Meer eine große Bedeutung: Pontos als eine der ersten Gottheiten stellte die Personifikation des Mittelmeers dar, er ist der Vater vieler Meergottheiten. Die Meergöttin Thalassa ist erst spät in der Dichtung bezeugt. Nach der Vereinigung mit Pontos gebar sie alles Leben in den Meeren, so der Mythos. In manchen Darstellungen erscheint sie als durchsichtige Frau aus Meerwasser, in späteren als Frau mit Scheren von Krebsen im Haar. Auch mit einem Gürtel aus Algen oder dem Ruder eines Schiffes in der Hand wird sie gelegentlich dargestellt

DAS SALZ IN DER MITTELMEER-SUPPE

Würde durch die Meerenge von Gibraltar nicht vergleichsweise salzarmes Atlantikwasser in das Mittelmeer hineinströmen, würde es über kurz oder lang austrocknen. Im Mittelmeerraum verdunstet mehr Wasser, als abregnet. So bleibt zunehmend Salz zurück. Da aber auch salzreiches Wasser vom Mittelmeer in den Atlantik zurückfließt und auch die starke Verdunstung kompensiert wird, steht nicht zu erwarten, dass das Mittelmeer in absehbarer Zeit austrocknet.

SHARKNADO – HAI-ALARM IM MITTELMEER?

Wirklich, Haialarm im Mittelmeer? Von den weltweit knapp 500 Haiarten ist ungefähr ein Zehntel auch im Mittelmeer anzutreffen, und 15 von ihnen sind so groß, dass sie auch Menschen in Gefahr bringen könnten. Dass etwas passiert, ist jedoch sehr unwahrscheinlich, zumal die Bestände der großen Vertreter rückläufig sind. Demgegenüber sind kleinere Arten häufig anzutreffen und es breiten sich zudem Arten aus tropischen Regionen zunehmend aus. Heimische Großhaie im Mittelmeer sind u. a. der Blauhai mit einer Länge von ca. 3,50 m und der Gemeine Fuchshai, der Längen von mehr als 6 m erreichen kann.

FISCHERS FRITZ FISCHT FRISCHE FISCHE …

Seit Jahrtausenden betreiben die Anrainer von Meeren Fischfang. Mit der Moderne hielt aber auch die Kommerzialisierung mit ihren häufig negativen Begleiterscheinungen in der Fischerei Einzug – auch im Mittelmeer. Die ungehemmte Fischerei führte nicht nur dazu, dass mehr als 90 Prozent der Fischbestände im Mittelmeer überfischt, manche Arten sogar vom Aussterben bedroht sind. Auch kleinere Fischer sehen sich in ihrer Existenz gefährdet. Ein von 13 Mittelmeerstaaten ausgearbeitetes Programm soll künftig die Fischbestände und die Existenz der kleinen Fischer sichern.

SO WAR'N DIE ALTEN RITTERSLEUT'

Wer waren eigentlich die alten Rittersleut', die im Mittelalter das Mittelmeer unsicher machten und sich als Kreuzritter – letztlich erfolglos – mit den Muslimen um das Heilige Land die Köpfe einschlugen? Sie kamen aus ganz Europa, häufig waren es die Spätgeborenen, die nicht mehr viel erben konnten und ihr Glück in der Fremde suchten. Ihre Spuren finden sich vor allem auf Malta, nach dem der Malteserorden benannt ist, außerdem waren u. a. die Templer und die Johanniter auf dem Mittelmeer unterwegs.

DER STEIN DER KÜCHE

Olea europea – das ist der eher trockene wissenschaftliche Name des Baumes, der rund um das gesamte Mittelmeer beheimatet ist. Die knorrigen Olivenbäume mit den grün-silbrigen Blättern verleihen mediterranen Landschaften ihren ganz speziellen Charme, doch größere Bedeutung haben die Früchte erlangt, Steinfrüchte, um genau zu sein, aus denen insbesondere Öl gewonnen wird. Heutzutage hat jeder Hobbykoch, der etwas auf sich hält, mindestens ein gutes Olivenöl im Küchenregal, kalt gepresst natürlich, idealerweise in Bioqualität und selbstverständlich „Natives Olivenöl Extra", also von der höchsten Qualitätsstufe. Aus dem schön gemaserten Holz des Olivenbaums entstehen u. a. Möbelstücke. Religiöse Bedeutung besitzt der Olivenbaum auch, ist es doch ein Olivenzweig, den die Taube Noah als Friedenszeichen überbringt.

SPANIEN

Fiesta oder Siesta? Bei Ihren Landausflügen an der spanischen Mittelmeerküste dürfte sich diese Frage eigentlich gar nicht stellen.

Feiern Sie ausgiebig den reichen Schatz an Kulturgütern, mit denen diese Region aufwartet. Allein das aufregende Barcelona dürfte Sie mit den architektonischen Werken eines Gaudí oder der Flaniermeile La Rambla in die rechte Stimmung bringen. Bestaunen Sie die Kathedralen von Palma, València, Cádiz oder Málaga, mit denen christliche Baumeister früherer Jahrhunderte ihren Glauben feierten. Apropos Feiern: Das geht natürlich auch besonders gut auf den Inseln Ibiza und Mallorca mit ihren Partystränden, die dafür berühmt und manchmal auch berüchtigt sind. Doch das Image täuscht: Auch die Inseln bieten reichlich Möglichkeiten, ein rauschendes Fest der Geschichte, der Kunst und der Kultur zu feiern. In diesem Sinne: It's party time!

BARCELONA

Kataloniens Hauptstadt (1,6 Mio. Ew.) zählt zu den pulsierendsten und faszinierendsten Metropolen Europas.

Barcelonas Geschichte reicht bis in die Römerzeit zurück. Größter Pluspunkt der Stadt ist ihre Vielgesichtigkeit. Da gibt es Parks und Promenaden, Altstadt und Ausgehzonen, den Hafen und die Ramblas, reichlich Museen und die Jugendstilbauten Antoni Gaudís.

 Bild: Sommer, Sonne, Mallorca – Port de Sóller an der Nordwestküste

Im klassischen Land des Urlaubs: Buchten, Strände und lebendige Städte an den Küsten zwischen französischer Grenze und Andalusien

Zu den modernen architektonischen Errungenschaften zählt das Hochhaus *Torre Agbar,* ein Werk des Franzosen Jean Nouvel, abends spektakulär beleuchtet.

Barcelona breitet sich zwischen den Ausläufern der Serra de Collserola und dem Mittelmeer aus, die 13 km breite Uferzone ist von mehreren Stränden durchsetzt. Hausberge sind der hafennahe *Montjuïc* (173 m) und der rückwärtig gelegene *Tibidabo* (532 m), die beide hervorragende Ausblicke bieten.

SEHENSWERTES

BARRI GÒTIC ★ (1/D2)

Im Gotischen Viertel schlägt Barcelonas wahres Altstadtherz, pocht das Leben zwischen Rambla und *Kathedrale.* Im Kreuzgang des wuchtigen Gotteshauses erinnern 13 weiße Gänse an jenes Alter, in dem die junge Stadtpatronin Eulàlia ihr Martyrium erlitt. Die *Pla de la Seu,* die *Plaça del Pi* und die *Plaça de Sant Jaume* zählen zu Barcelonas Vorzeigeplätzen, Letztere mit dem Rathaus. Weitere Anziehungspunkte sind der *Königspalast* und das *Historische Stadtmuseum.* Mindestens ebenso schön ist ein Streifzug durch die engen Gassen; im Bereich um den *Carrer del Call* lag im Mittelalter das Judenviertel. Für den abschließenden Höhepunkt und den Übergang zur nahen Rambla sorgt die arkadenumzogene *Plaça Reial.*

CATEDRAL (KATHEDRALE) ★ *(🕮 1/D2)*

Das beeindruckende, gewaltige Gotteshaus hat eine lange Baugeschichte. Im 11. Jh. wurde es auf den Fundamenten einer frühchristlichen, von den Mauren zerstörten Basilika errichtet. Aber erst zwischen 1298 und 1448 bekam das großartige Kirchenschiff seine heutige Form, während die neugotische Hauptfassade sogar erst 1890 fertig wurde. Wunderschön ist das Chorgestühl im Zentrum des Kirchenraums – eine Besonderheit spanischer Kirchen, die nicht ausschließlich für liturgische Zwecke konzipiert waren. In einer der 29 vorwiegend aus dem 16. und 17. Jh. stammenden Seitenkapellen wird ein angeblich wundertätiges Kruzifix aufbewahrt. Es soll geholfen haben, die Türken in der großen Seeschlacht von Lepanto zu besiegen. Die Kathedrale diente eben nicht nur zur Verbreitung des göttlichen, sondern auch des irdischen Ruhms. Geweiht ist sie der Märtyrerin Santa Eulàlia, der Schutzpatronin der Stadt, die in spätrömischer Zeit zu Tode gefoltert wurde. Die Heilige liegt in einem Alabastersarkophag in der Krypta unter dem Hochaltar begraben. Sehenswert ist auch der bezaubernde Kreuzgang mit kleinen Kapellen, Garten, gotischem Brunnen und einer Schar von Gänsen. Vom Kreuzgang gelangt man in das kleine Museum *(Mo–Sa 13–17, So 14–17 Uhr | Eintritt 7 Euro)* der Kathedrale, das neben Kultgegenständen archäologische Fundstücke und gotische Altarbilder zeigt. *Eintritt frei | 7 Euro | Plaça de la Seu | Infos & Öffnungszeiten unter: www.catedralbcn.org | Metro L4: Jaume I*

Kathedrale von Barcelona

PALAU DE LA MÚSICA CATALANA ★ *(🕮 1/D1)*

Von Lluís Domènech i Montaner zwischen 1905 und 1908 gebauter Musikpalast in üppigstem Jugendstil. Opulent geschmückte Straßenfassaden, zur Carrer Sant Pere Més Alt mit mosaikbedeckten Säulen, gekrönt von den Büsten Bachs, Beethovens, Wagners und Palestrinas. Von einzigartiger Schönheit ist die nach innen gewölbte Kuppel aus buntem Glas in der Mitte des Auditoriums. Decken, Wände und Säulen des Saales sind überzogen mit Ornamenten aus Blüten und Ranken, dazu Drachenköpfe und andere Skulpturen. Keine Reservierung, unbedingt rechtzeitig Tickets kaufen! *Eintritt 18 Euro | C/ de Sant Pere Més Alt | Infos & Öffnungszeiten unter: www.palaumusica.cat | Metro L1, L4: Urquinaona*

PLAÇA DEL REI *(🕮 1/D2)*

Ein einzigartiges bauliches Ensemble! Der *Palau Reial Mayor,* der Königspalast

TIERISCHES FÜR FAMILIEN

AQUÀRIUM *(🕮 1/D3)*
Hauptattraktion ist der große Unterwassertunnel mit Blick auf Haie und Mondfische. Im interaktiven Bereich können Kinder die Unterwasserwelt entdecken. *Juli/Aug. tgl. 9.30–23 Uhr, Sept.–Juni Mo–Fr 9.30–21, Sa/So 9.30–21.30 Uhr | Eintritt 20 Euro (online 17 Euro), Kinder 15 Euro (online 12,75 Euro) | Moll d'Espanya del Port Vell | www.aquariumbcn.com | Metro L4: Barceloneta*

PARC ZOOLÒGIC *(🕮 1/E2)*
Der Zoo mit Freigehegen, Delphinshows und Ponyreiten liegt im Parc de la Ciutadella, wo Sie Fahrradrikschas mieten oder Boot fahren können. *Winter tgl. 10–18 Uhr, Mitte Mai–Mitte Sept. tgl. 10–20 Uhr, sonst tgl. 10–19 Uhr | Eintritt 19,90 Euro, Kinder (3–12 Jahre) 11,95 Euro (online 10 Prozent Rabatt) | Parc de la Ciutadella | www.zoobarcelona.cat | Metro L1: Marina oder Arc de Triomf*

mit seinem großen gotischen Festsaal *Saló del Tinell* und dem imposanten Wachturm, dem *Mirador del Rei Martí* (eine Art mittelalterliches Hochhaus), dazu der benachbarte *Palau del Lloctinent* (Palast des Stellvertreters, gotische Fassade, Innenhof aus der Renaissance) und die kleine gotische Kapelle *Santa Agata* (14. Jh.) bilden eine INSIDER TIPP großartige Kulisse, vor allem in der Abendsonne. Ganz besonders ist auch die Akustik – im Sommer finden hier interessante Konzerte statt. Im *Saló del Tinell*, dem Festsaal des Königspalastes, empfingen die spanischen Könige Kolumbus nach seiner Rückkehr aus Amerika. Und hier saß im 15. Jh. die Inquisition zu Gericht – die als Ketzer Verurteilten wurden gleich unten auf dem Platz verbrannt. Ins Innere des Palastes kommen Sie durch das Stadtgeschichtliche Museum am anderen Ende der Plaça del Rei. *Metro L4: Jaume I*

MUSEU PICASSO (PICASSO-MUSEUM) ★ *(🕮 1/D2)*

Das meistbesuchte Museum der Stadt zeigt vor allem die Werke aus der frühen Schaffensphase Pablo Picassos, der „Blauen Periode", die mit seinen Jahren in Barcelona zusammenfällt. Von 1895 bis 1904 lebte der Maler hier, der sich sein Leben lang Barcelona verbunden fühlte. Seit den 1930er-Jahren vermachte Picasso der Stadt Bilder, darunter den berühmten „Harlekin", aber erst 1963 kamen die verstreuten Werke unter ein Museumsdach. Picasso schenkte dem Museum auch seine berühmte „Menina"-Serie und sämtliche Frühwerke aus dem Wohnhaus der Familie in Barcelona; seine Witwe Jacqueline gab wertvolle Keramiken dazu. *Di–So 9–19, Do bis 21.30 Uhr | Eintritt 11 Euro, an jedem 1. So im Monat und jeden So ab 15 Uhr gratis | C/ de Montcada 15–23 | www.museupicasso.bcn.cat | Metro L4: Jaume*

CASA BATLLÓ

Ein steinernes Riesenreptil: mit Säulen wie Elefantenfüße und Balkons wie Knochen, wie bunte Schuppenhaut die sanft gewellte Fassade aus glitzernden Mosaiksteinchen. Als Antoni Gaudí zwischen 1904 und 1906 an dem Fantasyhaus werkelte, hatte er die Geschichte vom Drachentöter Sant Jordi vor Augen, dem Schutzpatron Barcelonas. Die Casa

Wie einem Science-Fiction-Film entsprungen wirken die Dächer der Casa Milà

Batlló ist wie die Casa Amatller Teil der *Mançana de la Discòrdia* und Welt-erbe der UNESCO. *Tgl. 9–20 Uhr | Eintritt 23,50 Euro (inkl. Audioguide) | Passeig de Gràcia 43 | www.casabatllo.es | Metro L2, L3, L4: Passeig de Gràcia*

CASA MILÀ ★

Die wellige Fassade sieht aus, als wäre sie aus Knetgummi geformt, die Säulen erinnern an knorrige Baumstämme. Keine einzige tragende Wand hat Gaudís berühmtestes Haus. Wer vor der Casa Milà steht, stellt sich vielleicht die Frage, ob sein Schöpfer genial war oder verrückt. Möglicherweise war er ja beides … Steigen Sie dem komplett aus Naturstein gehauenen Bau unbedingt aufs Dach: Skurrile Schornsteine und Kaminschächte stehen da wie behelmte Soldaten, die jeden Moment losmarschieren könnten. Neben der Dachterrasse können Sie eine Wohnung anschauen und den multimedialen Espai Gaudí mit Infos über Leben und Werk des Meisters besuchen. Etwas ganz Besonderes sind die nächtlichen Führungen mit Sekt, Videoprojektionen und Livemusik auf der Dachterrasse. *März–Okt. tgl. 9–20 Uhr, Nov.–Feb. tgl. 9–18 Uhr | Eintritt 22 Euro | Passeig de Gràcia 92 | www.lapedrera.com | Metro L3, L5: Diagonal*

SAGRADA FAMÍLIA ★

Antoni Gaudí werkelte vier Jahrzehnte an seinem bis heute unvollendeten Hauptwerk, in seinen letzten zwölf Lebensjahren widmete er sich ihm ausschließlich. Als er 1926 starb, hatte er nur Apsis, einen der 18 geplanten Türme, die neogotische Krypta und die der Geburt Christi gewidmete Ostfassade (Weihnachtsfassade) beendet – ein Zehntel des Gesamtwerks.

Seither wird an der Kirche weitergebaut, finanziert aus Spenden und Eintrittsgeldern. Optimistische Prognosen gehen von einer Fertigstellung im Jahr 2026 aus, zum 100. Todestag von Gaudí. Inzwischen ist das Gotteshaus überdacht und wurde vom Papst zur Basilika geweiht. Das Dach des spektakulären Kirchenschiffs ruht auf gigantischen, himmelwärts strebenden Säulen, die wie Bäume in den Raum ragen. Gaudí sah den Mammuttempel in der Tradition mittelalterlicher Kathedralen, deren Fertigstellung Generationen dauerte – er bezeichnete sein Werk als „Predigt aus Stein". *April–Sept. tgl. 9–20, Okt. und März tgl. 9–19, Nov.–Feb. 9–18 Uhr | Eintritt 15 Euro, Lift 4,50 Euro | Plaça de la Sagrada Família | www.sagradafamilia.org | Metro L2, L5: Sagrada Família*

LA RAMBLA ★ *(🕮 1/D1–2)*

Flanierpromenade Nummer eins, bei Tag und Nacht ein Erlebnis. Die Rambla verläuft von der Plaça de Catalunya 1200 m hinab Richtung Kolumbus-Denkmal und Hafen, vorbei an Cafés, Hotels, dem *Mercat de la Boqueria* (legendäre stimmungsvolle Markthalle) und dem Opernhaus *Gran Teatre del Liceu.* Für buntes Leben sorgen Straßenkünstler, Musiker, Karikaturisten, Blumenhändler. Vorsicht vor Taschendieben!

OLYMPIAHAFEN UND STRAND *(🕮 1/C4–F3)*

Zu den Olympischen Spielen von 1992 öffnete sich Barcelona zum Meer: Wo früher eine Zugstrecke entlangführte, lockt heute ein 4,5 km langer Strand. Er zieht sich vom ehemaligen Fischerviertel Barceloneta bis zum Olympiadorf mit seinem modernen Jachthafen, dem Port Olímpic mit seiner Restaurant-, Nachtclub- und Pubmeile und der 50 m langen bronzenen Fischskulptur von Frank O. Gehry. Entlang der Strandpromenade Richtung Barceloneta geht es zum Parc de la Barceloneta. Rebecca Horns Skulptur aus aufeinandergestapelten Boxen am Strand etwas weiter südlich erinnert an die Bretterbuden, die hier bis in die 1980er-Jahre standen. *Metro L4: Barceloneta*

MONTJUÏC *(🕮 1/A3)*

Der 173 m hohe Hausberg ist nicht wegzudenken aus Geschichte, Kultur und Freizeit Barcelonas. Die im 17. Jh. errichtete Festung auf dem Gipfel diente schon den kastilischen Belagerern und war während der Franco-Diktatur ein gefürchtetes Gefängnis. Heute gehört der Berg zu den attraktivsten Naherholungsgebieten Barcelonas. Von der U-Bahnstation Parallel (L3) führt eine Drahtseilbahn (*Funicular de Montjuïc*) zur Avinguda de Miramar und von dort die Seilbahn (*Telefèric de Montjuïc, tgl. ab 10 Uhr | 9 Euro einfach, 12,50 Euro retour*) zur Festung. Von der Mole am Alten Hafen bis zum Montjuïc verkehrt die Schwebebahn Transbordador del Port (*tgl. ab 11 Uhr | 11 Euro einfach, 17 Euro retour*).

TAPASLOKALE

BAR LEO *(🕮 1/D3)*

Kuriose und immer knallvolle Tapasbar. Die Songs in der Jukebox haben schon ein paar Jahre auf dem Buckel – und machen gerade deswegen Spaß. Zu Bier oder Wein gibt's Muscheln, Kroketten und Co. *Tgl. | C/ de Sant Carles 34 | Tel. 9 32 24 20 71 | Metro L4: Barceloneta*

CERVECERIA CATALANA

Populärer Tapas-Klassiker: Berge marktfrischer, verlockend aufgehäufter Appetithäppchen rund um die Uhr. Wer längere Wartezeiten vor allem mittags vermeiden will, gönnt sich ein Häppchen zwischendurch. *Tgl. | C/ de Mallorca 236 | Metro L3, L5: Diagonal*

EL XAMPANYET *(🕮 1/D2)*

In der rustikalen Champagnerbar bekommen Sie *cavas,* Weine und leckere Tapas. Eine Institution. *So abends und Mo sowie Aug. geschl. | C/ Montcada 22 | Tel. 9 33 19 70 03 | Metro L4: Jaume*

EINKAUFEN

INSIDER TIPP LA PINEDA *(🕮 1/D1)*
Tapas, Wurst und Wein: Die katalanischen Delikatessen können Sie im reizenden alten Kolonialwarenladen auch an Probiertischen kosten. *Mo–Sa 9–15 und 18–21.30 Uhr, So 11–15 Uhr | C/ del Pi 16 | Metro L3: Liceu*

ALTSTADT ★ *(🕮 1/C–D 2–3)*
Die Altstadt von Barcelona lohnt einen Shoppingbummel. Die stimmungsvollsten Antiquitätenläden zum Schauen und Stöbern liegen in den mittelalterlichen Gassen des ehemaligen Jüdischen Viertels El Call. Die interessantesten Geschäfte finden Sie hier in der Carrer de la Palla und in der Gasse Carrer dels Banys Nous.

MERCAT DE SANT JOSEP ★ *(🕮 1/C1)*
Filigran aufgetürmte Fische und Meeresfrüchte, Pilze, Peperoni, Nüsse oder Trüffel: Wer durch Barcelonas berühmte Markthalle an der Rambla streift, versteht sofort, warum sie auch „La Boqueria", der „Bauch Barcelonas", genannt wird. Katalanische Hausfrauen kaufen hier ebenso ein wie Spitzenköche. Lust auf ein paar Kleinigkeiten an einem der Ess-Stände? Besser nicht zur Mittagszeit, wenn alles rappelvoll ist. Und lassen Sie die Finger von den überteuerten Ständen am Eingang. *So geschl. | La Rambla 91 | Metro L3: Liceu*

INSIDER TIPP HAPP BARCELONA
(🕮 1/E2)
Happ kommt von Happening, und das ist Programm in diesem Concept Store. Pop-up-Stores, Ausstellungen, Events – unter dem Motto „be happ-y" gehen innovative Mode und Accessoires, Deko, Schmuck und Kosmetik von jungen Labels über den Ladentisch. Das meiste wurde in kleinen spanischen Werkstätten nachhaltig hergestellt, zu fairen Preisen. *Di–Sa 11.30–14.30 und 16.30–20.30 Uhr | C/ Comercial 3 | Metro L4: Jaume I*

LA MANUAL ALPARGATERA ★ *(🕮 1/D2)*
Die beliebten *espardenyes,* Leinenschuhe auf Bastsohlen, werden in dem volkstümlichen Betrieb bereits seit vielen Generationen maßgefertigt: ob für Laufkundschaft oder für prominente Füße wie die des Hollywoodschauspielers Michael Douglas. Fast alle verarbeiteten Materialien sind nachhaltig und recycelbar, die Schuhe passen zudem locker in jeden Koffer! *C/ Avinyó 7 | Metro L3: Liceu*

KATASPANISCH

In Katalonien herrscht offiziell Zweisprachigkeit: Alle Hinweise, Formulare, Schilder etc. sollen theoretisch sowohl in Spanisch als auch in Katalanisch beschriftet sein. Praktisch geben die Katalanen aber der eigenen Sprache den Vorzug vor dem Spanischen, was manchmal zu einiger Verwirrung führen kann. Wenn Sie auf eine Frage oder einen Gruß auf Spanisch reagieren, wechseln Katalanisch Sprechende allerdings meist automatisch ins Spanische über. Katalanisch wird von ungefähr 6 Mio. Menschen gesprochen: entlang der Mittelmeerküste zwischen Perpignan und Alicante, auf den Balearen, in Andorra – und in der sardischen Stadt Alghero.

ESSEN & TRINKEN

Im Schlaraffenland der Tapas: Spanien macht mit seiner Häppchenkultur Appetit

Spanier sind echte Genussmenschen, die Essen und Trinken nicht als nüchterne Nahrungsaufnahme begreifen. Mit Vorliebe lässt man sich zum ausgiebigen Tafeln nieder.

Da der ***spanische Rhythmus*** nach hinten ausgelegt ist, beginnt man den Tag relativ spät mit einem bescheidenen Frühstück *(desayuno)* gegen 8 oder 8.30 Uhr (wobei manche Spanier auch ganz ohne Frühstück zur Arbeit gehen). Der Tagesauftakt mit starkem ***Milchkaffee*** (*café con leche*) und einem süßen Brötchen *(bollo suizo)* oder einem Croissant ist eher karg, aber umso mehr weiß man sich zu steigern. Um die Mittagszeit, ab etwa 12/12.30 Uhr, schlägt in den Bars die erste große Stunde der Tapas, ***Appetithäppchen*** jedweder Art. Viele Bars sind kleine Schlaraffenländer für Tapas, deren Spannbreite von eingelegten Sardellen *(boquerones)* über Fleischbällchen *(albóndigas)* bis zu einem russischen Salat *(ensaladilla rusa)* aus Kartoffeln, Ei und Mayonnaise reicht. Eine gute Wahl für zwischendurch ist ein gemischter Salat *(ensalada mixta)* oder ein Gemüsetopf *(menestra)*. Das üppige Mittagessen *(comida)* steht ab 14/14.30 Uhr an. Zu später Stunde folgt ab etwa 21/21.30, oft auch erst gegen 22 Uhr das ***Abendessen*** *(cena)*, das man ebenfalls gerne mit Tapas einläutet. Alternativ dazu lässt sich ein komplettes Abendessen durch eine ausgiebige ***Tapatour*** durch mehrere Bars ersetzen

SPEISEN

chorizo – landesweit verbreitete Paprikasalami (mit Knoblauch)

churros – frittierte Teigkringel, die man in dickflüssige Schokoladensauce tunkt

gazpacho – kalte andalusische Suppe mit einem pürierten Allerlei aus Weißbrot, Tomaten, Gurke, Knoblauch, Zwiebeln, Paprika, Öl und Essig

jamón serrano – luftgetrockneter Schinken, besonders gut aus den andalusischen Bergorten Jabugo und Trevélez

paella – ursprünglich aus València stammende Reisplatte, die in zahlreichen Varianten auf den Tisch kommt; die Basis besteht stets aus Safranreis und Gemüse

VALÈNCIA

Schon Römer und Mauren fühlten sich magnetisch angezogen von der Mittelmeermetropole und drückten ihr einst ihre Stempel auf.

1094 entriss der spanische Nationalheld El Cid den Muselmanen erstmals die Stadt, doch erst König Jaume I. schloss 1238 die christliche Rückeroberung ab. Nach den großen Flussüberflutungen 1957 wurde der Turia in den Süden umgeleitet, das ehemalige Flussbett ist als herrliche Gartenanlage aufbereitet. Traditionell geht es im Barri del Carmen zu, Valèncias tausendjährigem Stadtviertel mit schmalen Gassen und Monumenten wie der Kirche El Carmen. València hat mit der futuristischen „Stadt der Künste und der Wissenschaften" einen Meilenstein in der internationalen Architekturszene gesetzt; die prachtvolle Altstadt und viele Promenaden wurden auf Hochglanz poliert, Hafen- und Meeresfront einschneidend verändert.

SEHENSWERTES

CATEDRAL ★

In der Kathedrale wirbeln Jahrhunderte und Stile von Gotik bis Neoklassizismus durcheinander. Vorläufer des mittelalterlichen Gotteshauses waren ein Römertempel und die Hauptmoschee aus den Zeiten der Mauren. Aus den Anfängen datiert die *Puerta del Palau*, eines der drei Portale der Kathedrale. Außen sind auch die barocke *Puerta de los Hierros* und das figurenreiche gotische *Apostelportal* sehenswert. Im Innern interessant: die Kapelle *Santo Cáliz* mit dem „Heiligen Gral", die *Borgia-Kapelle* mit Goyas Gemälde „San Francisco y el Moribundo Impenitente", der Hochaltar, die Armreliquie des hl. Märtyrers Vinzenz in der Capilla de la Resurrección und der Museumsbereich mit sakraler Kunst. Lohnend ist ein Aufstieg auf den 51 m hohen Glockenturm *El Miguelete (Mo–Sa 10–19, So 10–13 und 17–19 Uhr). Kathedrale Mo–Sa 10–18.30, So 14–18.30 Uhr | www.catedraldevalencia.es | Plaza de la Reina*

Die Ciutat de les Arts i les Ciències ist auch architektonisch ein Meisterwerk

CIUTAT DE LES ARTS I LES CIÈNCIES ★ *(2/A4)*

Gleißendes Weiß, geschwungene Formen, Einlegearbeiten aus Kachelbruch, Gebäude wie monumentale Skulpturen – die moderne „Stadt der Künste und der Wissenschaften" ist ein Kultur- und Freizeitziel und bündelt den großen architektonischen Wurf von Santiago Calatrava und Félix Candela. In dichter Folge reihen sich die Gebäude auf: der *Palau de les Arts Reina Sofía* (Konzert- und Opernhaus), das einem riesigen Auge gleichende *Hemisfèric* (Imax-Kino), das *Umbracle* (die von Grün durchsetzte „Vorhalle" des Komplexes), die Eventhalle *Ágora*, das *Museu de les Ciències Príncipe Felipe (Wissenschaftsmuseum) (tgl. 10–21)* und das Aquarium *Oceanogràfic (So–Fr 10–18, Sa 10–20)*. Im interaktiven Wissenschaftsmuseum sind Anfassen und Austesten ausdrücklich erlaubt. Höhepunkt im *Oceanogràfic* ist der Unterwasser-Glastunnel im Bereich der „Ozeane", wo Haie und Rochen über den Köpfen der Besucher ihre Runden drehen. Mit einem INSIDER TIPP Dreier-Kombiticket (fragen Sie nach *conjunta*) für das *Hemisfèric*, das Wissenschaftsmuseum und das *Oceanogràfic* lässt sich Geld sparen. *Av. del Professor López Piñero 3–7 | www.cac.es*

INSTITUT VALENCIÀ D'ART MODERN (IVAM) ★

Der moderne Hauptbau des Instituts für Moderne Kunst zeigt wechselnde Ausstellungen zeitgenössischer Künstler. Das IVAM schöpft aus einem riesigen Fundus und betreibt regen Austausch mit aller Welt. Kurios ist der *Mauersaal (Sala de la Muralla)*, wo ein Stück der mittelalterlichen Stadtmauer zwischen modernen Säulen hindurchläuft – ein besonders interessanter Rahmen für Ausstellungen. *Di–So 11–19.30 Uhr | So Eintritt frei | Guillem de Castro 118 | www.ivam.es*

JARDINS/JARDINES DEL TURIA ★ *(2/A4)*

Nach der Flutkatastrophe zur Mitte des 20. Jh.s wurde der Fluss Turia weitläufig in den Süden umgeleitet, das trockengelegte Flussbett gab den Weg frei für die Anlage von weitläufigen Gärten und Parks. Heute gibt es Unmengen von Palmen und Orangenbäumen, außerdem Wasserspiele und sogar Fußballfelder. Die Einheimischen haben diesen Grünstreifen, der sich über eine Länge von 7,5 km durch die Stadt und bis hin zur *Ciutat de les Arts i les Ciències* zieht, in ihr Herz geschlossen. Auf Höhe der Altstadt laufen die Jardines del Turia nahe an den *Torres de Serrans/Serranos,* den wuchtigen Resten der mittelalterlichen Stadtmauer, vorbei.

LLOTJA/LONJA DE LA SEDA ★

In der zum UNESCO-Weltkulturerbe ernannten Seidenbörse tätigten ab dem späten 15. Jh. die Händler ihre Geschäfte. Der hoch aufragende Bau mit seinen gewundenen Säulen vereint späte Gotik mit Elementen früher Renaissance. Sonntags beherbergt die Lonja de la Seda meist Stände mit Münzen und Briefmarken. *Mo–Sa 9.30–19 (im Winter bis 18), So 9.30–15 Uhr | Plaça del Mercat*

MUSEU DE BELLES ARTS ★

Im Museum der Schönen Künste spannt sich der Bogen von römischen Exponaten über prächtige Altargemälde bis ins 20. Jh. Hier ist alles vertreten, was in der spanischen Malerei Rang und Namen hat: u. a. Diego de Velázquez, Alonso Cano, Juan Ribalta, Francisco de Goya, Joaquín Sorolla. Außerdem gibt es interessante Wechselausstellungen. Das Museumscafé bzw. -restaurant eignet sich gut für eine Rast. *Di–So 10–20 | Eintritt frei | C/ San Pio V 9 | museobellasartes valencia.gva.es*

Glockenturm auf der Plaza Santa Catalina

MUSEU FALLER

Der Festtradition der Fallas in València ist dieses Museum in einem ehemaligen Lazarett gewidmet. Zu sehen sind auf Volkes Wunsch begnadigte Falla-Figuren, die demzufolge nicht in Flammen aufgegangen sind. *Di–Sa 9.30–19 (im Winter bis 18), So 10–15 Uhr | Plaza Monteolivete 4*

MUSEU NACIONAL DE CERÀMICA

Das Museum zeigt Keramik aus verschiedenen Jahrhunderten, aber auch Säle mit kostbarer Ausstattung sowie eine nachgebildete valencianische Küche aus dem 18. Jh. *Di–Sa 10–14 und 16–20, So 10–14 Uhr, Sa–Nachmittag und So Eintritt frei | C/ del Poeta Querol 2 | mnceramica.mcu.es*

EL PATRIARCA

Valèncias schönste Renaissancekirche ist überbordend ausgemalt. Ein besonderes Erlebnis sind die INSIDER TIPP gregorianischen Gesänge donnerstagabends um 18.30 Uhr sowie Di–So während der Laudes um 9.30 Uhr. Dann stimmt ein etwa 20-köpfiger Chor die Lieder an. Die Gesangstradition reicht ins Jahr 1604 zurück. *C/ de la Nau 1*

PLAÇA/PLAZA SANTA CATALINA

Belebter Innenstadtplatz mit dem barocken Glockenturm der Kirche Santa Catalina. In der INSIDER TIPP *Horchatería El Siglo* wird die kühle Erdmandelmilch *horchata* täglich frisch angerührt. An dem benachbarten Platz Lope de Vega ist die gotische Kirche *Santa Catalina* zu besichtigen, an den Galerieständen des renovierten „Rundplatzes" *Plaça/Plaza Redonda* sind Stickereien und Spitzenklöppelarbeiten erhältlich.

PLAÇA/PLAZA DE LA VIRGEN

Terrassencafés und Orangenbäume geben diesem Platz an der Rückfront der Kathedrale seine besondere Stimmung. Zu römischen Zeiten befand sich hier das Forum. Wichtigstes Bauwerk ist die *Basílica de la Mare de Déu dels Desamparats,* in der das Bildnis der „heiligen Jungfrau der Schutzlosen" verehrt wird.

TORRES DE SERRANS/SERRANOS

Zum Flussbett des Turia hin liegen die Verteidigungstürme des alten València. Sie stammen vom Ende des 14. Jh.s und sind ein Werk der Gotik von Pere Balaguer. Seit dem Abriss der umliegenden Stadtmauern im 19. Jh. stehen die Türme frei, in früheren Zeiten fungierten sie auch als Gefängnis für Adlige. *Mo–Sa 9.30–19 (im Winter bis 18), So 9.30–15 Uhr | Plaça dels Furs*

TAPASLOKALE

Typische Tapaskneipen in der Altstadt sind u. a. INSIDER TIPP *El Molinón (Calle Bosseria/Bolsería 40)*, wo es eine Auswahl von über 50 verschiedenen Häppchen gibt, und *El Pilar (C/ del Moro Zeit 13)*. Eine beliebte Zone liegt auch um die Gran Vía Marqués del Turia, z. B. mit dem *Aquarium (Gran Vía Marqués del Turia 57)*; alle €.

EINKAUFEN

Ist nun Barcelonas Boquería oder Valèncias ★ *Mercat Central (Mercado Central | Mo–Sa 7–15 Uhr | Plaza del Mercat 6 | www.mercadocentralvalencia.es)* der schönste Markt im ganzen Land? In den im Jugendstil gehaltenen Markthallen bersten die Stände auf über 8000 m² vor frischen, appetitlichen Lebensmitteln. Elegante Einkaufszonen liegen rund um ein anderes historisches Marktgebäude, den *Mercat Colón (Mercado Colón)* in der *C/Jorge Juan*. In dieser Gegend finden Sie exklusive Schuhgeschäfte, in der *C/ de las Cestas* wiederum kunsthandwerkliche Waren aus Korbweidenruten und im Barri del Carmen um die *C/ Bolsería*, *C/ Quart* und *Pl. del Tossal* alternative Modegeschäfte. Das Großkaufhaus *El Corte Inglés* ist mehrfach vertreten, z. B. in der *C/ Pintor Sorolla*, der *Avenida de Pío XII* und der *C/ Colón*. Geschäftig geht es auf den Allerleimärkten *(mercadillos)* zu, z. B. Di auf dem *Mercadillo Jerusalén-Pelayo (Convento Jerusalén | Gran Vía Ramón y Cajal) und Mi auf dem Mercadillo Mosén Sorell (Plaza Mossén Sorell)*.

STRÄNDE

València verfügt über 7 km Strände. Der beste Bereich beginnt nördlich des Hafens mit den ineinander übergehenden Sandstränden *Las Arenas* und *Malvarrosa,* die ihrerseits von schönen Promenaden flankiert werden.

MIT KINDERN UNTERWEGS

INSIDER TIPP BIOPARC

Ein Stück Afrika in València und noch einiges mehr – das ist der Bioparc, der einem modernen Zoo des 21. Jh.s entspricht, indem er die Besucher in die authentisch und so weit und groß wie möglich gestalteten Lebensräume eintauchen lässt. Zu sehen sind u. a. Nashörner, Löwen, Giraffen, Elefanten, Lemuren und Affen. *Tgl. ab 10, im Hochsommer bis 21, April–Juni bis 20, sonst je nach Monat bis 18/19 Uhr | Eintritt 23,80, Kinder (4–12 J.) 18 Euro, Kinder bis 4 J. frei | Av. Pío Baroja 3 | www.bioparcvalencia.es*

PARQUE GULLIVER (JARDINES DEL TURIA)

Beliebt in València sind die Parkanlagen Jardines del Turia auf 7,5 km Länge, zu denen der Parque Gulliver zwischen Musikpalast und „Stadt der Künste und der Wissenschaften" gehört. Dort liegt der legendäre Riese als Megaskulptur auf dem Boden. Rundherum Rutschen und anderes Spielgerät. INSIDER TIPP Freier Eintritt zum Spielgelände. Bei schlechtem Wetter kann die Anlage geschlossen werden. *Juli/Aug. tgl. 10–14 und 17–21, sonst tgl. 10–20 Uhr*

EINKAUFEN

Echtes Kunsthandwerk lohnt ebenso den Kauf wie Delikatessen, Wein und Olivenöl

Flamencopüppchen, komplette Jakobspilgersets mit Filzhut und wallendem Umhang, die Gottesmutter Maria als verschnörkelte Porzellanfigur – wer in Spanien Kitsch und Nippes will, bekommt ihn. Einen genaueren Blick hingegen verdient all jenes Kunsthandwerk, das authentisch vor Ort gefertigte Handarbeit ist.

KULINARISCHES

Im Vergleich zu daheim sind Delikatessen wie der luftgetrocknete Serranoschinken und der lange gereifte Manchegokäse wirkliche Preisknüller. Gegen einen kleinen Aufpreis (mitunter ist es sogar inklusive) lässt sich ein Stück Käse oder der Schinken für den Transport nach Hause luftdicht verpacken *(envasar al vacío)*. Weitere Spezialitäten sind Pasteten *(patés)* in Gläsern, eingelegte Paprika *(pimientos)* und Oliven *(aceitunas)*; für seine eingelegten Kapern *(alcaparras)* ist Águilas in der Region von Murcia bekannt. Ein hervorragendes Preis-Leistungs-Verhältnis bietet das kalt gepresste Olivenöl *(aceite de oliva virgen extra)*, das in Hartplastikflaschen oder kleinen Kanistern erhältlich ist.

KUNSTHANDWERK

Dank touristischer Nachfrage ist echtes Kunsthandwerk wie das Töpfern nicht untergegangen bzw. mancherorts zu neuem Aufschwung gelangt. Andalusien ist mit Städten wie Granada und Sevilla bei den Töpferwaren führend. Beliebt sind Keramikwaren in allen Farben und Größen: Teller, Untersetzer, Kerzenhalter, Becher, Schüsseln. Wer Gebrauchskeramik kauft, sollte bedenken, dass sich gute Stücke in den seltensten Fällen für die Spülmaschine eignen.

WEIN & SPIRITUOSEN

Mit seinen Weinen bietet Spanien Auswahl in Hülle und Fülle. Beim Einkauf sollten Sie auf die geschützte Herkunftsbezeichnung *denominación de origen* achten. Der Einkauf von Brandy, *cava* und Sherry lohnt dagegen weniger, da das Preisniveau etwa dem heimischen entspricht.

ALACANT/ ALICANTE

Zu Wasser, zu Lande und aus der Luft – Alicante (330 000 Ew.) ist Knotenpunkt für Flug- und Fahrzeugverkehr, für Kreuzfahrtschiffe und Jachten. Allerdings steckt hinter der ausgeuferten Küstenmetropole viel mehr als nur eine Durchgangsstation.

Rund um Sporthafen und Explanada d'Espanya wird der lebendige Charakter einer Mittelmeerstadt spürbar, die Strandgegend Sant Joan ist als Ferienziel attraktiv. Bereits die Römer schwärmten von dem besonderen Licht, das sich heute sowohl über gesichtslose Hochhäuser als auch über angenehme Promenaden und Parks wie Monte Tossal und El Palmeral legt. Glanzstück des historischen Erbes ist die Burg *Santa Bárbara*.

SEHENSWERTES

ALTSTADT

Überschaubarer Bereich nördlich der Explanada de Espanya und östlich der geschäftigen Rambla de Méndez Núñez mit der kleinen Fußgängerzone C/ Mayor (Bars, Restaurants), dem barocken Rathaus (18. Jh.) und der Kathedrale San Nicolás aus dem 17. Jh. mit ihrer 45 m hohen blauen Kuppel.

CASTELL/CASTILLO DE SANTA BÁRBARA ★

Die Burganlage, deren Ursprünge ins frühe Mittelalter zurückreichen, thront alles beherrschend auf dem schroffen Monte Benacantil 166 m hoch über der Stadt. Hinter der Playa del Postiguet startet ein *Aufzug (ascensor) (April–Sept. tgl. 10–22, sonst 10–20 Uhr)* zum Kastell. Der Ausblick ist grandios.

EXPLANADA DE ESPANYA

Irgendjemand hat sie mal gezählt: 6,6 Mio. Marmorstückchen sind es, die den Boden auf Alicantes Vorzeigepromenade in Weiß, Schwarz und rötlichen Tönen bedecken. Hier trifft sich Gott und die Welt, hier lässt es sich im Schatten von Palmen gut flanieren. Über die Küstenstraße schließt sich der Jachthafen an.

MUSEU ARQUEOLÒGIC PROVINCIAL

Spaziergänge durch die Vergangenheit von Prähistorie bis Mittelalter. Eine besondere Stimmung geben die INSIDER TIPP bis Mitternacht möglichen Besuche im Hochsommer. *Plaza del Doctor Gómez Ulla 6 | Infos & Öffnungszeiten unter: www.marqalicante.com*

EINKAUFEN

Ihren Reiz für Kauf- und Schaulustige haben die gut bestückten Märkte, darunter der *Mercat Central (Mo–Sa vormittags, Sa auch nachmittags | Av. Alfonso X El Sabio 8)* und der *Mercat Babel (gleiche Zeiten | C/ Asilo)*. Außerdem gibt es an einigen Vormittagen bis etwa 13.30/14 Uhr diverse Allerleimärkte *(mercadillos)*, u. a. Do und Sa den *Mercadillo Teulada* rund um C/ Gran Vía und C/ Teulada. Im Sommer ist Fr–So 19–24 Uhr (sonst nur So 10–14 Uhr) ein lohnender *Kunsthandwerkermarkt* auf der Plaza de Santa Faz angesetzt.

STRÄNDE

Die besten Strände liegen nordöstlich, im Stadtgebiet beginnend mit der 900 m langen *Playa del Postiguet*. Reizvoll sind auch die kleinen Buchten um das Cabo de las Huertas. Der längste Strand, die *Platja de San Juan*, ist ein sandiger Traum von 3 km.

Reich an Geschichte ist die Küstenstadt Cartagena

ZIELE IN DER UMGEBUNG

GUADALEST ★

Ein wahrer Besuchermagnet ist das nur 200 Einwohner zählende Guadelest mit historischem Kern, der von der Burg überragt wird. Fantastische Ausblicke bieten sich auf schroffe Berge und hinab ins Tal auf den Stausee von Guadalest. Zur Museumskultur gehören die volkskundlich aufbereitete *Casa Orduña* und das *Museo de Instrumentos de Tortura (im Sommer tgl. 10.30–21, sonst bis 18 Uhr)*, das die Zeiten der Inquisition thematisiert und eine Sammlung historischer Foltergeräte ausstellt. Im *Museo de Microminiaturas (tgl. Juli 10–19, Aug. 10–21, sonst 10–18 Uhr)* kann man Miniaturwerke des Künstlers Manuel Ussá bewundern. Die Miniaturen finden im *Museo de Microgigante (gleiche Öffnungszeiten)* ihre Fortsetzung. Guadalest liegt ca. 60 km nordöstlich von Alicante. *Auskunft: Oficina de Turismo (Av. de Alicante | Tel. 9 65 88 52 98 | www.guadalest.es)*

ELX/ELCHE

In Elx, rund 15 km von der Küste entfernt, gibt es fast so viele Palmen wie Einwohner, nämlich 200 000. ★ *Palmerar (El Palmeral)*, der in der Maurenzeit angelegte Palmenhain, gilt europaweit als größter seiner Art und zählt zum Welterbe der UNESCO. Der *Palmenpark Parc Municipal* ist exzellent aufgemacht mit Wegen, Bänken, Beeten, Trinkbrunnen, Kinderspielgeräten und Musikpavillon. Der Höhepunkt der Palmenhaine öffnet sich mit dem *Huerto del Cura (Eintritt 5 Euro | Porta de la Morera 49 | Infos & Öffnungszeiten unter: jardin.huertodelcura.com)*. Zwischen Palmen, Teichen, Wasserspielen und exotischen Pflanzen durchstreifen Sie eine der schönsten Oasen Spaniens. Die berühmte Skulptur der „Dame von Elche" entstand vor 2500 Jahren, als die Stadt Heliké hieß. Maurische Zeugnisse sind der Burgpalast *Palau d'Altamira,* auch bekannt als *Alcàsser de la Senyoria* (mit Archäologischem Museum), und der klobige Turm *La Calaforra/Calahorra.*

CARTAGENA

Die Hafenstadt (218 000 Ew.) blickt auf eine über 2000-jährige Geschichte zurück.

Erhalten sind u. a. Reste der *punischen Stadtmauer (Muralla Púnica) (Juli–Mitte Sept. tgl. 10–20, im Winter Di–So 10–17.30, sonst Di–So 10–19 Uhr | C/ San Diego 25)* mit Infozentrum und Abstieg in eine Klosterkrypta aus dem 18. Jh. und das Ruinenfeld auf dem *Cerro Molinete*. Spuren der Römer finden sich in der *Casa de la Fortuna (Di–So 10.30–15.30 Uhr | Abgang an der Plaza del Risueño)*, dem Augusteum (Infos über Zeiten in der *Casa de la Fortuna | C/ Caballero)*, dem *Archäologischen Museum (C/ Ramón y Cajal 45 | www.museoarqueologicocartagena.es)* und im *Teatro Romano (Plaza del Ayuntamiento 9 | neben der Muralla Bizantina)*. Den besten Ausblick auf Theater, Hafenanlagen und umliegende Berge bietet der Burghügel mit dem *Castillo de la Concepción*, der über einen Panoramaaufzug erreicht werden kann. An dessen unterer Station liegt der Eingang in die museal aufbereiteten Schutzbunker aus dem Spanischen Bürgerkrieg *(Refugio-Museo de la Guerra, ab 10 Uhr | C/ Gisbert 10). Info: Oficina de Turismo (Palacio Consistorial | Plaza del Ayuntamiento 1 | Tel. 9 68 12 89 55 | www.cartagenaturismo.es | www.cartagenapuertodeculturas.com)*

ZIELE IN DER UMGEBUNG

MURCIA

Die 75 km nordwestlich von La Manga del Mar Menor am Río Segura gelegene Regionalhauptstadt hat eine bewegte 1200-jährige Geschichte zu bieten. Erste Herrscher waren die Mauren, die die Ansiedlung mit einem wuchtigen Mauermantel versahen, sie *Mursiya* nannten und das Leben bis ins 13. Jh. hinein bestimmten. Dann rückten die Christen an und begannen 1394 mit dem Bau der prächtigen ★ *Kathedrale*, bis heute das Vorzeigemonument der Stadt; der 90 m hohe Turm ist das weithin sichtbare Wahrzeichen. Kunstgeschichtlich Interessierte besuchen zudem das *Kathedralmuseum (Museo de la Catedral | ab 10 Uhr)* und das zum historischen Klosterkomplex Santa Clara gehörige sehenswerte *Museo de Santa Clara (ab 10 Uhr | Av. Alfonso X el Sabio I)*. Nahe der Kathedrale liegen zur Flussseite hin nette Grünanlagen. Einen Besuch lohnt das *Museo Salzillo (ab 10 Uhr | Plaza de San Agustín 3/C/ Doctor Quesada | www.museosalzillo.es)* mit einer Werkschau des einheimischen Barockbildhauers Francisco Salzillo (1707–83). Im *Museum der Schönen Künste (Museo de Bellas Artes) (C/ Obispo Frutos 12 | Eintritt frei)* liegen die Schwerpunkte auf Gemälden aus der Renaissance und dem Barock.

LOW BUDG€T

Kostenlos ist in Cartagena das Regionalmuseum für *Moderne Kunst (Museo Regional de Arte Moderno) (Palacio de Aguirre | Plaza de la Merced 15 | Di–Sa 11–14 und 17–20, So 11–14 Uhr)*. Ebenso Sa ab 14 Uhr und So das *Museo Nacional de Arqueología Subacuática (Mitte April–Mitte Okt. Di–Sa 10–21, sonst bis 20, So 10–15 Uhr | Paseo Alfonso XII 22 | museo arqua.mcu.es)*, in dem aus dem Meer geborgene Schätze zu sehen sind.

MÁLAGA

Spannende Museen, verwunschene Parks, ein neues Hafenareal und eine lebendige Altstadt – Málaga, die zweitgrößte Stadt Andalusiens (570 000 Ew.), macht richtig Spaß.

Die Zeiten, da Málaga kaum mehr war als ein Umschlagplatz für die Urlauber der Costa del Sol, sind Vergangenheit. Seit 2003 das Museo Picasso eröffnete, startet die Hafenstadt richtig durch: Museo Carmen Thyssen, Museo Ruso, Centre Pompidou – unglaublich, was Málaga an neuen Museen zu bieten hat. Für die Kreuzfahrtschiffe und deren Gäste wurde ein elegantes Hafenareal aus dem Boden gestampft. Die Altstadt ist schick geworden, ohne dass die alten Tapasbars verschwunden wären. Überhaupt lieben die Malagueños ihre Rituale: die Osterprozessionen, das Flanieren auf der Calle Marqués de Larios, die Tapastouren am Abend und den Sonntagsbesuch in einem der *chiringuitos,* der Strandlokale, wo Sardinen an Holzspießen auf offenem Feuer grillen. Málaga ist eine Stadt zum Verlieben!

SEHENSWERTES

ALCAZABA

Die maurische Festungsanlage aus dem 11. Jh. (Alcazaba ist arabisch und bedeutet Zitadelle) soll einst so schön wie die Alhambra von Granada gewesen sein. Von der alten Pracht sind stille Gärten mit Wasserspielen und romantische Winkel mit tollen Aussichten geblieben. *Tgl. 9–18, April–Okt. bis 20 Uhr | Eintritt 2,20 Euro, Alcazaba und Gibralfaro 3,55 Euro*

CASTILLO DE GIBRALFARO

Auf einem Hügel über der Stadt thront die zweite maurische Festung Málagas, mit der Alcazaba durch einen mauerumschlossenen Gang verbunden. Ein schöner Fußweg führt den Hügel hinauf. Der Besuch des Gibralfaro lohnt wegen des Blicks über ganz Málaga und seinen Hafen. *Tgl. 9–18, April–Okt. bis 20 Uhr | Eintritt 2,20 Euro, Gibralfaro und Alcazaba 3,55 Euro, So ab 14 Uhr frei*

CATEDRAL DE LA ENCARNACIÓN

La Manquita, die kleine Einarmige, nennen die Malagueños ihre Katherale. Der Bau zog sich über 250 Jahre (1528–1783) hin, dann hatten die Bürger genug von den ewigen Sondersteuern für den Prachtbau – er wurde ohne den zweiten Turm beendet. Im Innern ist das Chorgestühl sehenswert, das im 17. Jh. von Pedro de Mena geschnitzt wurde, ebenso wie die Orgel mit ihren 4000 Pfeifen. *Mo–Fr 10–18, Sa 10–17 Uhr | Eintritt 5 Euro*

MUELLE UNO

Málagas schicker Hafen strahlt in Weiß. Sie können auf der Promenade in Richtung Leuchtturm spazieren, am Abend in einem der Lokale einen Drink nehmen – und vor allem spannende Kunst anschauen: Das Pariser ★ *Centre Pompidou (tgl. 9.30–20 Uhr | Eintritt 7 Euro | centre pompidou-malaga.eu)* zeigt in seiner spanischen Dependance Wechselausstellungen mit zeitgenössischer Kunst.

MUSEO CARMEN THYSSEN

Vier Jahre lang wurde am Palacio Villalón in der Altstadt von Málaga gebaut. Das 25 Mio. Euro teure Kulturhighlight zeigt 230 Arbeiten aus der berühmten, hochkarätigen Sammlung der Baronin Carmen Thyssen-Bornemisza: Malerei des 19. Jh.s sowie solche mit vornehmlich andalusischen Motiven u. a. von Joaquín

Die Alcazaba aus der Maurenzeit zeugt von einstiger Wehrhaftigkeit

Sorolla, Mariano Fortuny und Julio Romero de Torres. *Di–So 10–20 Uhr | Eintritt 6 Euro | C/ Compañía 10 | www.carmenthyssenmalaga.org*

MUSEO PICASSO MÁLAGA ★

Das Museum ist ein Muss für Picasso-Freunde und ein lohnendes Ziel für alle, die sich über den Maler noch keine Meinung gebildet haben. Schwiegertochter Christine Ruiz Picasso und ihr Sohn Bernard haben dem Museum mehr als 200 Werke aus allen Schaffensperioden gespendet oder als Dauerleihgaben zur Verfügung gestellt. *Ab 10 Uhr | Eintritt 7 Euro | C/ de San Agustín 8 | www.museopicassomalaga.org*

TABACALERA

Er geht Autos gucken und sie Bilder? Nee, am besten macht man doch beides zusammen. Denn das *Museo Automovilístico y de la Moda (Di–So 10–19 Uhr | Eintritt 8,50 Euro | www.museoautomovilmalaga.com)* und die *Colección del Museo Ruso (Di–So 9.30–20 Uhr | 8 Euro | www.coleccionmuseoruso.es),* die in die alte Tabakfabrik im Süden des Zentrums eingezogen sind, können wirklich begeistern. Autos sind Kunst, das ist die Message des Automuseums. Dafür stehen rund 100 formschöne Fahrzeuge aller Dekaden in den Hallen sowie 200 Haute-Couture-Stücke von Chanel, Dior und anderen. Das Museo Ruso zeigt Teile der riesigen Sammlung des russischen Staatsmuseums. Klar: Es geht um russische Kunst, Marc Chagall, die Konstruktivisten der 1920er-Jahre, die kennt man vielleicht. Eine Entdeckung sind die großartigen Gemälde des 19. Jh.s. *Av. Sor Teresa Prat 15*

STRANDBARS

Chiringuitos werden die in Andalusien beliebten Strandbars genannt. In Málaga sind sie Kult. Auf offenen Feuern wird im Sommer Fisch gegrillt, z. B. an den Stadtstränden *Malagueta* und *Pedregalejo.*

ZIELE IN DER UMGEBUNG

GRANADA

Diese spanische Topdestination (240 000 Ew.) verdankt ihre Zugkraft den einstigen Glaubensfeinden: den Mauren, die mit ihrer „roten Burg" (so die Bedeutung des arabischen al-hambra) ein Weltwunder schufen. Der tägliche Besucherzustrom auf die ★ *Alhambra* ist jedoch begrenzt. Es empfiehlt sich dringend eine frühzeitige Reservierung mit Kreditkarte; den entsprechenden Link finden Sie auf der offiziellen Alhambra-Homepage *www.alhambra-patronato.es.*

Das Stadtviertel ★ *Albaicín* hat den Charakter einer Medina bewahrt. Handtuchschmale Gassen ziehen sich den Hang hinauf, an arabischen Teestuben und Souvenirshops vorbei geht es aufwärts.

GIBRALTAR (U.K.)

Gibraltar (29 000 Ew.) ist very British – der Felsen gehört seit 1713 zu Großbritannien. Um die 7 Mio. Besucher kommen jedes Jahr. Ihre Ziele: ein mächtiger Felsen, der von Affen bewohnt wird, und die *Main Street* mit Shops zum steuerfreien Einkaufen (auch Euro werden akzeptiert). Lohnend ist ein Besuch im *Naturreservat Upper Rock* mit der Tropfsteinhöhle *St Michael's Cave*, den *Great Siege Tunnels*, einer Verteidigungsanlage vom Ende des 18. Jh.s, und dem *Apes' Den* (hier turnen die berühmten Berberaffen herum) mit schöner Aussicht. Am besten fahren Sie mit dem *Cable Car (tgl. 9.30–17.15, April–Okt. bis 19.15 Uhr | Hin- und Rückfahrt 14 Pfund, inkl. Naturreservat 22 Pfund)* zum Reservat hinauf. Ebenfalls beliebt ist *Dolphin-Watching (ca. 30 Euro/Person):* Mehrere Anbieter starten meist von der Marina Bay aus. Auskunft: *Gibraltar Tourist Board (Cathedral Square | Tel. 00350 20 07 49 50 | www.visitgibraltar.gi)*

CÁDIZ

Die ganze ★ Stadt (120 000 Ew.) ist am frühen Abend auf dem Campo del Sur oder der Alameda de Apodaca unterwegs, um die Seeluft und die letzten Sonnenstrahlen über dem Meer zu genießen.
Die älteste Stadt Europas (gegründet im 11. Jh. v. Chr. von Phöniziern) ist an drei Seiten vom Atlantik umgeben und zum Wasser hin mit einem Mauerring befestigt. Nur im Westen liegt davor ein kleiner Strand. Innerhalb der Mauern prägen barocke Stadthäuser, zum Teil mit hohen Aussichtstürmen, das Bild. Von hier aus hielten die Händler Ausschau, ob sich ihre Schiffe dem Hafen näherten. Cádiz erhielt 1717 das Monopol für den Handel mit Lateinamerika, der zuvor Sevilla reich gemacht hatte. Viele kleine Plätze prägen diese charmante Stadt der *gaditanos,* wie die Bewohner genannt werden.

SEHENSWERTES

CATEDRAL

Die Kathedrale aus Sandstein, Jaspis und Marmor (1722–1838, barocke und klassizistische Elemente) leuchtet in der Sonne. Spaniens bedeutendster Komponist, der in Cádiz geborene Manuel de Falla (1876–1946), liegt in der Krypta begraben. Im Eintrittspreis ist der Besuch des *Museo Catedralicio (Mo–Sa 10–16 Uhr)* in der Casa de Contaduría an der Plaza Fray Félix und des Uhrturms, der *Torre del Reloj,* eingeschlossen. Von dieser haben Sie einen prächtigen Blick über die Stadt. *Mo–Sa 10–19, So 14–19 Uhr | Eintritt 5 Euro*

MUSEO DE CÁDIZ

Archäologie und Kunst in einem Haus. Zu den Schätzen gehören zwei Sarkophage aus phönizischer Zeit (5. Jh. v. Chr.), eine in der römischen Siedlung Baelo Claudia gefundene Trajan-Statue und Kunst des 16.–20. Jh.s. Einzigartig ist die INSIDER TIPP Sammlung an Zurbarán-Gemälden. Die Meisterschaft des vergeistigten Barockkünstlers wird in der Darstellung der Heiligenfiguren ganz besonders deutlich („Ekstase des hl. Bruno", „Vision des hl. Franz von Assisi"). *Ab 10 Uhr | Eintritt für EU-Bürger frei | Plaza de Mina*

ORATORIO DE SAN FELIPE NERI

Eine der schönsten Barockkirchen Andalusiens. Ihre Grundform ist elliptisch, durch die Kuppelfenster fällt flirrend das Tageslicht ein. Die Kirche ist ein nationales Symbol, vergleichbar der Frankfurter Paulskirche in Deutschland: Hier versammelten sich 1811/12 die *Cortes,* das spanische Parlament, um die erste liberale Verfassung Spaniens zu entwerfen. Auf der Plaza España erinnert ein Denkmal an das erstickte Aufkeimen der Demokratie. *Ab 10.30 Uhr | Eintritt 3 Euro | C/ San José 38*

TORRE TAVIRA

Es ist ein magischer Moment, wenn das Bild der Stadt auf dem runden Tisch erscheint und man dann noch sieht, dass die kleinen Menschen darauf sich bewegen! Keine Zauberei und auch keine Virtual-Reality-Technik machts möglich, sondern ein Instrument, das der arabische Astronom Abu Ali al-Hasan im 10. Jh. erfunden hat: die Camera obscura. Lassen Sie sich verzaubern von diesem technischen Wunderwerk! *Tgl. 10–18, Mai–Sept. bis 20 Uhr | Eintritt 6 Euro | C/ Marqués del Real Tesoro 10 | www.torretavira.com*

Wahrzeichen Gibraltars: Berberaffen

TAPASLOKALE

Mehrere Tapasrestaurants mit Außenterrassen finden sich in der Calle Plocia. Empfehlenswert sind u. a. *El Aljibe* und *La Cepa Gallega.*

EINKAUFEN

Neben der Plaza de las Flores mit ihrem Blumenmarkt steht der *Mercado Central,* das klassizistische Marktgebäude. Das kulinarische Angebot ist verführerisch. Der Thunfisch, der an der Costa de la Luz gefangen wird, ist eine Spezialität. Tiefgefroren oder eingelegt bekommt man ihn bei *Gadira (C/ Plocia 8).*

STRÄNDE

Die nur 450 m lange *Playa de la Caleta* liegt am westlichen Ende der Altstadt. Die größere *Playa de la Victoria* (2500 m) befindet sich an der Südseite der Landzunge, die Cádiz mit dem Rest Andalusiens verbindet.

ZIELE IN DER UMGEBUNG

SEVILLA ★

Andalusiens heiße Hauptstadt (694 000 Ew.) lässt niemanden kalt. Lassen Sie sich von der überschäumenden Lebensfreude der sevillanos anstecken, schlendern Sie an den Flussufern des Guadalquivir entlang, atmen Sie auf den Plätzen die Stimmung und den Duft der Orangenbäume im pittoresken Stadtviertel Barrio de Santa Cruz ein.

Hoch her geht es während der Karwoche mit ihren bekannten Prozessionen sowie bei der *Feria de Abril*. Für Stierkampf-*aficionados* ist die *Plaza de Toros La Maestranza* ein Heiligtum, in dem die Stars unter den Toreros auftreten. Ein Blickfang ist der futuristische *Metropol Parasol (setasdesevilla.com)* an der Plaza de la Encarnación, ein Werk des deutschen Architekten Jürgen Mayer H.

JEREZ DE LA FRONTERA

Jerez (215 000 Ew.) zeigt sich auf seiner Calle Larga: Die einen sitzen auf den etwas zu teuren Terrassen, einen *fino* oder ein Bier in der Hand, die anderen flanieren fein gekleidet übers Pflaster.

Jerez ist berühmt für seinen Wein, den die Ausländer Sherry nennen, für seine edlen Pferde und für seine Flamencotradition. PS-Begeisterte denken eher an die Rennstrecke Circuito de Jerez vor den Toren der „Welthauptstadt des Motorradsports", Pferdefreunde an die berühmte Reitschule der Stadt.

Vor allem aber ist Jerez voller Überraschungen: lauschige Plätze, lebendige Bars, ungeschönte Kontraste. Hier kommt alles zusammen, was Andalusien im Guten wie im Schlechten ausmacht: Kirchen mit überbordendem Dekor und triste Wohnsilos, Menschen, die froh sind, wenn sie irgendeinen Job finden, und andere, die in Familien groß werden, die schon immer Macht und Einfluss hatten.

ALLE WEISS AUSSER EINEM

Eigentlich sind sie fast alle weiß, die Dörfer im Süden Spaniens. Doch ein *pueblo blanco,* das es auch zu einer Touristenattraktion bringen will, braucht neben den weiß gekalkten Häusern auch schmale Gassen, in denen man sich garantiert verirrt. Erst dann können Sie davon ausgehen, dass das Dorf auch maurischen Ursprungs ist. Außerdem sollte es malerisch an einem Berghang kleben oder auf einem Felsvorsprung thronen. Das Kalken der Häuser wurde übrigens erst im 17. Jh. populär und gehörte zu den Pflichten der Hausfrau. Besonders schöne *pueblos blancos* sind Vejer und Arcos de la Frontera, Grazalema, Gaucín, Comares, Casares und Frigiliana. Nur ein weißes Dorf tanzt aus der Reihe: Júzcar zwischen Ronda und Estepona strahlt in hellem Blau. Erst war es nur ein Promotionsgag von Sony Pictures. 9000 l Farbe waren nötig, um Júzcar in Schlumpfhausen zu verwandeln: die perfekte Kulisse für die Premiere des Films „Die Schlümpfe".

Das ist schon ein paar Jahre her. Aber seit Jahr für Jahr viele Tausend Besucher das *pueblo azul* sehen wollen, will man im Ort von Weiß nichts mehr wissen.

Palmas strahlendes Wahrzeichen ist die Kathedrale La Seu

PALMA/ MALLORCA

Palma ist alt und jung zugleich, das macht die Stadt spannend – für Einheimische und Fremde gleichermaßen. Schlendern Sie durch eine der größten erhaltenen mittelalterlichen Städte des Mittelmeerraums, die einst ein wichtiger Knotenpunkt für die handeltreibenden und kriegführenden Mächte der Region war. Der frühere – und dank dem Tourismus auch neue – Reichtum ist fast überall greifbar. Und alles liegt hier dicht beieinander: friedliche Innenhöfe prächtiger Adelspaläste und verkehrsumtoste Straßencafés; weihrauchgeschwängertes Kirchendunkel und geschäftiges Treiben im grellen Licht der Markthallen; sonnenhelle Plätze und Schatten spendende Arkaden. Palma ist zwar keine Gaudí-Stadt wie Barcelona, aber der spanischen Jugendstil-Architektur begegnen Sie auch hier. Rundgangempfehlung im Denkmalschutzbüro Arca *(C/ de Can Oliva 10)*.

SEHENSWERTES

ES BALUARD ★ *(3/D2)*

Der moderne Bau fügt sich genial in die historische Festungsanlage Palmas ein; toller Blick auf Hafen und Kathedrale von den Dachterrassen. *Plaça Porta de Santa Catalina 10 | www.esbaluard.org | Di–Sa 10–20, So 10–15 Uhr | Eintritt 6 Euro, an Festtagen gratis*

CASTELL DE BELLVER *(3/A3)*

Von außen wehrhaft, im Innenhof elegant, krönt das Königsschloss mit historischem Museum die Stadt. *Mo 8.30–13, April–Sept. Di–Sa 8.30–20, So 10–20, Okt.–März Di–Sa 8.30–18, So 10–18 Uhr | Eintritt 4 Euro, So frei*

FUNDACIÓ PILAR I JOAN MIRÓ ★

Ein Teil des Nachlasses von Joan Miró ist im wunderschönen Museum zu sehen. *C/ Saridakis 29 | Cala Major | miro.palmade*

MEHR MEER

PALMA AQUARIUM
Zur Anlage gehören 55 Aquarien mit beeindruckender Pflanzenwelt und 8000 Tieren der Weltmeere, eine Dschungel-landschaft, ein Mittelmeergarten, Restaurant und Café. Vom transparenten Tunnel aus ist man den Fischen ganz nah, auch den Haien. *Platja de Palma | Buslinien 15, 23 und 25 | www.palmaaquarium.com | tgl. 9.30–18.30 Uhr | Erwachsene 24 Euro, Kinder 14 Euro*

mallorca.es | Di–Sa 10–19, Winter bis 18, So 10–15 Uhr | Eintritt 7,50 Euro, Sa ab 15 Uhr, 1. So im Monat sowie Tage der offenen Tür frei

JUGENDSTILBAUTEN *(3/D2)*
Die katalanische Version des Jugendstils, der modernisme, ist u. a. an schön restaurierten Fassaden wie der des *Edifici Casayas* an der Plaça Mercat und des ★ *Gran Hotel (Mo–Sa 10–20, So 11–14 Uhr | Eintritt 4 Euro)* schräg gegenüber zu sehen.

KATHEDRALE LA SEU ★ *(3/D2)*
Das Hauptschiff der gewaltigen Kathedrale verzaubert u. a. durch die 14 schlanken Säulen, die große, aus 1236 Glasteilen bestehende Fensterrose in der Hauptapsis sowie den Gaudí-Leuchter über dem Altar. *Plaça Almoina | Mo–Fr Juni–Sept. 10–18.15, April/Mai und Okt. 10–17.15, Nov.–März 10–15.15, Sa 10–14.15 Uhr | Eintritt 7 Euro*

PALAUS (PALÄSTE) *(3/D2)*
Im Altstadtbereich und in Sa Portella finden sich die meisten Bürger- und Adelspaläste, die vorwiegend im 15./ 16. Jh. nach italienischem Vorbild errichtet wurden. Einen Blick hinter die Türen und Mauern können Sie im besonders schönen *Can Marquès (C/ Zanglada 2 | Mo–Sa 10–15 Uhr | Eintritt 6 Euro)* werfen. Einfach und kostenlos zu besichtigen ist der zu Kunstgalerie und Café umfunktionierte *Casal Solleric (Passeig des Born 27 | casalsolleric.palma.cat | Di–Sa 11–14 und 15.30–20.30, So 10–14 30 Uhr).*

PORT (HAFEN) *(3/C3)*
Unterhalb der Kathedrale ragt eine lange Mole ins Meer hinein, die den Fischerhafen begrenzt. Hier legen auch die Schiffe für die einstündigen Hafenrundfahrten mit *Cruceros Marco Polo (www.crucerosmarcopolo.com | März–Okt. Mo–Sa 11–16 Uhr stdl. | 12 Euro pro Person)* ab; eine erfrischende und erholsame Abwechslung für fußmüde Stadtbesucher.

RESTAURANTS

Das ganze Viertel INSIDER TIPP *Santa Catalina* verwandelt sich ab 20 Uhr in eine international gedeckte Open-Air-Tafel. Eine große Auswahl an Restaurants gibt es im verkehrsberuhigten *Carrer Fábrica*. Im Sommer sitzen Sie hier Tisch an Tisch auf dem Gehsteig.

EINKAUFEN

Lust auf einen Einkaufsbummel? Dann schlendern Sie zuerst den Prachtboulevard *Passeig des Born* entlang und die *Jaume III* rauf und runter, das muss sein. Wer dann noch Ausdauer hat, kann den *Carrer Unió* hoch und zum *Carrer Sant Miguel* abbiegen, dann haben Sie Palmas beste Modegeschäfte gesehen. Hier finden Sie Läden mit internationalen Marken und Boutiquen von spanischen Designern.

EIVISSA/ IBIZA

Einst fürchtete sich Eivissa vor osmanischen Feinden und verschanzte sich hinter dicken Mauern, heute erobern vergnügte Menschen aus aller Welt die Stadt – und werden mit offenen Armen empfangen.

Vor allem im Juli und August herrscht der Ausnahmezustand. Dann tummelt sich im weiten Dunstkreis des Hafens ein buntes, internationales Völkchen, das wild entschlossen ist, sich auf jedwede Art zu amüsieren. Erlaubt ist, was Spaß bringt, Straßen und Plätze sind abends gefüllt mit Feierfreudigen auf der Suche nach Unterhaltung. Aber auch historisch fährt Eivissa schweres Geschütz auf. Die phönizisch-punische Nekropole am „Mühlenhügel" Puig des Molins gehört ebenso zum UNESCO-Welterbe wie die Oberstadt Dalt Vila, wo die mächtigen Mauern seit maurischen Zeiten die Kulisse bestimmen.

SEHENSWERTES

INSIDER TIPP CASA BRONER

(4/C3)

Das ehemalige Domizil des Malers und Architekten Erwin Broner (1898–1971), der die traditionelle ibizenkische Bauweise mit modernen Elementen kombinierte, ist allein wegen des Ausblicks von der Dachterrasse des heutigen Museums einen Abstecher wert. *Ab 10 Uhr | Eintritt frei | Travesía de Sa Penya 15*

DALT VILA ★ *(4/B3)*

Eivissas historische Oberstadt Dalt Vila wirkt wie ein riesiges Freilichtmuseum: Kanonenplateaus und Plätze, begehbare Tunnel, Aussichtspromenaden und verwinkelte Gassen, wuchtige Türme und Stadtmauern aus mehreren Epochen. Holpriges Pflaster, kalkweiße Fassaden mit blühenden Blumen und wehender Wäsche, wildes Kabelgewirr, Dachgärten, manch abgewrackter Bau, dazu das alte Rathaus, die Kathedrale und Mauerverbünde aus dem 16. Jh.

Die Oberstadt Eivissas stammt noch aus der Zeit der Mauren

HAFEN ★ (4/C3)
In Eivissas weitläufigem Hafen herrscht ein ständiges Ein und Aus von Container- und Kreuzfahrtschiffen, Fähren, (Super-) Jachten, Segel- und Fischerbooten. Im Süden legt der Port seine volle Breitseite an die historischen Fischer- und Seemannsviertel *La Marina und Sa Penya*. Etliche Bars und Restaurants mit loungig gestalteten Terrassen laden zum Chillen und Shisha-Rauchen ein. An der Hauptfährstation Estació Marítima laufen die dicken Pötte vom spanischen Festland ein, gleich dahinter erhebt sich das *Monument a los Corsarios*. Das zu Beginn des 20. Jh.s errichtete Korsarenmonument in Form eines Obelisken ruft die „Ruhmestaten" der einheimischen Seefahrer ins Gedächtnis, die es mit weitaus größeren Schiffen aufnahmen. Ein weiteres Monument im Kreuzungsbereich der Avinguda de Santa Eulària d'es Riu erinnert an die friedlicheren *Gent de la mar*, die „Leute des Meeres" Ein lohnender Spaziergang führt von der Marina am Botafoc-Leuchtturm vorbei zur Molenspitze an der Hafeneinfahrt.

PASSEIG DE VARA DE REY ★ (4/B3)
Die autofreie innerstädtische Flanierpromenade ist nach dem berühmten General Joaquín Vara de Rey benannt, der 1898 beim Unabhängigkeitskampf um die spanische Kolonie Kuba sein Leben ließ. Beiderseits des Boulevards reihen sich Cafés, Restaurants und Geschäfte. Der stilvolle Außenbereich des legendären *Grand Hotel Montesol* im Neo-Kolonialstil ist ein toller Frühstücks-Spot! Immer wieder verleihen Märkte und Konzerte dem Passeigde Vara de Rey ein besonderes Flair.

MUSEU D'ART CONTEMPORANI (4/B3)
Das Museum für Zeitgenössische Kunst ist eine echte Überraschung und ein sprichwörtlich cooler Ort zum Innehalten

STRÄNDE FÜR SONNENANBETER

FIGUERETES (4/A4)
Mit Eivissa verwachsener Vorort mit breit aufgeschüttetem Sandstrand, der von Felsen in mehrere Abschnitte untergliedert wird. Die verkehrsfreie Palmenpromenade (*Passeig de les Pitiüses*) bietet sich mit ihren Bars, Restaurants und schönen Ausblicken auf Dalt Vila, Eivissas „Mühlenhügel" Puig des Molins und Formentera für einen Spaziergang an. *2 km südwestlich von Eivissa, zu Fuß über Av. d'Espanya und Carrer País Basc*

PLATJA D'EN BOSSA
Die sandigen Weiten des längsten Strands vereinen alle Altersstufen und Geschmäcker. Nahe dem südlichen Ende wacht die Torre d'es Carregador, ein Wehrturm aus dem 16. Jh., über das Beach- und Highlife.

PLATJA DE TALAMANCA
Der geschützte Buchteinschnitt bietet ruhiges Badewasser – ideal für Familien mit Kindern. Über Holzstege können Sie den Streifzug am Sandband der Platja de Talamanca in Richtung Nordwesten fortsetzen. Hinter den Kiefernhainen endet der schöne Spaziergang an den Steinplatten beim Cap Martinet. *Im Sommer Bootszubringer ab Hafen Eivissa (sonst Anfahrt über die Av. 8 d'Agost)*

mitten im prallen Leben von Eivissa! Allein die moderne Architektur in der ehemaligen Kaserne, angelegt im 18. Jh. mit bombensicheren unterirdischen Lagern, fasziniert mit ihrem Mix aus historischem Gemäuer und moderner Offenheit mit viel Glas und Sichtbeton. Bei Bauarbeiten stieß man auf archäologische Funde, die heute im Untergeschoss unter Glas liegen. Im EG verteilt sich die ständige Sammlung auf zwei Gewölbesäle. Die oberste Etage ist Wechselausstellungen vorbehalten. *Ab 10 Uhr | Eintritt frei | Ronda Narcís Puget*

NECRÒPOLIS PÚNICA *(🗺 4/A3)*

Mehrere Tausend Gräber sollen nach der Einschätzung von Historikern noch in den Resten von Eivissas Nekropolis existieren. Die Totenstadt liegt unterhalb des historischen Mühlenhügels Puig des Molins, auf dem bis ins 20. Jh. mehrere Windmühlen in Betrieb waren, und wurde im Altertum von den Phöniziern (ab 7. Jh. v. Chr.) und den Puniern (ab 5. Jh. v. Chr.) genutzt. Zugänglich sind jedoch allein die „Maultier-Hypogäen", unterirdische Gewölbe, deren Wiederentdeckung auf ein in den Schacht eingebrochenes Maultier zurückgeht. Hier führen 15 Stufen steil abwärts in die Tiefen der Gruft, die sich in mehrere kleine Höhlen verästelt. In zwei verglasten Sarkophagen hat man Skelette drapiert. Anschaulicher könnte eine Reise zurück durch die Zeit kaum sein! Der Zugang zum historischen Friedhofsgelände führt durch das moderne Museum *(Museu Monogràfic)*, wo fünf Säle warten, die nach Themen wie „Tod zur Zeit der Phönizier" oder „Punische Bestattungen" geordnet sind. Zu den Exponaten gehören Grabbeigaben wie Schmuck, Amulette und Keramikgefäße sowie Totenmasken, Knochenschnitzereien und ein Sarkophag aus Blei. Sonntags ist der Eintritt frei. *Via Romana 31*

Strandfeeling pur in Figuretes

EINKAUFEN

Shoppingvictims sind rund um den Passeig de Vara de Rey, die Plaça del Parc und die Plaça de la Constitució gut aufgehoben. Zum Bummeln lohnt auch die Gegend rund um die Av. d'Isidor Macabich. Nahe der Hafenlinie wuselt es zudem nur so um die Kirche Sant Elm, im *Carrer Emili Pou, im Carrer de Mar* und insbesondere im *Carrer d'Enmig*

FREIZEIT & SPORT

Im Hafen starten Linienboote nach *Formentera*; die Fähren pendeln im Halbstundentakt. Die Überfahrt dauert 30–45 Minuten. Am besten buchen Sie das Ticket online zusammen mit einem Voucher für eine Vespa auf Formentera. Über *Cooltra (Tel. 937066912 | www.cooltra.com)* gibt's das Ticket (hin und zurück) inkl. Roller ab 39 Euro.

PRAKTISCHE HINWEISE

ANLEGESTELLEN

▶ BARCELONA

Barcelona besitzt sieben Kreuzfahrtterminals; von einigen ist das Zentrum in 10 bis 15 Minuten Fußweg zu erreichen. Von weiter entfernten empfiehlt es sich, den Bus zu nehmen.

▶ VALÈNCIA

Das moderne Kreuzfahrtterminal liegt ca. 6 km vom Stadtzentrum entfernt, das mit öffentlichen Bussen oder Shuttlebussen zu erreichen ist.

▶ ALICANTE

Shuttlebusse verbinden das Kreuzfahrtterminal mit dem Stadtzentrum, das in ca. 15 Minuten auch zu Fuß zu erreichen ist.

▶ CARTAGENA

Cartagena besitzt zwei Anlegestellen für Kreuzfahrtschiffe. Von der Alfonso XII Pier gelangen Sie zu Fuß ins Stadtzentrum; von der Muelle de la Curra sollten Sie den Shuttlebus nutzen.

▶ MÁLAGA

Die Altstadt liegt ca. 2 km von dem modernen Kreuzfahrtterminal entfernt. Kleinere Schiffe können unmittelbar im Zentrum anlegen.

▶ GIBRALTAR

Der Hafen von Gibraltar ist zentral gelegen, sodass Sie die Sehenswürdigkeiten zu Fuß erkunden können.

▶ CÁDIZ

Kreuzfahrtschiffe machen zentral in Cádiz fest; das Stadtzentrum erreichen Sie ohne Probleme zu Fuß.

▶ PALMA

Die Anlegestellen für Kreuzfahrtschiffe in Palma befinden sich ca. 5 bis 7 km vom Zentrum entfernt, das mit Bussen angebunden ist.

▶ EIVISSA

Große Schiffe machen außerhalb fest; die Fahrt mit dem Shuttlebustransfer in die Innenstadt dauert ca. 10 Minuten.

EINTRITTSPREISE & RABATTE

Die Eintrittspreise in Museen und Monumente sind abhängig vom jeweiligen Bekanntheitsgrad und reichen von etwa 2,50–4 Euro in kleineren Städten bis zu 5–8 Euro in größeren Städten. Aber es gibt viele Ausnahmen! Extrem teuer ist es in Barcelona, wo der Basisbesuch der Sagrada Família 15 Euro und der Eintritt in die Casa Batlló von Antoni Gaudí stolze 22,50 Euro kostet. Auch Familienziele wie Wasser- und Freizeitparks sowie Aquarien verlangen nach einem größeren Budget. Preisnachlässe gibt es in der Regel für Kinder *(niños)*, Studenten *(estudiantes)* und Rentner *(jubilados)*. Einzelne Museen haben einmal in der Woche freien Eintritt.

GELD & KREDITKARTEN

Kreditkarten sind weit verbreitet, vor allem Visa. Geldautomaten *(cajeros automáticos)* sind überall in großer Zahl vorhanden.

GESUNDHEIT

In Spanien gilt die Europäische Krankenversicherungskarte EHIC. Freie Arztwahl gibt es allerdings nicht, zuständig ist das nächste Gesundheitszentrum *(centro de salud)*. Die Notfallabteilung im Krankenhaus *(hospital, clínica)* heißt *emergencias*. Wer sichergehen will, schließt zusätzlich eine Reisekrankenversicherung ab.

INTERNETZUGANG & WLAN

WLAN heißt auf Spanisch *wifi*. Mancherorts gibt es kostenfreie *wifi*-Zonen. So besitzt z. B. Barcelona ein gut ausgebautes *wifi*-Netz und eine Vielzahl an Internetcafés.

NOTRUF

Landesweit *Tel. 112*

ÖFFNUNGSZEITEN

Es gibt keine gesetzlich geregelten Ladenschlusszeiten. Überwiegend sind die Geschäfte montags bis freitags von 9.30 oder 10 bis 13.30 oder 14 und von 16.30 oder 17 bis 20 Uhr geöffnet, samstags mitunter nur vormittags. Manche Geschäfte in Touristenorten und generell Kaufhäuser und große Supermärkte haben durchgehende Öffnungszeiten. Museen ändern teilweise mehrmals jährlich ihre saisonalen Öffnungszeiten; sonntagnachmittags und vor allem montags haben viele geschlossen.

POST

Die Postgebühren für internationale Briefe bis 20 g und Postkarten sind gleich und lagen bei Redaktionsschluss bei 1,10 Euro. Briefmarken gibt es auch in Tabakwarenläden *(estancos)*. *www.correos.es*

TELEFON & HANDY

Für Auslandsgespräche 00 und die Landeskennzahl wählen (Deutschland 49, Österreich 43, Schweiz 41), die Ortsvorwahl ohne die erste Null und dann die Telefonnummer. Vorwahl nach Spanien: 0034, dann direkt die komplette Rufnummer. Innerhalb Spaniens gibt es keine Vorwahlen. Das eigene Handy lässt sich problemlos benutzen, wählt aber automatisch den frequenzstärksten Netzbetreiber aus. Telefonläden verkaufen spanische Prepaidkarten. Gebührenpflichtige Nummern beginnen in Spanien mit 807, 901 oder 902.

TRINKGELD

In Restaurants sind fünf Prozent angebracht – natürlich nur, wenn Sie zufrieden waren. Spanier geben wenig Trinkgeld. In Bars lässt man allenfalls etwas Wechselgeld liegen. Trinkgeld für Taxifahrer ist nicht üblich.

WAS KOSTET WIE VIEL?

Imbiss	ab 1 Euro *für eine kleine Tapa*
Espresso	1–1,40 Euro *für einen café solo*
Wein	ab 1 Euro *für ein Gläschen am Tresen*
Fahrrad	12–20 Euro *für die Miete pro Tag*

FRANKREICH

Sie lieben Gegensätze? Prima, denn dann sind Sie an der französischen Mittelmeerküste bestens aufgehoben! Luxus, Trubel, Paläste und exotische Blütenpracht erwarten Sie bei Ihren Landgängen an der Côte d'Azur mit ihren glamourösen Städtediven Nizza und Cannes und dem noblen Stadtstaat Monaco, während ein Ausflug ins Hinterland Kontrastprogramm pur ist mit einsamen Felsendörfern und grandiosen Naturschauspielen. Die Provence ist ein Fest für alle Sinne: Weiße Felsen, blaues Meer, grüne Kiefern und violette Lavendelfelder betören das Auge, würzige Kräuter und wunderbare Weine schmeicheln dem Gaumen, während in der Metropole Marseille Orient und Okzident in einer brodelnden jahrhundertealten Mischung der Kulturen aufeinandertreffen. Und wenn Ihr Schiff sich Korsika nähert, genießen Sie schon vom Meer aus wunderbare Ausblicke auf die Kulisse der Inselhauptstadt Ajaccio.

MONACO

Dort, wo sich heute das Kasino und das Hôtel de Paris befinden, gab es vor 150 Jahren lediglich moosbedeckte Steine, Orangenbäume und Pinienwälder. Idylle pur, aber ohne jede wirtschaftliche und gesellschaftliche Perspektive. Ein Spielkasino, wie sie 1850 in Frankreich verboten waren, brachte die Wende. François Blanc, der mit großem Erfolg das Bad Homburger Spielkasino leitete, gründete die heute noch erfolgreiche

Bild: Saint-Tropez ist das Sinnbild für südfranzösisches Küstenflair

Wie Perlen an einer Schnur reihen sich die Orte an der Mittelmeerküste Frankreichs – Seealpen, Meer, Jetset und das urbane Leben prägen sie

Société des Bains de Mer (SBM) und verlängerte die Eisenbahnstrecke von Cagnes-sur-Mer bis nach Monaco. In wenigen Jahren wurden über hundert Villen sowie zwanzig Hotels gebaut. Monaco wurde so zum Inbegriff von Luxus. Es besteht aus den Vierteln Monaco-Ville mit der Altstadt und dem Fürstenpalast, Monte Carlo mit Kasino, Grandhotels und Stränden, La Condamine dazwischen und dem Viertel Fontvieille, dessen Terrain durch Erdaufschüttung ins Meer gewonnen wurde.

SEHENSWERTES

CASINO DE MONTE CARLO ★

Das Kasino, Kulisse zahlreicher Kinofilme, wurde 1878 von Charles Garnier, dem Architekten der Pariser Oper, entworfen. Die verschwenderisch eingerichteten Säle des Belle-Époque-Baus sind frei zugänglich. Die Terrasse überragt das Meer und gewährt den schönsten Ausblick von Monaco bis zur italienischen Riviera. *Place du Casino | Eintritt 10 Euro | www.casinomontecarlo.com | www.opera.mc*

CATHÉDRALE DE MONACO

Unter dem Chor der 1911 geweihten Kathedrale in der Altstadt befinden sich die Grabstätten der Fürstenfamilie Grimaldi, also auch die von Fürstin Gracia Patricia und Fürst Rainier III. *Tgl. 8.30–19 Uhr | 4, Rue Colonel Bellando de Castro | Eintritt frei | www.visitmonaco.com*

COLLECTION DE VOITURES ANCIENNES (OLDTIMER-SAMMLUNG)

In einer prächtigen Ausstellungshalle werden ca. hundert Fahrzeuge der Fürstensammlung präsentiert. Einen Ehrenplatz hat der legendäre mittelmeerblaue Bugatti 35 B, 1929 Gewinner des ersten Grand Prix von Monte Carlo. *Tgl. 10–18 Uhr | Les Terrasses de Fontvieille | Eintritt 6,50 Euro | www.palais.mc*

JARDIN EXOTIQUE ★

Blühende Riesenkakteen in allen Farben und Formen, exotische Pflanzen, afrikanische Bäume: Das Mikroklima macht's möglich, und das Ergebnis ist ebenso erstaunlich wie wundervoll. Und das das ganze Jahr über – irgendein Kaktus blüht immer. Außerdem gehören zu der Anlage eine Tropfsteinhöhle und eine phänomenale Aussicht. *Tgl. 9–18 Uhr | 62, Blvd. du Jardin Exotique | Eintritt 7,20 Euro | www.jardin-exotique.mc*

INSIDER TIPP JARDIN JAPONAIS

Ein Vermächtnis von Fürstin Gracia Patricia: Nach ihren Wünschen hat der japanische Architekt Yasuo Beppu den Japanischen Garten realisiert. Eine von den Shinto-Prinzipien bestimmte, 7000 m² große Oase der Ruhe mitten im modernen Viertel Larvotto. *Ab 9 Uhr | Av. Princesse Grace | Eintritt frei*

MUSÉE ET INSTITUT OCÉANOGRAPHIQUE DE MONACO (OZEANOGRAFISCHES MUSEUM) ★

Prinz Albert I. gründete das Museum im Jahr 1910, um die Meeresschätze allen und für alle Zeit zugänglich zu machen. In 90 Aquarien tummeln sich 350 Fisch- und 100 Korallenarten. Die gezeigten Filme wurden vom weltberühmten Ozeanologen Jacques-Yves Cousteau gedreht, dem langjährigen Leiter des Museums. *2, Av. Saint-Martin | Eintritt je nach Saison 11–16 Euro | Infos & Öffnungszeiten unter: www.oceano.mc*

P WIE PROMINENZ

Paparazzi, Promis, Popstars und Pudel – so viele Ps tummeln sich im Sommer an der Küste. Je teurer, desto mehr Berühmtheiten. Wer also Madonna, Paris Hilton, Adele und Jayzee mit Riesensonnenbrille und obligatorischem Minihund beobachten will, muss nach Cap Ferrat oder Saint-Tropez fahren. Dort sitzen sie in den Restaurants oder verstecken sich hinter meterhohen Mauern und uniformierten Wachleuten. Oder sie profitieren wie Autorennfahrer und Tennisprofis vom Steuerparadies Monaco. Es geht noch an, dass Stars wie Leonardo di Caprio oder Bono mit der Jacht zum Strandrestaurant von Pampelonne schippern, aber wenn Jean-Pierre Tuveri, Bürgermeister von Saint-Tropez, im Sommer 30 000 Hubschrauber-Shuttleflüge allein über seinem Gebiet zählt, wird Prominenz zum lärmenden Handicap für scheinbar idyllische Orte.

LE PALAIS PRINCIER ★

Es ließe sich schlechter wohnen als im Palast der monegassischen Fürsten. Einen kleinen Einblick in ihre Gemächer gewähren sie uns: in den prächtigen Thronsaal und in die reich möblierten *Grands Appartements*. Von der Galerie d'Hercule aus können Sie in den wunderschönen Cour d'Honneur blicken. Im Südflügel des Palasts befinden sich die Privatgemächer der Grimaldis. Jeden Tag um 11.55 Uhr findet vorm Palast die Wachablösung statt. *April–Mitte Okt. tgl. 10–18 Uhr | Eintritt 8 Euro (Tickets online reservierbar) | www.palais.mc*

LE ROCHER

Die Altstadt Monacos ist bekannt als „der Felsen". Durch die schmalen, hügeligen Altstadtgässchen gelangen Sie zum Justizpalast, zur malerischen Place Saint Nicolas, zur Gartenanlage Jardins Saint Martin und natürlich zum Fürstenpalast.

EINKAUFEN

Natürlich sind alle Nobeldesigner mit ihren Boutiquen vertreten. Kostspielig ist es in den Straßen rund um das Casino. Gegenüber den *Jardins du Casino* befindet sich die Shoppingmall Le Métropole. Und im Stadtteil La Condamine laden um die Straßen Rue Grimaldi und Rue Princesse Caroline 200 Geschäfte zum Bummeln und Shoppen ein. Im Januar und Juli ist Schlussverkauf *(soldes)* und auch die luxuriösesten Boutiquen reduzieren die Preise stark.

NIZZA

In Nizza (Nice) können Sie die Sau rauslassen: Im Jogginganzug einen schicken Cocktail trinken. Morgens ein kühles Bad an der Strandpromenade nehmen und mittags mit dem Bus ins Skigebiet fahren. Um Mitternacht im Mondschein Salsa tanzen und dazu Veilchen- und Maroneneis schlecken.

Nizzas Altstadt bezaubert mit schmalen Gassen

Berühmt ist Nizza aber vor allem für seine 7 km lange Strandpromenade, die *Promenade des Anglais*. Ein paar Meter entfernt vom mondänen Hotel Négresco beginnt die neue *Promenade du Paillon*: ein wunderschöner Park mit Spielplätzen, Brunnenspielen und beeindruckend hohen Palmen. Direkt daneben geht es in die verwinkelte Altstadt. Selbst im Hochsommer ist es hier angenehm kühl und es riecht lecker nach handgefertigten Ledertaschen, Seifen und Gewürzen.

SEHENSWERTES

ALTSTADT

Gassen, Plätze, Häuser in kräftigem Ockergelb und Rostrot: Die Altstadt ist unwiderstehlich charmant. Das eindrucksvolle INSIDER TIPP *Palais Lascaris*

(Mi–Mo 10–18 Uhr | 10 Euro | 15, Rue Droite) wurde im Stil eines Genueser Palasts gebaut. Drei Plätze geben der Altstadt ihren architektonischen Rhythmus: die arkadengesäumte *Place Garibaldi* mit dem Denkmal des Freiheitshelden, die *Place Saint-François* mit Stadthaus und Fischmarkt sowie der *Cours Saleya* mit dem farbenprächtigen Blumenmarkt.

MUSÉE MATISSE

Henri Matisse (1869–1954) lebte von 1917 bis zu seinem Tod in Nizza. In einer Genueser Villa aus dem 17. Jh. in einem Olivenhain von Cimiez wird die eigene Sammlung des Malers als repräsentativer Überblick über das Gesamtwerk gezeigt. *Mi–Mo 10–18 Uhr | 10 Euro | 164, Av. des Arènes de Cimiez | Bus Arènes/Musée Matisse | www.musee-matisse-nice.org*

MUSÉE NATIONAL MARC CHAGALL ★

Der Maler Marc Chagall (1887–1985) selbst hat die größte zusammenhängende Sammlung seiner Werke gestiftet, für die in Cimiez ein eigenes Museum gebaut wurde. Den Schwerpunkt bilden biblische Botschaften mit Gemälden, Skulpturen, Tapisserien und das Mosaik des Propheten Elias an der Außenwand des Gebäudes. *Ab 10 Uhr | 8 Euro | Av. du Docteur Ménard | Bus Musée Chagall | musees-nationaux-alpesmaritimes.fr*

INSIDER TIPP VILLA ARSON

In der Villa aus dem 18. Jh. mit schönem Garten, das Ganze eingebettet in einen Gebäudekomplex im Bauhaus-Stil, geht es nur um die zeitgenössische Kunst. Die Hochschule zeigt die spannendsten Ausstellungen am Mittelmeer. *Mi–Mo 14–18 Uhr | Eintritt frei | 20, Av. Stephen Liégeard | Bus Le Ray o. Deux Avenues | www.villa-arson.org*

EINKAUFEN

Für Olivenöl steuert man INSIDER TIPP *Nicolas Alziari (14, Rue Saint-François de Paule)* an. Kandierte Früchte, Schokolade und Pralinen führt *Maison Auer (7, Rue Saint-François de Paule)*. Stöbern lohnt auf dem kleinen Antiquitätenmarkt *Les Puces de Nice (Di–Sa 10–18 Uhr)* am Hafen. Für Mode sind die Straßen um die Rue de la Liberté erste Adresse. Große Marken gibt es im Viertel westlich der Avenue Jean Médecin zwischen Boulevard Victor Hugo und Promenade des Anglais. 100 Boutiquen unter einem Dach bietet *Nicetoile (30, Av. Jean Médecin | www.nicetoile.com)*.

ZIELE IN DER UMGEBUNG

CAP FERRAT ★

Im Dunkeln sehen Sie besser: Wer den unfassbaren Reichtum der Halbinsel der Millionäre um das alte Fischerdorf *Saint-Jean-Cap-Ferrat* (2100 Ew., 6 km östlich) verstehen will, kommt am besten mitten in der Nacht. Dann sehen Sie die Lüster in den Villen leuchten und livriertes Wachpersonal vor den haushohen Eingangspforten stehen. Tagsüber nehmen Sie am besten den *Küstenwanderweg (sentier littoral)*, der in rund 2 Stunden einmal um die Insel führt.

EZE ★

Die ägyptische Gottheit Isis soll dem Dorf seinen Namen gegeben haben. Eze, knapp 10 km im Osten von Nizza, ist das Paradebeispiel für ein *village perché*. Eine Attraktion ist der *Jardin Exotique (im Sommer 9–20, sonst 9–17.30 Uhr | 6 Euro)* mit seinen Kakteen rund um die Ruine der Burg aus dem 14. Jh., die Sonnenkönig Ludwig XIV. Anfang des 18. Jh.s schleifen ließ. Von der Terrasse aus ist die Aussicht auf die Riviera traumhaft.

ESSEN & TRINKEN

Fruchtbare Böden, kulinarische Innovationsfreude und geschmackliche Raffinesse

***L'art de vivre,* die Kunst zu leben, wird in Frankreich vielfach mit der Kunst des Essens gleichgesetzt. Kein Franzose nimmt einfach nur Nahrung zu sich. Jeder Restaurantbesuch wird zelebriert, Essen ist ein Event.**

Dass dies keine französische Marotte ist, hat die UNESCO 2010 offiziell bestätigt: Sie nahm die stilbildende französische Küche ins ***Weltkulturerbe*** auf. Dementsprechend hoch sind die Ansprüche an die Köche. Doch selbst im entlegenen Dorfgasthof werden diese Erwartungen fast immer erfüllt. Sehr unterschiedliche klimatische Verhältnisse, Böden und Traditionen haben eine für die jeweilige Gegend typische ***Spezialitätenküche*** hervorgebracht. Kombinieren Sie regionaltypische Weine oder andere Getränke mit lokalen Speisen – eine Garantie für kulinarisches Glück.

Viele Gasthäuser und Restaurants haben sonntags geschlossen, da an diesem Tag traditionell zu Hause in der Familie gegessen wird. Nur die ***Bistros*** haben immer geöffnet. Sie sind ein wichtiger Teil der französischen Esskultur. Hier nimmt man an der Theke einen schnellen *petit noir* (Espresso), einen *petit crème* (mittlere Tasse Kaffee mit wenig Milch) oder einen Aperitif zu sich oder isst einen Happen zwischendurch. Ein günstiges Tagesgericht ***(plat du jour)*** gibt es so gut wie immer.

SPEISEN

aïoli – Mayonnaise aus reichlich zerstoßenem Knoblauch, Eigelb und Olivenöl

bouillabaisse – Fischsuppe aus Marseille. Drachenkopf *(rascasse),* Knurrhahn *(grondin)* und Seeaal *(congre)* dürfen auf keinen Fall fehlen. Geröstete Weißbrotscheiben *(croûtons)* werden mit *rouille,* einer Sauce aus Knoblauch, Olivenöl, Chili und Fischsud, in die Suppe getunkt

bourride – wie die Bouillabaisse, aber mit edleren Fischen wie Seewolf *(loup),* Seeteufel *(baudroie)* und Merlan. Die Suppe wird mit *aïoli* gebunden

ratatouille – Auberginen-, Zucchini-, Tomaten- und Paprikawürfel, in Olivenöl gedünstet

CANNES

Cannes – Hauptstadt des Glamours und des Films, der Jachten und der Stars. Aber die Stadt (74 500 Ew.) ist mehr als das.

Cannes hat zwei Gesichter: Während der Festspiele, Messen und im Sommer, wenn die Privatjachten anlegen und Cannes der Treffpunkt der Reichen und der Schönen ist, gibt sich das noch im 19. Jh. ärmliche, isoliert gelegene Bauern- und Fischerdorf mondän; im Winter hingegen ist es beschaulich und gediegen, ein wohlhabendes, älteres Publikum flaniert über die Promenade. Und so entwickelte sich Cannes in wenigen Jahrzehnten vom Fischerdorf zum mondänen Städtchen. Und abseits der Croisette? Nur wenige Schritte von der Prachtpromenade entfernt spielt sich der normale Alltag der Menschen ab: Die Fischer laufen mit ihrem Fang in den Hafen ein; Zeitung und Baguette unter dem Arm treffen sich Einheimische in der Bar, auf den Märkten wird gehandelt und getratscht.

SEHENSWERTES

BOULEVARD DE LA CROISETTE ★

Die Croisette ist die Flaniermeile schlechthin! Palmen auf der einen, Sandstrand auf der anderen Seite und dazwischen die Promenade, dazu Hotelpaläste wie das Carlton, das Majestic und das Martinez. Und an der *Allée des Etoiles* haben über 200 Stars ihre Hände in Betonplatten gedrückt und diese signiert.

CENTRE D'ART LA MALMAISON

Es fällt auf, das weiße Herrenhaus mit dem großen Vorplatz an der Croisette. Der ehemalige Spiel- und Teesalon des benachbarten Grand Hôtels ist heute ein kleines Kunstmuseum. *Sept.–April Di–So 10–13 u. 14–18, Juli/Aug. Di–So 11–20 Uhr | 47, Blvd. de la Croisette | Eintrittspreis je nach Ausstellung*

PALAIS DES FESTIVALS ET DES CONGRÈS ★

Das ist sie also: die Treppe, auf die im Mai die Kameras der ganzen Welt ge-

Cannes ist nicht nur Filmhochburg, sondern besitzt eine malerische Altstadt

richtet sind! Wenn nicht gerade der rote Teppich ausgerollt ist, finden im Palais des Festivals et des Congrès Messen und Veranstaltungen statt. *www.palaisdesfestivals.com | www.festival-cannes.fr*. Eine besondere Hommage an das Kino: 15 imposante Fresken auf Häuserfassaden zieren die Stadt.

LE SUQUET

Enge Gassen winden sich den Mont Chevalier hinauf: Le Suquet ist das historische Zentrum von Cannes. Vorbei an jeder Menge Restaurants geht es bis zur Chapelle Sainte-Anne und zum mittelalterlichen Schloss mit dem historischen *Musée de la Castre (ab 10 Uhr | Eintritt 6 Euro)*. Vom INSIDER TIPP Turm und einer schattigen Terrasse genießen Sie herrliche Ausblicke!

EINKAUFEN

Von Zara bis Dior – Cannes ist ein Shoppingparadies und hält für jeden Geldbeutel etwas bereit. Am *Boulevard de la Croisette* gehen die Schaufenster der Edeldesigner ineinander über; die *Rue d'Antibes* ist eine Geschäftsmeile mit Boutiquen aller Art. In den vielen Seitenstraßen der Rue d'Antibes stoßen Sie immer wieder auf unbekannte, originelle kleine Läden.

STRÄNDE

Einkaufstaschen in der einen, Badehandtuch in der anderen Hand: Stadt- und Strandleben liegen in Cannes unmittelbar nebeneinander. Besonders schön ist die INSIDER TIPP *Bijou Plage* am äußersten Zipfel der Croisette, kurz vor dem Palm Beach Casino. An den alten Hafen am Quai Saint-Pierre schließt sich ein kilometerlanger Sandstrand bis Mandelieu-La Napoule an.

ZIELE IN DER UMGEBUNG

ÎLES DE LÉRINS

Nur 20 Minuten Bootsfahrt vom Trubel der Stadt entfernt liegen die beiden Inseln *Île Ste-Marguerite* und *Île St-Honorat*. Die Klosterinsel St-Honorat wird noch heute von Franziskanermönchen bewohnt. Spazieren Sie über die Insel, nehmen Sie ein Bad im Meer und besichtigen Sie dann die Klosterkirche und den Klosterladen. Die größere, unbewohnte Île Ste-Marguerite ist ebenso gut für einen Spaziergang geeignet, außerdem für den Besuch des *Musée de la Mer (Eintritt 6 Euro)*.

GRASSE ★

Nase auf und durch: Wer in Grasse nicht zum Duftfan wird, ist selber schuld. Rosenfelder, Lilienhaine und Maiglöckchen wachsen vor den Toren der Stadt, die kein bisschen schickimicki ist. Und in den engen Gassen und unter den Arkaden der Altstadt mit zum Teil fünfgeschossigen Häusern ist noch immer der italienische Einfluss unverkennbar.

SAINT-TROPEZ ★

Saint-Tropez liegt in einer geschützten Bucht, auf den umliegenden Hügeln wird Wein angebaut und die Sandstrände sind vom Feinsten. Das kleine Saint-Tropez, das vom 15.–17. Jh. eine eigenständige Republik war, wurde im Gefolge der Pariser Schickeria und nach Roger Vadims in der Bucht von La Ponche gedrehtem Film „Und ewig lockt das Weib" mit Brigitte Bardot zum Treffpunkt des internationalen Jetsets an der Riviera. Doch sind die Ferien erst einmal vorbei, erwacht Saint-Tropez zu seiner alten Schönheit. Dann spielen die Einheimischen wieder in aller Ruhe ihre Partie *Pétanque* auf der Place des Lices.

EINKAUFEN

Für die Daheimgebliebenen: Reiseandenken nicht nur für den Gaumen

Farben, Gerüche, Düfte, Geschmack – an der französischen Mittelmeerküste können Sie aus einem überreichen Angebot an landestypischen Mitbringseln schöpfen. Wie wäre es z. B. mit einer duftenden Seife aus Marseille, oft handgefertigt aus Oliven- oder Kokosöl? Oder farbenprächtigen Stoffen aus der Provence? Oder getrocknetem Lavendel? Oder oder oder ... tauchen Sie ein in einen wahren Rausch der Sinne!

ESS- UND TISCHKULTUR

Fayencen und Töpferware erhalten Sie in ganz Frankreich. Schöne Mitbringsel aus Südfrankreich sind auch Accessoires aus Olivenholz direkt vom Kunsthandwerker, z. B. von INSIDER TIPP *Grain d'Olive (www.graindolive.com)* in *Puyloubier* bei Aix-en-Provence.

KULINARISCHES

Olivenöl geht immer – am besten „extra vergine", also von der höchsten Qualitätsstufe – und gehört zu den Klassikern Südfrankreichs. In der Camargue wird das **fleur de sel,** das hochwertigste Meersalz, gewonnen und kann auch direkt bei den Bauern gekauft werden. Sprichwörtlich sind die **Kräuter der Provence,** die u. a. Thymian und Rosmarin enthalten. Sie schmecken nicht nur, sondern sind auch dekorativ.

MODE UND TEXTILIEN

Luxusmode finden Sie natürlich in den exklusiven Boutiquen der großen Städte wie Cannes. Wer es preislich einige Nummern kleiner bevorzugt, greift auf die provenzalischen Stoffe zurück, die stets farbenfroh sind und die einheimische Natur aufgreifen.

MUSIK, BÜCHER UND FILME

Bewahren Sie die Ferienstimmung akustisch! Das Angebot an CDs mit Chansonklassikern ist riesig. In den Filialen des Medienkonzerns FNAC findet jeder etwas – das gilt auch für Filmklassiker auf DVD.

MARSEILLE

Marseille kennt keine Zwischentöne. Man liebt oder hasst die älteste Stadt Frankreichs. Die Großstadt an einer der schönsten Buchten des Mittelmeers ist ein Schmelztiegel der Nationen, mit ihren über 100 Vierteln chaotisch, voller Widersprüche und voller Poesie.

Mit seiner Schokoladenseite am Meer und den herrlichen Stadtstränden setzt Marseille zum ersten Mal in seiner über 2600-jährigen Geschichte auf Tourismus. Wer verstehen will, warum die Einwohner ihre Stadt lieben, muss vom Vieux Port, dem Alten Hafen, auf der Corniche, der Küstenstraße, am Meer entlang nach Osten fahren, bis zu den kleinen Häfen von Les Goudes oder Callelongue. Und wer vom Platz der Basilika Notre-Dame-de-la-Garde aus sieht, wie die untergehende Sonne das Häusermeer am Wasser in Gold taucht, bevor sie hinter den Hügeln versinkt, wird diesen majestätischen Blick über die Metropole nie mehr vergessen.

SEHENSWERTES

CHÂTEAU D'IF UND ARCHIPEL DU FRIOUL

Die Festung *Château d'If* samt Aussichtsturm auf der gleichnamigen Insel wird wie auch die anderen Eilande in der Bucht von Marseille, die Frioulinseln Ratonneau und Pomègues, vom Alten Hafen aus angefahren *(Frioul-If-Express | tgl. jede Stunde im Sommer | Kombiticket 16,20 Euro)*.

KIRCHEN

Für den Bau der *Cathédrale de La Major (Place de la Major)* im 19. Jh. wurde die mittelalterliche Major-Basilika fast komplett zerstört. Die Marseiller haben das den Bauherren übel genommen und dafür die neue Kathedrale abgestraft: Sie ist bis heute innen nicht fertig ausgekleidet. Dafür ist der Vorplatz der neuen Major-Kirche mit herrlichem Blick aufs Meer komplett neu gestaltet. Die Wehrkirche *Saint-Victor (tgl. 10–19 Uhr | 2 Euro | Place Saint-Victor)* aus dem 11. und 13. Jh. besitzt eine sehenswerte Krypta. Über die architektonische Schönheit von ★ *Notre-Dame-de-la-Garde (tgl. 7–18.15, Sommer bis 19.15 Uhr | Rue Fort du Sanctuaire | www.notredamedelagarde.com)* aus dem 19. Jh. lässt sich streiten. Der Besuch lohnt sich aber allemal wegen des tollen Blicks auf die Stadt.

MUSÉE DES CIVILISATIONS DE L'EUROPE ET DE LA MÉDITERRANÉE (MUCEM) UND FORT SAINT-JEAN

Das ★ *MuCEM (Mi–Mo 11–18, Sommer bis 20 Uhr | Ausstellungen 9,50 Euro, Gelände Eintritt frei | www.mucem.org)* schafft verbindende Elemente zwischen den Kulturen des Mittelmeerraums. Der INSIDER TIPP *Turm Roi René* im *Fort Saint Jean* gehört auch dazu – von ihm haben

Ungeliebt, aber imposant: Marseilles Kathedrale

Sie außergewöhnliche Ausblicke auf die Stadt und den Hafen. *1, Esplanade du J4*

INSIDER TIPP MUSÉE D'HISTOIRE DE MARSEILLE *(🕮 5/C3)*

In den 1960er-Jahren legten Archäologen beim Bau des Einkaufszentrums Centre Bourse den antiken Hafen frei. Das Museum im Untergeschoss des Einkaufszentrums beheimatet das bei den Ausgrabungen entdeckte Römerschiff und dokumentiert die 2600-jährige Geschichte der Stadt. *Di–So 10–18 Uhr | 6 Euro | 2, Rue Henri Barbusse | musee-histoire-marseille-voie-historique.fr*

INSIDER TIPP MUSÉE REGARDS DE PROVENCE *(🕮 5/A3)*

Zu sehen sind in dem Museum Bilder, Skulpturen und Fotografien von Künstlern der Region sowie Sonderausstellungen, die die reiche künstlerische Tradition der Provence zeigen. *Tgl. 10–18 Uhr | Kombiticket Dauer- und Sonderausstellungen 8,50 Euro | Av. Vaudoyer | www.museeregardsdeprovence.com*

BLAUES WUNDER

In den Lavendelanbaugebieten blüht es zwischen Juni und August: violette Felder bis zum Horizont. Rund 70 Prozent der Weltproduktion für Lavendelöl und 90 Prozent für Lavandinöl stammen aus der Provence. Was Sie sehen, ist oft kein Lavendel, sondern Lavandin, eine Kreuzung zwischen wildem und echtem Lavendel. Die Hybride riecht intensiver und eignet sich für die pharmazeutische und kosmetische Weiterverwertung. Der echte Lavendel da-gegen ist öliger und weicher im Geruch.

INSIDER TIPP VALLON DES AUFFES UND MALMOUSQUE

Mitten in der Großstadt ein Fischerhafen wie aus dem Bilderbuch. Der Zugang zum *Vallon des Auffes* erfolgt über eine Treppe gegenüber dem Orientkriegerdenkmal *La Porte de l'Orient.* Ein weiteres für eine Großstadt überraschendes Viertel mit Ministrand ist Malmousque.

VIEUX PORT UND LE PANIER *(🕮 5/B3–4)*

Der Vieux Port, der ★ *Alte Hafen*, ist seit 2600 Jahren das Herz von Marseille und Ausgangspunkt für die Erkundung der Stadt. Jeden Morgen findet am *Quai des Belges* (oder am *Quai de la Fraternité*, wie sein offizieller Name seit Anfang des Jahrtausends lautet) der pittoreske Fischmarkt statt. Über den Quai du Port gelangt man ins Altstadtviertel *Le Panier*, das an der Place des Moulins noch dörflichen Charakter besitzt.

EINKAUFEN

Shoppingwillige kommen in Marseille voll auf ihre Kosten: Ob Schuhe an La Canebière, duftende orientalische Köstlichkeiten in den Gässchen rund um die *Place du Marché-des-Capucins* oder Schokolade aus Olivenöl – langweilig wird der Einkaufsbummel nicht. Für Kreuzfahrttouristen konzipiert, aber auch für Leute, die direkt am Meer einkaufen und dabei auf der riesigen Terrasse hoch über dem Hafenbecken von Boutique zu Boutique spazieren wollen, ist *Les Terrasses du Port (9, Quai du Lazaret)* mit über 150 (Luxus-)Geschäften, Cafés und Restaurants.

STRÄNDE

Marseille hat seine Strände herausgeputzt. Die David-Statue auf der Kreu-

Weltberühmt sind die weißen Pferde der Camargue

zung der Küstenstraße mit der *Avenue du Prado*, eine Kopie des Michelangelo-Werks, ist Anhaltspunkt für die *Plages Gaston-Defferre* mit über 45 ha mit Sand- und Kieselstränden, Duschen, Rasenfläche, Cafés und Restaurants. Empfehlenswert ist auch die *Base Nautique de Corbières*, mit Blick auf die Bucht von Marseille.

ZIELE IN DER UMGEBUNG

CASSIS ★

Die Hügel sind trotz der Weinberge für die AOP-Weißweine ziemlich verbaut, aber der Hafen des Badeorts ist immer noch wunderschön. Herrliche Felsenstrände erstrecken sich zwischen der Plage du Bestouan und der Halbinsel auf dem Weg in die Calanques Port-Miou, Port-Pin und En-Vau.

CAMARGUE ★

Reisfelder, so weit das Auge reicht, Salzgärten, Flamingos, endlos scheinende Weiden für die schwarzen Stiere und die weißen Camarguepferde – die Camargue im topfebenen Delta der Rhône ist eine einzigartige Landschaft! Exzellente Informationen gibt es im *Musée de la Camargue (5 Euro | D 570 | Mas du Pont de Rousty | www.parc-camargue.fr)*, das einen 3,5 km langen Entdeckungspfad angelegt hat.

AVIGNON ★

Die im Volkslied besungene Brücke Saint-Bénézet aus dem 12. Jh. ist die kurioseste Sehenswürdigkeit von Avignon. Sie wurde im 17. Jh. von der Rhône halb weggeschwemmt, seitdem endet sie in der Flussmitte. Sehenswert sind u. a. der Papstpalast und die 4,3 km lange Stadtmauer.

Farbenpracht in Ajaccio

AJACCIO/ KORSIKA

Die Stadt an der Nordseite des gleichnamigen Golfes ist die größte Korsikas (68 600 Ew.). Palmen und prächtige Boulevards, das tiefblaue Meer und die weißen Sandstrände, die warmen Gelb- und Terrakottatöne der Häuser geben Ajaccio mediterranes Flair.

Hier herrscht südländische Betriebsamkeit, und nur für die Mittagsstunden kehrt Ruhe ein. In den engen Altstadtgassen sind die Bars und Restaurants bis tief in die Nacht besetzt. Am schönsten zum Bummeln sind die *Rue Fesch* und der *Cours Napoléon*. Ajaccio ist die Geburtsstadt des französischen Kaisers mit Weltmachtambitionen, Napoleon Bonaparte. Sein Name und sein Abbild prägen die Stadt, die sich gern auch als *Cité Impériale* feiert. Hier befindet sich das Parlament für gesamtkorsische Angelegenheiten, die Assemblée Régionale de Corse.

SEHENSWERTES

MAISON BONAPARTE *(6/B3)*

Das Haus der Familie Bonaparte, in dem Napoleon I. zur Welt kam. *Di–So 10.30–12.30 u. 13.15–18 Uhr | 3 rue St-Charles | Eintritt 5–7 Euro | www.musee-maisonbonaparte.fr*

NOTRE-DAME DE LA MISÉRICORDE *(6/B4)*

Kathedrale mit mächtiger Kuppel aus dem 16. Jh. In dem Marmorbecken wurde Napoleon 1771 getauft. Kurz vor seinem Tod auf St. Helena äußerte er den Wunsch, hier beigesetzt zu werden, falls Paris seinen Leichnam ablehne. *Ab 8 Uhr | Rue Forcioli Conti in der Altstadt*

PALAIS FESCH *(6/C2)*

Napoleons Onkel, Kardinal Fesch, hat eine kostbare Sammlung italienischer Kunst zusammengetragen und später seiner Heimatstadt vermacht. Auch die Grabkapelle der Familie, die *Chapelle Impériale* neben dem Palais, ist sehenswert. *Mai–Sept. 50 rue Fesch | Eintritt 8 Euro | Infos & Öffnungszeiten unter: www.musee-fesch.com*

PLACE D'AUSTERLITZ

Ein großes Standbild des Kaisers Napoleon mit einem Verzeichnis aller seiner Siege ziert den Platz. Von oben auf den Stufen hat man einen tollen Blick über Stadt und Bucht. In der dahinter liegenden Grotte soll Napoleon als Kind gern gespielt haben, so heißt es. *Am Ende des Cours du Général Leclerc*

PLACE MARÉCHAL FOCH *(6/B3)*

Das Zentrum des historischen Stadtkerns bildet die palmenumstandene Place mit dem Löwenbrunnen, in dessen Mitte sich die Marmorstatue Napoleon Bonapartes erhebt.

EINKAUFEN

MARKT ★

Der schönste Markt Korsikas, eine bunte, duftende Fülle einheimischer Produkte (*Di–So 8–12 Uhr | Place Foch*). Und wenn Sie schon in der Gegend sind, bietet sich ein Blick auf den Fischmarkt, die *Halle aux poissons*, an. *Tgl. 7.30–12.30 Uhr (Okt.–April Mo geschl.) | Quai Napoléon*

PATISSERIE AU BON PAIN DU CASONE

Von außen unscheinbare Bäckerei und Konditorei. Innen jedoch gibt es leckere typisch korsische Backwaren. Besonders zu empfehlen sind die *beignets au brocchiu*, kleine, süße Hefebällchen mit Schafskäsefüllung. *12 cours Général Leclerc*

SCARBONCHI U POGHJU

Marie-Claude bietet Konfitüren und Kastanienmehl aus eigenem Anbau und eigener Herstellung an. Man findet ihren Gutshof mit Rinderzucht, Baumschule und Obstgarten bei Curintina Suprana in Cuttoli-Corticchiato. *April–Sept. tgl. vormittags, Okt.–März n. V. | Tel. 04 95 25 83 46*

FREIZEIT & SPORT

INSIDER TIPP COULEUR CORSE

Laetitia und ihr Team organisieren u. a. Bergtouren und Canyoning-Tagestouren in einer herrlichen Schlucht unweit der Stadt. *6 boulevard Fred Scaramoni | Tel. 04 95 10 52 83 | www.couleur-corse.com*

ZIELE IN DER UMGEBUNG

PORTO

Das aus rotem Stein gebaute Porto ist dank seiner Lage am ★ *Golf von Porto*, der zum UNESCO-Weltnaturerbe zählt, einer der touristischen Anziehungspunkte Korsikas. Vom vorgelagerten Genuesenturm oder bei einer Bootsfahrt werden Sie sich an der Wasser- und Felskulisse nicht sattsehen können.

CALANCHES DE PIANA ★

Gleich südlich von Porto liegen die Calanches, ein Magnet der Region. Wild verwittertes rotes Granitgestein bildet bizarre Formationen in einer Landschaft durchzogen von rauschenden Flüssen, versehen mit baumbestandenen Steilhängen und grünen Weiden. Neben Porto im Inneren der Bucht ist Piana der zweite Hauptort am Golf.

SCANDOLA ★

Das Naturreservat Scandola umfasst die gesamte Halbinsel nordwestlich von Osani sowie weite Wasserareale, in denen sich Fischbestände regenerieren können. Fischadler bauen auf den Klippen ihre Nester, und Besucher können ihren eleganten Flug verfolgen. *www.visite-scandola.com*

IN DER RUHE LIEGT DIE KRAFT

SCHILDKRÖTENZOO A CUPULATTA

An der N 193 von Ajaccio Richtung Bastia liegt die Aufzuchtstation für Schildkröten aus allen Kontinenten. In der Mittagshitze verstecken sich die Schildkröten. Kommen Sie am besten INSIDER TIPP so früh wie möglich. Danach ist Zeit für ein Picknick am nahen Fluss. *21 km von Ajaccio, in Vignola | Eintritt 12 Euro, Kinder (5–11 Jahre) 9 Euro | Infos & Öffnungszeiten unter: www.acupulatta.com*

PRAKTISCHE HINWEISE

ANLEGESTELLEN

▶ MONACO

Der Hafen mit der für Kreuzfahrtschiffe vorgesehenen Pier Quai Rainier III liegt zentral, die Stadt ist von hier aus fußläufig zu erreichen. Sollten alle Pierplätze belegt sein, ankern die Schiffe außerhalb, die Passagiere werden mit Tenderbooten an Land gebracht.

▶ NIZZA

Der Hafen von Nizza-Villefranche ist der zweitgrößte Kreuzfahrthafen Frankreichs mit über 500 Anlegestellen. Größere Schiffe über 200 m Länge legen im Tenderhafen Villefranche östlich des Zentrums an, kleinere am Port de Nice. Von Villefranche ist das Zentrum per Bus oder Taxi zu erreichen, vom Port de Nice gelangen Sie zu Fuß in die Altstadt.

▶ CANNES

Da Cannes keinen eigenen Kreuzfahrthafen besitzt, ankern die Schiffe vor der Stadt, die Übersetzung an Land erfolgt mit Tenderbooten zu einem der drei Kais. Von hier aus kommen Sie direkt ins Zentrum von Cannes.

▶ MARSEILLE

Kreuzfahrtschiffe legen in Marseille ca. 8 km nördlich des Vieux Port, des alten Stadthafens, an. Sie gelangen per Bus oder Taxi zum Vieux Port, der zugleich das Tor zum Stadtzentrum ist.

▶ AJACCIO

Der Hafen von Ajaccio ist sehr zentral gelegen, das Zentrum ist zu Fuß erreichbar.

WAS KOSTET WIE VIEL?

Kaffee	1,50–2,30 Euro *für einen petit noir am Tresen*
Eis	2–3,50 Euro *für eine Kugel*
Wein	ab 4 Euro *für ein Glas im Bistro*

EINTRITTSPREISE

Generell gilt: Staatliche und städtische Museen sind deutlich günstiger als private Sammlungen und Attraktionen. Kostenlos ist bei Ersteren der Eintritt für EU-Bürger unter 26 Jahren sowie für alle am ersten Sonntag im Monat. Kinder und Senioren können sich über Ermäßigungen von bis zu 50 Prozent freuen, wer älter als 75 Jahre ist, genießt oft freien Eintritt. Vereinzelt haben Museen und Attraktionen saisonal gestaffelte Preise, Juli und August sind dann die teuersten Monate. Die Eintrittskarte online zu kaufen spart in vielen Fällen nicht nur ordentlich Geld, sondern auch Zeit, da Warteschlangen entfallen oder deutlich kürzer sind.

GELD & KREDITKARTEN

Die einfachste Bargeldbeschaffung erfolgt über die zahlreichen Automaten, die Kredit- und EC-Karten akzeptieren. Kreditkarten werden in Frankreich fast überall und auch für kleine Beträge akzeptiert.

GESUNDHEIT

Mit der Europäischen Versicherungskarte EHIC erhalten alle Versicherten EU-weit medizinische Hilfe in Notfällen (auch für Zahnbehandlungen im akuten Fall), ob akut behandelt, gar operiert werden muss oder Medikamente verschrieben werden. Dies entbindet jedoch nicht von möglichen Zuzahlungen, die sich nach landesüblichen Tarifen richten, und die Einschränkung „Notfall" wird ernst genommen. Französische Arztpraxen sind einfacher ausgestattet als deutsche; praktische Ärzte haben sogar meist keine Sprechstundenhilfe und kassieren bar. Generell sollten Sie Rechnungen und Quittungen aufbewahren.

INTERNETZUGANG & WLAN

Gut für Vielsurfer: Alle staatlichen und städtischen Museen, fast alle privaten Museen, alle Bibliotheken, alle Bahnhöfe, Fast-Food-Ketten und Einkaufszentren bieten kostenlosen, unbegrenzten Zugang zum Internet, das nicht nur superschnell ist, sondern auch keine Hürden beim Einloggen aufstellt.

KLIMA & REISEZEIT

Frankreich erfreut sich eines gemäßigten Klimas. Der Norden ist relativ feucht, der Süden zeichnet sich durch lange Sonnenperioden aus. Die beste Reisezeit ist für die meisten Gegenden Frankreichs vom späten Frühjahr bis in den Herbst. An der Côte d'Azur kann man schon an manchen Januartagen draußen in der Sonne sitzen, in der Provence etwa ab März.

NOTRUF

In allen EU-Ländern gilt die Notrufnummer *112*. Sie funktioniert vom Festnetz wie vom Handy aus, auch ohne SIM-Karte oder Vertrag.

POST

Briefe bis 20 g und Postkarten in Länder der Europäischen Union und in die Schweiz kosteten bei Redaktionsschluss 1 Euro Porto.

TELEFON & HANDY

Wie in Deutschland wurden auch in Frankreich die öffentlichen Telefonzellen weitestgehend abgebaut. Für Auslandsgespräche aus Frankreich nach Deutschland wählt man die Länderkennzahl 0049, für Österreich die 0043 und für die Schweiz 0041 vor und dann die Ortsvorwahl ohne die erste 0. Für Gespräche nach Frankreich wählt man die Länderkennzahl 0033 vor, dann die Rufnummer ohne die einleitende 0. Innerhalb Frankreichs muss die komplette zehnstellige Nummer gewählt werden.

TRINKGELD

Die Gepflogenheiten ähneln denen in Deutschland. Man lässt sich jedoch beim Bezahlen z. B. im Café oder Restaurant immer erst das Wechselgeld bringen und lässt das Trinkgeld beim Gehen auf dem Tisch liegen.

ZOLL

Innerhalb der EU gibt es für Waren für den persönlichen Bedarf keine Zollgrenzen; Richtmengen hierfür sind z. B. 800 Zigaretten und 10 l Spirituosen. Für Schweizer gelten niedrigere Freigrenzen: 250 Zigaretten und 5 l Wein.

ITALIEN

Einmal in Italien angekommen, gehört der erste Gang auf die Piazza: Empfangssalon, Mittelpunkt urbanen Lebens, Bühne für die Italiener.
Setzen Sie sich dort in das Café mit dem besten Überblick, bestellen Sie einen Cappuccino, einen Campari oder auch einen hausgemixten Fruchtaperitif und schauen ganz einfach den Italienern zu.

ROM (ROMA)

Der Reiz Roms liegt in seinem einmaligen Mix aus gewichtiger Vergangenheit, lebhafter Gegenwart und dem milden Klima mit viel Draußenleben.
Gewaltige Ruinen zeugen von Roms Zeit als Herz des römischen Imperiums und prachtvolle Kirchen und Palazzi aus Mittelalter, Renaissance und Barock von seiner Rolle als Zentrum der Christenheit. Über allem thront der „Vaterlandsaltar" Vittoriano mit atemraubendem Panorama von der Terrazza delle Quadrighe. Museen für zeitgenössische Kunst (MACRO und MAXXI), hochkarätige Konzerte, Ausstellungen und Filmfestivals wiederum zeugen vom regen Kulturleben und neben handfesten Traditionstrattorien und Nachbarschaftsbars finden sich schicke Restaurants und angesagte Loungebars, neben Edelboutiquen tun sich stylishe Stores auf. Man spaziert durch Szeneviertel wie das beschauliche Trastevere und das volkstümliche Testaccio oder hin zur eleganten Piazza del Popolo.

Bild: Weithin sichtbar dominiert der Vesuv den Golf von Neapel

Der Stiefel Italiens wird von Wasser umgeben: Ligurisches, Tyrrhenisches, Ionisches und Adriatisches Meer heißen Sie willkommen

SEHENSWERTES

BOCCA DELLA VERITÀ *(🕮 7/D4)*
Der „Mund der Wahrheit" ist eine mannshohe, skurrile Marmorfratze links im Atrium von *Santa Maria in Cosmedin*. Das linke Auge hängt tränentriefend herunter, nur der Mund ist sauber geschabt, weil alle Besucher ihre Hand in das Maul des Ungeheuers legen. Eifersüchtige Ehemänner pflegen ihre bessere Hälfte hierher zu schicken. Sagt er/sie nicht die Wahrheit, schnappt der antike Lügendetektor angeblich zu. Betrachten Sie auch die über 1000 Jahre alten Goldmosaiken der Kirche. *Tgl. 9.30–18 Uhr | Piazza Bocca della Verità 18/Santa Maria in Cosmedin*

CAMPIDOGLIO ★ *(🕮 7/D3)*
Es ist einfach ein magischer Ort, das Kapitol. Wo früher die Tempel Jupiters und Junos standen, gestaltete Michelangelo 1536 den trapezförmigen Kapitolsplatz, der vom Palazzo dei Senatori, dem Palazzo dei Conservatori und dem Palazzo

Eines der imposantesten Relikte der Römerzeit ist das Kolosseum

Nuovo gerahmt wird. Den Sockel, auf dem der reitende Kaiser Marc Aurel mit erhobener Hand grüßte, schmückt heute eine Kopie. Vor Umweltschäden bewahrt steht das Original aus dem 2. Jh. in den Musei Capitolini. Von der Treppe links vom Kapitolsplatz genießen Sie einen wunderbaren Blick übers *Foro Romano*. Schauen Sie auf dem Weg bei der kleinen Bronzestatue der römischen Wölfin vorbei, die die Stadtgründer Remus und Romulus aufgezogen haben soll. *Piazza del Campidoglio*

COLOSSEO (KOLOSSEUM) ★ (*7/E3*)

Mit dem gigantischen Arkadenbau des Kolosseums wollte sich Kaiser Vespasian, Nachfolger des grausamen Nero, beim Volk beliebt machen und inszenierte Brot und Spiele. Sein Sohn und Thronfolger Titus weihte nach sensationeller Bauzeit von nur acht Jahren das Kolosseum ein, das auch technisch ein Meisterwerk war. Rund 50 000 Zuschauer fanden hier Platz; den römischen Eliten standen die ersten drei Ränge zu, Frauen, Sklaven und Plebejer drängten sich auf der obersten Holztribüne unter Sonnensegeln. Noch heute kann man im Fundament des Baus die raffinierten unterirdischen Gänge, Falltüren, Laufkäfige und Aufzüge für die wilden Tiere sowie die Umkleidekabinen und Waffenräume für die Kämpfer sehen. Extrem gut ausgetüftelt waren auch die Sicherheitsvorkehrungen: Im Notfall, etwa bei Brand, konnte die Arena in fünf Minuten über die 80 Ein- und Ausgänge geräumt werden. Eindrucksvoll sind die INSIDER TIPP nächtlichen Führungen „La Luna sul Colosseo". *Eintritt tgl. 8.30 Uhr bis eine Stunde vor Sonnenuntergang | Eintritt 12 Euro (auch für Foro Romano und den Palatin 2 Tage gültig), Online-Anmeldung unter www.coopculture.it wird dringend empfohlen | Piazza del Colosseo 1*

FORO ROMANO ★ *(🕮 7/E3)*
Das Forum Romanum, ursprünglich als Vestaheiligtum gedacht, entwickelte sich vom Viehmarkt zur politischen Arena, von der aus das ganze Römische Reich regiert wurde. Heute dürfen auch gewöhnliche Sterbliche wieder an lauen Abenden zwischen Triumphbögen und Säulen promenieren: INSIDER TIPP „Roma sotto le stelle" (Rom unter Sternen) heißen die nächtlichen Führungen *(auf Italienisch und Englisch | Juni–Mitte Sept., Termine bei den Infopavillons oder in Tageszeitungen)*. *Tgl. 8.30 Uhr bis eine Stunde vor Sonnenuntergang | Eintritt 12 Euro (auch für Colosseo und Palatin 2 Tage gültig) | Eingänge: Largo Salara Vecchia (Via dei Fori Imperiali), Via di San Gregorio 30, Piazza Santa Maria Nova (Titusbogen) | Vorbestellung Tel. 06 39 96 77 00*

CAMPO DE' FIORI ★ *(🕮 7/C3)*
Hier herrscht Partystimmung. Das ist der Platz, wo man sich abends trifft, vor allem die Jugendlichen kommen in Scharen. Mitten auf Roms beliebter, von hohen, restaurierten Palästen umgebenen Piazza steht das Denkmal für den Dominikanermönch Giordano Bruno, den die Inquisition zu Beginn des Heiligen Jahres 1600 hier verbrennen ließ. Unter seiner Kapuze blickt der Kirchenmann trotzig über das bunte Marktgetümmel am Morgen und die Party- und Restaurantgänger am Abend in Richtung Vatikan hinweg. Zwar besitzt der Markt auf dem Campo de' Fiori nicht mehr so viele Stände wie früher, zu groß ist die Konkurrenz der Supermärkte, aber viele Römerinnen schwören auf den Campo, wo es viel Grünzeug, frisches Gemüse und Obst, Gewürze und sogar Kleidung, aber nur wenige Blumen gibt. Der Name stammt von einer blumigen Rinderweide, die sich hier im Mittelalter befand.

PANTHEON ★ *(🕮 7/D2)*
Ein Zylinder mit einer Kuppel drauf – so scheinbar einfach ist die Konstruktion des Pantheons, das Marcus Agrippa, Schwiegersohn von Augustus, 27 v. Chr. den Göttern bauen ließ. Von außen sieht der 2000 Jahre alte Tempel etwas grau und pockennarbig aus, aber wenn Sie durch die hohen Bronzetüren hineingehen, erleben Sie eine Überraschung: Sie schauen in die größte ungestützte Kuppel der Antike mit einem riesigen offenen Oberlicht. Genial sind die Lichteffekte an Sonnentagen, erst recht bei Regen, wenn das Wasser in der Gebäudemitte durch eine Vertiefung abläuft. *Mo–Sa 8.30–19.30, So 9–18 Uhr | Eintritt frei | Piazza della Rotonda*

FONTANA DI EURO

Jeder europäische Finanzminister träumt von einer solchen Geldquelle, die auch in Krisenzeiten heftig sprudelt: die *Fontana di Trevi*. Jährlich fischen die Helfer der Caritas rund 35 000 kg Münzen (oft über 900 000 Euro!) aus Roms beliebtestem Barockbrunnen. Da die Stadt inzwischen das illegale Abfischen der Münzen unter Strafe gestellt hat, stehen die Chancen auf weitere Millionen gut – das Brunnengeld darf aber nicht für Steuerlöcher, sondern nur für humanitäre Zwecke verwendet werden.

PIAZZA NAVONA ★ *(🕮 7/C2)*

Die schönste und heiterste Arena des Barock, lang gestreckt und doch geschlossen, lebhaft, farbig und doch intim, ist ein Werk der Renaissance- und Barock-Päpste wie so viele attraktive Plätze und Straßen Roms. Um seiner geliebten Schwägerin Olimpia zu gefallen, ließ Innozenz X. (1644–55) nicht nur den Palazzo Pamphilj bauen, sondern legte ihr gleich noch den herrlichen Platz zu Füßen. Er ließ ihn auf dem Grundriss des antiken Wettkampfstadions *circo agonale* errichten. Kirchenfürsten und Patrizier ergötzten sich bis ins späte 18. Jh. aus den Fenstern ihrer Paläste an Kampfspielen und Pferderennen. Zur sommerlichen Erfrischung der Römer wurde die Piazza im August geflutet und Miniaturseeschlachten inszeniert. Mittendrin steht Gianlorenzo Berninis *Fontana dei Quattro Fiumi*, das Prunkstück der Piazza. Auf einer Felsengrotte sitzen – von einem Obelisken gekrönt – die vier Flussgötter Donau, Nil, Ganges und Rio de la Plata. Die Kirche Sant'Agnese gegenüber ist ein Werk von Berninis Konkurrenten Francesco Borromini und wurde zwei Jahre nach dem Brunnen erbaut.

SANTA MARIA DELLA PACE *(🕮 7/C2)*

Kloster, Kunst, Kaffee und kleine Häppchen gehen hier einen charmanten Mix ein. Sie sitzen in der ★ *Caffetteria Chiostro del Bramante (Mo–Fr 10–20, Sa/So 10–21 Uhr)* im ersten Stock über dem Renaissancekreuzgang des florentinischen Starkünstlers Donatello Bramante und können sich vor oder nach dem Cappuccino eine der vielen schönen Wechselausstellungen im Kulturzentrum INSIDER TIPP *Chiostro del Bramante* *(tgl. 10–20 Uhr | Arco della Pace 5)* reinziehen. Wunderbar! *Via della Pace 5*

FONTANA DI TREVI (TREVI-BRUNNEN) ★ *(🕮 7/D2)*

Mit dem Bau des Trevi-Brunnens schufen sich die Barockpäpste 1750 ein letztes großes Denkmal, denn ihre Macht im Kirchenstaat schwand dahin. Meeresgott Ozeanus braust mit zwei Pferden durch einen Triumphbogen heran. Übrigens kommen die Touristen nicht nur wegen der berühmten Filmszene aus „La dolce vita", jenes Films von Starregisseur Federico Fellini, in der Anita Ekberg mit Marcello Mastrioianni in eben diesen Brunnen stieg und den Mythos vom ewig-süßen Leben in Rom begründete. Wer eine Münze ins Becken wirft, wird irgendwann nach Rom zurückzukommen. Vielleicht klappt's ja. *Piazza di Trevi*

GALLERIA BORGHESE ★

Wunder gibt's, aber die dauern in Rom etwas länger: Nach siebzehnjähriger Restaurierung wurde das barocke Lustschlösschen des Kardinals Scipione Borghese, der einer der größten Kunstmäzene der Welt war, wiedereröffnet. Seither hält der Run nach den Eintrittskarten, die Sie nur online ergattern können, an. Im Erdgeschoss sehen Sie Gian Lorenzo Berninis Skulpturen „Daphne und Apoll", „David", „Raub der Proserpina" und die strahlende Nacktheit der „Paolina Borghese", der Schwester Napoleons, von Antonio Canova. Im ersten Stock herrscht demgegenüber weitaus mehr gesittete Züchtigkeit: Denn hier hängen meist mehr bekleidete Figuren, gemalt von den großen Meistern Lucas Cranach, Tizian, Paul Veronese, Raffael, Peter Paul Rubens und Caravaggio. *Di–So 8.30–19.30 Uhr | Eintritt 15 plus 2 Euro | nur nach Anmeldung (ital./engl.) unter Tel. 0 63 28 10 oder www.ticketeria.it | Piazza Scipione Borghese 5*

Einst wie heute beliebt: die Spanische Treppe

SCALINATA DI TRINITÀ DEI MONTI (SPANISCHE TREPPE) ★ *(🕮 7/D1)*

Die Spanische Treppe war schon immer Lieblingsplatz Nr. 1 für Romreisende. Im späten 18. Jh. saßen englische Poeten wie John Keats und Percy Bysshe Shelley wenigstens still vor sich hin dichtend auf den beschwingten Balustraden, die Alessandro Specchi und Francesco di Sanctis 1723 erbaut hatten. Heute wird die breite Treppe ebenso von jungen Römern wie von Touristen besetzt und damit ist auch der Müll gewachsen. Der Juwelier Bulgari hat für 1,5 Mio. die edlen Stufen restaurieren lassen. Noch sprudelt die ebenfalls von Bulgari restaurierte *Fontana della Barcaccia*, der Brunnen in Form einer Barkasse, den Pietro Bernini, Vater des noch viel berühmteren Bildhauers Gianlorenzo Bernini, 1629 entworfen hatte, glasklar auf der Piazza di Spagna. Auf Roms Lieblingsplatz aber wird still und heimlich weitergemüllt.

SAN PIETRO (ST. PETER) ★ *(🕮 7/A1–2)*

Der Petersdom ist ein einziger Superlativ. Die Kirche bedeckt zweieinhalbmal die Fläche des Kölner Doms, misst 211 m Länge, 186 m an ihrer breitesten Stelle und 132 m Höhe. 1506 beauftragte Papst Julius II. Donato Bramante mit dem Bau einer dreischiffigen Kathedrale anstelle der antiken Basilika, die Konstantin über dem Grab Petri errichtet hatte. In der 120-jährigen Baugeschichte brachten die besten Baumeister Italiens viele einander widersprechende Modelle ein. Im Innern bestaunen Sie u. a. Michelangelos „Pietà" und den Kathedraaltar, der den „Heiligen Stuhl" enthält. Rechts vom Dom befindet sich der Aufzug zum Dach, wo Sie INSIDER TIPP ein gutes Café mit Souvenirladen finden, gefolgt von 320 steilen Stufen hinauf zur *Kuppel*, von der Sie einen herrlichen Blick über Rom genießen. Bitte unbedingt dezente Kleidung tragen, d. h. schulterbedeckt und lange Hosen! *Kirche tgl. 7–19, Sakristei 9–18 | Eintritt 5 Euro | Dach und Kuppel 8–18 | Eintritt 5 Euro, mit Lift 7 Euro*; alle Besucher müssen durch die Sicherheitskontrollen unter den rechten Kolonnen des Petersplatzes.

VATIKANISCHE MUSEEN ★ *(7/A1)*
Mit 14 Museen beherbergt die Vatikanstadt einen der größten Museenkomplexe der Welt: eine unermessliche Fülle an Meisterwerken der Antike und großer Maler wie Giotto, da Vinci, Caravaggio, Raffael und vieler anderer. Der Höhepunkt ist die ★ *Sixtinische Kapelle (Cappella Sistina)* mit Michelangelos „Schöpfungsgeschichte" (1508–1512) an der Decke der großen, auch heute noch vom Papst genutzten Kapelle. Generell empfiehlt sich Reservierung *(biglietteriamusei.vatican.va)*, um Schlangestehen zu vermeiden. *Mo–Sa 9–18, letzter So im Monat (dann Eintritt frei) 9–14 Uhr | Haupteingang Viale Vaticano | mv.vatican.va*

CAFÉS & EISDIELEN

INSIDER TIPP GINGER
In dem Biobistro und -café an der vornehmen Via Borgognona trinken gesundheitsbewusste Römer ihre Smoothies, Biofruchtsäfte, Kräutertees und greifen manchmal zurück zum guten alten Cappuccino. *Tgl. 10–24 Uhr | Via Borgognona 43–44 | Bus 62, 63 | Metro A Spagna*

INSIDER TIPP GROM
Zwei junge Turiner hatten die perfekte Slowfood-Eisidee, zogen ihre Biofrüchte auf der eigenen Obstplantage im Piemont – und voilà: das neue Super-*Gelato* war geboren. Geheimtipp: Cantaloupe-Melone! Auch nahe dem Pantheon *(Via della Maddalena 30). So–Do 11–1, Fr/Sa 11–1.30 Uhr | Piazza Navona 1 | Bus 40, 64, 70, 81, 492*

EINKAUFEN

Die besten Modeschöpfer haben ihre feinen Läden auf der und um die *Via Condotti*; mehr Abwechslung bietet die *Via del Corso*. An der *Porta Portese* in Trastevere ist sonn tags Floh

VATIKANISCHE KURIOSITÄTEN

Miniaturstaat. 44 ha misst der römische Kirchenstaat – früher erstreckte sich er sich über ganz Mittelitalien. Den 572 vatikanischen Einwohnern mangelt es an nichts, sie müssen nicht mal Steuern zahlen. Das Bevölkerungswachstum liegt logischerweise bei null.
Was ist ein Ipsophonum? Katholiken gibt es auf der ganzen Welt, wie verhindert man ein babylonisches Sprachgewirr? Ganz einfach: Die vatikanische Amtssprache ist Latein. Das Problem: Im klassischen Latein fehlen viele aktuelle Vokabeln. Seit 1976 gibt es ein Wörterbuch für Neulatein. Da heißt der Anrufbeantworter *ipsophonum*, das Handy *telephonum manuale* und der Geldautomat *automata monetalia*.
Eisenbahn ohne Züge. Die Vatikanische Staatsbahn ist die kleinste der Welt: 400 m Gleise, ein Bahnsteig, eine Weiche, aber keine Züge. Die stellt samt Zugpersonal für den Fall der Fälle Italiens Eisenbahn.
Papamobil. Auf „Dienstreise" hatte Johannes Paul II. das Papamobil in seiner Heimat Polen 1979 getestet und führte es danach auf allen seinen 104 Reisen ein, um den Gläubigen möglichst nahe zu sein. Die meisten dieser 60 Papstautos blieben in den Gastländern und werden bei jedem Besuch reaktiviert.

ESSEN & TRINKEN

Geniales Fundament der italienischen Küche sind die Teigwaren – und natürlich der Wein

Beim Anblick der *salumerie*, der Käseläden und Lebensmittelmärkte, läuft einem das Wasser im Mund zusammen. Das geniale Fundament der italienischen Küche aber ist die Pasta, die Nudel aus Wasser und Hartweizenmehl.

Auf rund ***250 verschiedene Pastaformen*** haben es die Fantasie und Kreativität der Italiener gebracht, allen voran die Spaghetti. In Süditalien herrschen die *maccheroni* vor, außerdem *tubetti*, *rigatoni* oder *penne*. Dann gibt es die mittel- und norditalienischen Bandnudeln, schließlich ***Teigtaschen*** aus Eier- und Mehlteig in vielen Formen und mit verschiedenen Füllungen. Zu vielen Nudelgerichten gehört traditionell der geriebene Käse. Ein Menü beginnt mit *antipasti*, den Vorspeisen wie Salami, eingelegten Zwiebeln, Auberginen, Artischocken; dem folgt das *primo* (erster Gang), ein Nudelgericht, eine Suppe oder ***Risotto***; das *secondo* (Hauptgang) ist Fleisch, geschmort, gegrillt, oder Fisch, auch oft nur gegrillt, und dazu Gemüse nach Wahl (*contorno*). ***Gemüse*** ist das Stichwort zum Süden, hier gedeihen besonders schmackhaft Tomaten, Auberginen, Artischocken, frische *fave* (grüne Saubohnen), kräftiges Blattgemüse wie *cicorie*, *friarielli* und *broccoli*. Den Abschluss bilden ***cremige Süßspeisen*** wie *tiramisù* sowie Gebäck, das man in süße Likörweine tunkt.

SPEISEN

(insalata) caprese – klassischer Sommerimbiss: Tomaten, Mozzarella (möglichst aus Büffelmilch), Basilikum

gnocchi – Klößchen aus Kartoffelmehl, wie Pasta als primo mit einem sugo serviert

zabaione – luftig-lockere, süße Weinschaumcreme, ursprünglich aus dem Piemont

insalata di frutti di mare – mit Zitrone, Olivenöl, Knoblauch und Petersilie angemachte Meeresfrüchte

ossobuco – Beinscheiben von Kalb oder Rind, in Tomatensauce geschmort, typisch für die Lombardei

spaghetti alle vongole/allo scoglio – Spaghetti mit Venusmuscheln bzw. mit Meeresfrüchten

LIVORNO

Die Livorneser sind ein lustiges Völkchen – ihr Dialekt klingt nach Seevolk, nach Völkergemisch, ähnlich geknödelt wie American English.

Livorno ist eine lebendige, bescheidene Hafenstadt, ohne übermäßigen Renaissancepomp und mittelalterliche Gassen, dafür aber mit herrlich breiten Straßen, in denen das Sonnenlicht bis in den hintersten Winkel gelangt. Bedeutung erlangte Livorno im 16. Jh., da die florentinische Herrscherfamilie Medici einen Zugang zum Meer brauchte. Um reiche Juden herzulocken, verordnete man zudem per Gesetz Rede- und Religionsfreiheit.

SEHENSWERTES

FORTEZZA VECCHIA UND FORTEZZA NUOVA

Ab dem 16. Jh. waren die beiden geziegelten Anlagen Bollwerke der Medici zur Verstärkung ihrer Vorposten. Heute ist im Sommer fast jeden Abend etwas los in der *Fortezza Vecchia* und jedes Jahr im Juli erzittert sie unter den Klängen von Rock, Alternative und Jazz des Großevents *Effetto Venezia (www.livornoeffettovenezia.it)*, das das gesamte Viertel *Venezia Nuova* in Beschlag nimmt. In der *Fortezza Nuova*, der Grünanlage der Stadt, machen die Livorneser Pause und finden Künstler und Autoren Raum für ihre Aktionen.

LUNGOMARE

Ein Hauch von Sonnenstrahl genügt und die 4 km lange Meerpromenade zwischen dem Strandbad Scoglio della Regina und dem kreisrunden Pinienhain Rotonda in Ardenza bevölkern Fußgänger, Radler, Jogger. Am Weg liegen die *Aussichtsterrasse Mascagni,* verspielte Jugendstilvillen sowie Bars und Cafés. Am Abend wird die Promenade zur Schlendermeile.

INSIDER TIPP MUSEO CIVICO GIOVANNI FATTORI

Die Macchiaioli um den heimischen Künstler Giovanni Fattori waren im 19. Jh. die toskanische Antwort auf die französischen Impressionisten. In der Jugendstilvilla Mimbelli haben die Bilder der sogenannten „Fleckenmaler" einen angemessenen Platz gefunden. *Di–So 10–13 und 16–19 Uhr | 6 Euro | Via San Jacopo in Acquaviva*

VENEZIA NUOVA

Das Herz der Stadt pulsiert im alten Fischer- und Händlerviertel. Dessen Arterien sind die Kanäle, die Venen die alten Gewölbegänge aus dem 17. Jh. Früher beherbergten sie die Reichtümer der Stadt, heute Ateliers und Bars wie INSIDER TIPP *La Bodeguita (Mo geschl. | Scali Finocchietti 28)*. Oben auf den Holzpfählen zirkuliert das Leben zwischen Läden und Ateliers. Überblick verschafft eine Bootsfahrt: *Giro in Battello (10 Euro | Karten im Punto Informazioni | Via Pieroni 18)*

EINKAUFEN

BOTTEGA CAMPAGNA AMICA

Für Anhänger der Direktvermarktung ein Tante-Emma-Laden für regionale Lebensmittel. *Piazza dei Legnami 22*

MÄRKTE

Reißen Sie sich im *Mercato Centrale (Mo–Sa 7.30–13.30 Uhr | Via del Cardinale/Via Buontalenti)* wenigstens kurz los vom Anblick der Köstlichkeiten an den 180 Ständen und bewundern Sie die mächtige Konstruktion der Jugendstilhalle aus Eisen und Stein.

Den INSIDER TIPP *Mercatino Americano (Mo–Sa 10–19 Uhr | Via della Cinta Esterna/Piazzale del Portuale)* umgibt immer noch ein Hauch Nachkriegsprovisorium. Unter dem einfachen Dach drängen sich Stände mit Handwerk und Importware – eine Glücksinsel für Sammler und Entdecker.

ZIELE IN DER UMGEBUNG

LUCCA ★

Ein vollständig intakter Festungsring aus dem 16. Jh. umgibt die gepflegte Altstadt mit ihren vielen Schätzen wie dem *Dom San Martino* (6./13. Jh.) oder der ovalen *Piazza del Mercato*, wo sich mittelalterliche Häuser in ein römisches Amphitheater eingenistet haben. Von der baumbestandenen *Torre Guinigi* sieht man bis zur *Garfagnana*, einem schönen Ausflugs- und Wandergebiet im Norden Luccas. Ein Tipp: die INSIDER TIPP Kamelienblüte im Frühjahr in den Gärten alter Villen.

FLORENZ (FIRENZE)

Sie ist die kunstreichste Stadt Europas, reich an kostbaren Bauten, Monumenten, Skulpturen und Malereien. Ab dem 14. Jh. bestimmt die mächtige Familie Medici ihr politisches und kulturelles Schicksal, das seinen Höhepunkt in der Renaissance findet. 1265 kam hier Dante zur Welt, seine Dichtersprache wurde Grundlage für die gesamtitalienische Sprache. Vom hoch gelegenen *Piazzale Michelangelo* auf der linken Arnoseite hat man einen fantastischen Überblick über das Stadtbild mit den Flussufern, den Palazzi, der alles überragenden ★ Domkuppel.

PISA

Kaum ein Monument Italiens ist so berühmt wie der *Schiefe Turm (tagesaktuelle Öffnungszeiten und Tickets unter www.opapisa.it | Kinder unter 8 Jahren dürfen nicht hinauf)* von Pisa. Seine Neigung begann schon bald nach dem Bau 1173 auf von Wasseradern durchzogenem Grund. Er steht auf dem ★ *Campo dei Miracoli* („Feld der Wunder"), ebenso wie der prächtige romanische Dom, das Baptisterium und der *Camposanto*, ein Friedhof voll kostbarer Skulpturen und Fresken aus der Glanzzeit der Stadt.

Fällt er oder fällt er nicht?

LA SPEZIA

La Spezia liegt von Anhöhen umgeben im Schutz des tief ins Land geschnittenen schönen Golfs.

Zunächst Napoleon ab 1808 und anschließend der italienische Staat bauten La Spezia zu einem bedeutenden Militärhafen aus. Der moderne Wiederaufbau nach den Angriffen in den Weltkriegen und ihre industrielle Entwicklung haben die Stadt nicht verschönert, doch sie bietet Kultur und Stadtflair: Neben dem Besuch der

Der Duomo San Gennaro in Neapel

sehenswerten Archäologie- und Kunstmuseen lohnt ein Bummel durchs lebhafte Innenstadtviertel Prione. Weiter zum Meer hin liegen die schönen Orte Portovenere mit der vorgelagerten Insel Palmaria im Westen und Lerici im Südosten. Den absoluten Traumblick auf den Golf hat man auf der Anfahrt zu den *Cinque Terre*.

SEHENSWERTES

CAMEC

Der Name Centro d'Arte Moderna e Contemporanea ist Programm: Nun hat auch La Spezia einen Ort für zeitgenössische Kunst. *Di–So 11–18 Uhr | Piazza Cesare Battisti | camec.spezianet.it*

CASTELLO SAN GIORGIO/MUSEO ARCHEOLOGICO U. FORMENTINI

Von der hoch gelegenen Festungsanlage, einst Bollwerk Genuas gegen die Seerepublik Pisa, haben Sie einen fantastischen Rundblick auf den Golf. Das hier ansässige Archäologische Museum zeigt prähistorische Funde aus der Umgebung und Kostbarkeiten aus der alten römischen Hafenstadt Luni. Höhepunkt sind die berühmten geheimnisvollen Steinfiguren, Männer- und Frauengestalten, die ★ Stelen aus der Lunigiana, dem Grenzgebiet zur Toskana. *Ab 10.30 Uhr | Via 27 Marzo.*

MUSEO DEL SIGILLO

Hunderte Siegel aus aller Welt und allen Zeiten – eindrucksvoll. *Di 16–19, Mi–So 10–12 und 16–19 Uhr | Via del Prione 236*

CINQUE TERRE ★

Die fünf idyllischen Fischerdörfer Monterosso, Vernazza, Corniglia, Manarola und Riomaggiore zählen zu den attraktivsten Küstenflecken ganz Italiens. Die Cinque Terre stehen unter strengem Naturschutz, als *Parco Nazionale* versucht man, die gefährdete Berglandschaft zu retten.

EINKAUFEN

Nach La Spezia kommt man auch zum Shoppen, in der verkehrsberuhigten Altstadt und an den von Orangenbäumen gesäumten Boulevards um Piazza Verdi und Piazza Europa reihen sich die Geschäfte aneinander. Markttreiben herrscht vormittags an der Piazza Cavour bzw. Piazza del Mercato. Ein großes, modernes Einkaufscenter ist das *La Fabbrica* am Autobahnkreuz A 12/A 15 etwas außerhalb in Santo Stefano di Magra.

NEAPEL (NAPOLI)

Vom Meer aus gesehen, aus der Entfernung, ist Neapel wunderschön verheißungsvoll. Zur Kulisse gehört südlich der breite Kegel des Vesuvs.

Hinterlassenschaften der monarchischen Vergangenheit von französischen, spanischen, habsburgischen und bourbonischen Königsfamilien – elegante Platzanlagen, Burgen, Palazzi, Gärten – finden sich im heutigen Siedlungsgeflecht gleich neben verwinkelten Stadtteilen. Doch die Stadt besitzt auch eine Fülle zeitgenössischer Kultur. Moderne Kunstzentren wie PAN (Palazzo delle Arti di Napoli) und MADRE (Museo d'Arte Contemporanea Donna Regina) tragen zur kulturellen Vielfalt bei.

SEHENSWERTES

CAPPELLA SANSEVERO *(9/D1)*

In der kleinen Rokokokirche sind kostbare Skulpturen ausgestellt, vor allem der „verschleierte Christus", mit seinem filigranen Faltenwurf das marmorne Meisterwerk von Giuseppe Sammartino (1753). *Mi–Mo 9.30–18.30 Uhr | Via de Sanctis 19–21 | www.museosansevero.it*

CASTEL DELL'OVO *(9/C–D4)*

Auf einer kleinen Felsinsel steht trutzig die normannische Burg. Ihr zu Füßen drängen sich der Fischerhafen *Porto Santa Lucia* und der bei Nachtschwärmern beliebte *Borgo Marinaro* mit Trattorien und Cafés.

CATACOMBE DI SAN GENNARO

Der eindrucksvollste unterirdische Friedhof in Süditalien mit frühchristlichen Graffiti (2. Jh.). *Mo–Sa 10–17, So 10–13 Uhr | Tondo di Capodimonte 13 | Eingang bei der Basilica della Madre del Buon Consiglio | www.catacombedinapoli.it*

DUOMO SAN GENNARO *(9/E1)*

Im immer wieder umgestalteten französisch-gotischen Dom des Schutzpatrons Neapels befindet sich die Schatzkapelle mit Reliquien und dem angeblichen Blut des San Gennaro. Einen tollen Panoramablick haben Sie bei einem INSIDER TIPP Spaziergang auf dem Dach des Doms. Via Duomo

MUSEO ARCHEOLOGICO NAZIONALE ★

Eine der größten und berühmtesten Altertumssammlungen der Welt, u. a. mit Wandmalereien aus Pompeji und Herculaneum und einer Sammlung kunstvoller unzweideutiger Erotika aus antiken Freudenhäusern zeigt das Archäologische Museum. *Mi–Mo 9–19.30 Uhr | Piazza Museo.*

MAFIA

Allein in Italien erwirtschaftet die Mafia jährlich rund 100 Mrd. Euro. Doch zu Fahndungserfolgen bei einst „unberührbaren" Bossen kommt immer mehr das Engagement der Zivilgesellschaft. Die Bewegung Libera setzt sich italienweit für eine Kultur der Gesetzestreue ein. Unter dem Label „Libera Terra" *(www.liberaterra.it)* werden Öl, Wein und Pasta verkauft, die auf konfisziertem Mafialand biologisch angebaut und produziert werden. Die Organisation Addiopizzo („Tschüss Schutzgeld") macht in Sizilien auf Hotels, Restaurants und Geschäfte aufmerksam, die sich Schutzgelderpressungen widersetzen. Und in Kalabrien tritt die Bewegung „Ammazzatecitutti" („Tötet uns alle") mit öffentlichen Aktionen für ein stärkeres Legalitätsbewusstsein ein.

MUSEO E GALLERIE NAZIONALI DI CAPODIMONTE ★
Der prächtige Königspalast Capodimonte in einer schönen Parkanlage beherbergt die reichen Kunstsammlungen der verschiedenen Epochen: Werke u. a. von Caravaggio, Tizian und Breughel. Zum Wohnbereich gehört ein Salon aus Porzellan, Werk der berühmten Porzellanmanufaktur von Capodimonte. *Do–Di 8.30–19.30 Uhr | Via di Capodimonte | www.museocapodimonte.beniculturali.it*

INSIDER TIPP NAPOLI SOTTERRANEA (UNTERIRDISCHES NEAPEL) *(9/D–E1)*
Die Stadt liegt auf Tuffstein, in den Höhlen, Zisternen und Katakomben gegraben sind. An der *Piazzetta San Gaetano 68* in der Altstadt steigt man hinab in Neapels Unterwelt, ein schon von Griechen und Römern in den Lavafels getriebenes Labyrinth. *Piazza San Gaetano | 68 Führungen (auch in Englisch) tgl. 10–18 Uhr | www.napolisotterranea.org*

SAN LORENZO MAGGIORE *(9/E1)*
Sie ist eine der schönsten mittelalterlichen Kirchen Neapels. Unter dem angeschlossenen Franziskanerkloster kann man die Ausgrabungen des antiken römischen Markts besichtigen. *Tgl. 9.30–17.30 Uhr | Piazza San Gaetano*

SANTA CHIARA *(9/D1)*
Zu der französisch-gotischen Kirche gehört der *Convento dei Minori*, der berühmt ist wegen seiner bunten Majolikalauben im Kreuzgang der Klarissen. *Mo–Sa 9.30–17.30, So 10–14.30 Uhr | Via Benedetto Croce | www.monasterodisantachiara.com*

EINKAUFEN

Edle Geschäfte konzentrieren sich vor allem in den Straßen *Via Chiaia, Via dei Mille, Via Roma*. Die *Spaccanapoli* und deren Seitengassen sind voller kleiner Geschäfte und Händler. In der INSIDER TIPP Krippenstraße *Via San Gregorio Armeno* kann man den Kunsthandwerkern während des ganzen Jahres bei der Arbeit zuschauen.

ZIELE IN DER UMGEBUNG

POMPEJI (POMPEI) ★
Das Einzigartige dieser aus dem harten Lavagestein ausgegrabenen Stadt *(tgl. 9–17, April–Okt. bis 19.30 Uhr | www.pompeiisites.org)* sind nicht einzelne Bauwerke, sondern der Einblick in den römischen Alltag, den das Ensemble ermöglicht: Geschäfte, Kneipen, gepflasterte Straßen mit Wagenrillen und hier und dort noch Fresken.

PIZZA NAPOLETANA

Sie taucht im 18. Jh. als schneller und billiger Imbiss auf den Straßen Neapels auf: ein ganz simpler, elastischer Teig aus Mehl, Hefe, Wasser und Salz, gewürzt mit Olivenöl, Oregano und Knoblauch, später kommen Tomaten, Mozzarella und Basilikum dazu. Anfang des 19. Jh.s ist Neapel schon voller Pizzerien, aber erst im 20. Jh. trat sie ihren Siegeszug nach Europa an. Bei einem Besuch Neapels sollte man eine echte *pizza napoletana* probieren, am besten den Klassiker: mit Tomaten, Mozzarella und Basilikum, auch bekannt als Pizza Margherita.

Mehr Venedig geht nicht: der Canal Grande

VESUV (VESUVIO)

Ein Muss ist beim Neapelbesuch ein Abstecher zum im Südosten der Stadt gelegenen Vesuv (1281 m), dem nach wie vor aktiven imposanten Vulkanberg. Der Kraterrand ist zu Fuß über Lavaschotter zu erreichen und bietet einen eindrucksvollen Blick in den Schlund. *Ab 9 Uhr | www.epnv.it/grancono*

VENEDIG (VENEZIA)

„Serenissima", die Durchlauchtigste, nannten die Venezianer ihre mächtige, reiche, auf 118 Inseln errichtete Seerepublik.

Bei jedem Besuch fragt man sich, wie die traumhafte, unwirkliche Schönheit dieser Stadt (60 000, mit Vorstädten 270 000 Ew.) auf dem Wasser entstehen konnte. Dieser Schönheit spüren Jahr für Jahr Abermillionen Besucher nach. Selbst diese Museumsstadt hat Neues zu bieten: die elegante Fußgängerbrücke des katalanischen Architekten Santiago Calatrava am Piazzale Roma oder die INSIDER TIPP Sammlung zeitgenössischer Kunst in der *Punta della Dogana.*

SEHENSWERTES

CANAL GRANDE ★

Der Hauptkanal verläuft vorbei an wunderbaren Palastfassaden mit Gotik-, Renaissance- oder Barockarchitektur. Die *Rialtobrücke* von 1592 passiert man gleich hinter der ersten Kanalschleife. An der *Piazzetta San Marco* liegt der mit prachtvollen Kunstwerken gefüllte *Palazzo Ducale (tgl. 8.30–17.30, April–Okt. bis 19 Uhr).*

BASILICA DI SAN MARCO ★

Mehr Prunk geht nicht. Fünf Kuppeln, maßwerkverzierte Bögen und Fenster, Mosaike, Ikonen, ein Hochaltar mit Sarkophag des hl. Markus, Bronzefiguren ohne Ende – der Dom ist ein Rausch der Kunst! Wer Zeit statt Geld sparen will, bucht online eine einstündige *Skip-the-Line-Tour (21,50 Euro | www.venetoinside.com)* durch den Markusdom mit all seinen Schätzen. Achtung: Die Mitnahme von jeglichem Gepäck in die Kirche ist untersagt.

CAMPANILE DI SAN MARCO ★

Bequem mit dem Lift gehts hinauf auf den berühmten Turm; ein toller Blick über Venedigs Dächer ist garantiert. Das Panorama verschafft eine erste, sehr hilfreiche Gesamtorientierung und ein Gefühl für die einzigartige Lage und Struktur der Lagunenstadt. Ursprünglich im 10. Jh. errichtet und im 12. beträchtlich erhöht, stürzte das fast 100 m hohe Wahrzeichen im Jahr 1902 ein, wurde aber aus dem ursprünglichen Material umgehend wieder aufgebaut. Während man vor der Kasse Schlange steht, hat man Gelegenheit, sich an der um 1540 von Jacopo Sansovino erbauten *Loggetta* zu ergötzen. *Ab 9 Uhr | Anleger: San Marco*

PALAZZO DUCALE ★

Der Palast der Paläste: Schon die kolossale, mit Marmor verkleidete, im unteren Bereich von zahllosen zierlichen Säulen und Bögen durchsetzte Fassade verdient höchste Bewunderung. Vollends überwältigend ist dann der Rundgang durch das Innere, an dessen Ausschmückung die bedeutendsten Maler des 16. Jh.s beteiligt waren, allen voran Tintoretto, Tizian und Paolo Veronese. *Tgl. 8.30–18, April–Okt. bis 19 Uhr | Kombikarte mit Biblioteca Marciana, Museo Correr und Museo Archeologico| palazzoducale.visitmuve.it | Anleger: San Zaccari.*

PIAZZA SAN MARCO ★

Napoleons Diktum vom „schönsten Salon der Welt" hat seine Gültigkeit auch gut zwei Jahrhunderte später nicht verloren. Der 175 m lange, leicht trapezförmige Markusplatz ist wirklich einzigartig, die Vielfalt an Stimmungen, die man auf ihm im Wechsel der Tages- und Jahreszeiten erleben kann, enorm. Er war Schauplatz unzähliger Prozessionen wie auch sehr weltlicher Feste. Genießen Sie das Flair der einmaligen Kulisse wie all die Reisenden vor Ihnen! *Anleger: San Marco.*

MADONNA DELL'ORTO

Ein zu Unrecht wenig beachtetes Kunstjuwel: Schon die Backsteinfassade die-

EINFACH MAL AUSZEITEN

Wer von der steinernen Enge der Altstadt eine Pause braucht, fährt hinüber auf den *Lido*. Die schmale, 12 km lange Sandinsel, die Venedig und seine Lagune gegen das offene Meer hin abschirmt, mauserte sich Ende des 19. Jh.s zum fashionablen Strandrevier, wie Kinogänger es aus Luchino Viscontis Verfilmung von Thomas Manns „Tod in Venedig" kennen. Inzwischen geht es hier, wenn nicht gerade im Rahmen des Filmfestivals die Leinwandstars aus aller Welt im *Palazzo del Cinema* Hof halten, deutlich volkstümlicher zu. Doch seine Qualität als Revier für Freunde des *Dolcefarniente* hat der Lido dank seines flachen, schier endlosen Adriastrands, der zum Baden und Spazierengehen einlädt, sowie der vielen Pizzerien und Eissalons keineswegs verloren.

ser gotischen Kirche ganz im Norden mit ihren Apostelstatuen und fein ziselierten Fenstern ist eine Augenweide. Und ihr Inneres schmücken etliche INSIDER TIPP Gemälde der Spitzenklasse – u. a. ein „Johannes der Täufer" von Cima da Conegliano sowie mehrere Tintorettos, der hier in der Apsis der Kirche begraben liegt. *Mo–Sa 10–17, So 12–17 Uhr | Anleger: Madonna dell'Orto*

PONTE DI RIALTO ★

Mehr als 400 Brücken helfen in Venedig, die rund 150 Kanäle zu überqueren und viele der mehr als 100 Inseln zu verbinden. An der berühmten *Rialtobrücke* befand sich über viele Jahrhunderte hinweg das Geschäftszentrum der Handelsmetropole. In ihrer heutigen Form aus istrischem Stein wurde die Brücke im ausgehenden 16. Jh. als Ersatz für ihre hölzerne, schon recht morsche Vorgängerin errichtet. Sie bildete bis in die Mitte des 19. Jh.s den einzigen Fußgängerweg über den Canal Grande. *Anleger: Rialto.*

GALLERIA DELL'ACCADEMIA ★

Bellini, Carpaccio, Giorgione, Tintoretto, Tizian und Veronese, Canaletto, Guardi, Longhi, Mantegna, Lotto, Piazzetta und Tiepolo ... Kaum ein prominenter Repräsentant der mehr als 500-jährigen Geschichte der venezianischen Malerei, der in diesem am Südufer des Canal Grande gelegenen Museum mit zwei Dutzend Sälen nicht vertreten wäre. Kein Wunder, dass diese Gemäldegalerie zu den bedeutendsten der Welt zählt. Die Reservierung einer Karte mit Besichtigungstermin *(Tel. 04 15 20 03 45)* kostet zwar 1,50 Euro extra, erspart Ihnen jedoch mögliche lange Wartezeiten. *Di–So 8.15–19.15, Mo 8.15–14 Uhr | www.gallerieaccademia.it | Anleger: Accademia.*

Venedigs bester Aussichtspunkt: der Campanile di San Marco

BACARI & OSTERIEN

INSIDER TIPP DA ALBERTO

Mehr Venedig geht nicht. Bei Alberto kommen die typischen Gerichte wie *sarde in saor,* sauer eingelegte Sardinen, und *baccalà mantecato,* mit Milch und Brühe herrlich cremig gerührter Stockfisch, genau so auf den Tisch, wie sie auch die Venezianer zu Hause zubereiten. *Tgl. | Calle Giacinto Gallina 5401 | Tel. 04 15 23 81 53 | www.osteriadaalberto.it | Anleger: Ospedale*

INSIDER TIPP OSTERIA BANCOGIRO

Hotspot am Fischmarkt nahe der Rialtobrücke, wo die Venezianer vom Aperitif bis zum Mitternachtscocktail in Scharen vor dem Eingang stehen. Nebenbei ist auch die Küche großartig. *Mo geschl. | Campo San Giacometto 122 | Tel. 04 15 23 20 61 | www.osteriabancogiro.it | Anleger: Rialto*

EINKAUFEN

Kulinarisches, Kleidung, Kunsthandwerk: Auf Märkten und in Modetempeln wird jeder fündig

Exquisites für Küche und Keller, schicke Mode und Accessoires oder Kunsthandwerk in lokaler Tradition: In Werkstätten, auf Märkten, in eleganten Geschäften zeigt sich der Geschmack der Italiener.

DELIKATESSEN & WEIN

Kulinarische Leckerbissen sind das ideale Mitbringsel von einer Italienreise, z. B. kalt gepresstes Olivenöl (*olio d'oliva extravergine*). Oder Wein aus dem Weinladen *(enoteca)*, direkt vom Winzer oder aus dem örtlichen Supermarkt. Dazu passen luftgetrocknete Salami, ein dickes Stück Parmigiano Reggiano, getrocknete Steinpilze, Edelschinken wie der *culatello*, Balsamessig, Grappa.

KUNSTHANDWERK

Nicht zuletzt dem Tourismus ist es zu verdanken, dass die vielfältigen lokalen Handwerkstraditionen nicht ausgestorben sind. Auch junge Leute lernen wieder alte Handwerkstechniken, die sie mit neuen Designvorstellungen kombinieren.

MÄRKTE

Praktisch jede Ortschaft hat ihren Markt – dort finden Sie die *moka* zum Espressokochen, den Milchschäumer für den Cappuccino, die Käsereibe, den Trüffelhobel, den Mörser aus Marmor oder Olivenholz, das Essig-Öl-Set, die das Flair des Handfest-Typischen haben. Auf den Bauernmärkten unter dem Motto *chilometro zero* findet man regional erzeugtes Obst und Gemüse. Und auf den Wochenmärkten finden sich jede Art von Klamotten, darunter auch überraschend Hochwertiges zu gutem Preis.

MODE & SCHUHE

Zunächst sind da die Läden der großen Modenamen wie Armani, Dolce & Gabbana, Prada, Versace, Max Mara, dann die weltberühmten Casualmarken wie Benetton, Stefanel und Diesel. Wer die hohen Preise nicht bezahlen möchte, der achte auf die Schlussverkäufe (*saldi*), die regelmäßig Anfang Januar und Juli beginnen.

EINKAUFEN

Zwei klassische Mitbringsel aus Venedig kommen von den Inseln in der Lagune: Glasgeblasenes aus Murano und Spitzen aus Burano. Sie sind in vielen Läden zu bekommen oder direkt auf den Inseln, z. B. in Murano Vasen und Glasperlenschmuck bei *Ferrevetro (Campo Santo Stefano 7)* und in Burano echte Spitzen im Atelier *La Merlettaia (Calle San Mauro 298)*.

RAVENNA

Einst lag die 165 000-Ew.-Stadt am Meer, doch wegen der stetigen Verlandung schafft heute ein 10 km langer Kanal die Verbindung zur Adria.
Die Stadt birgt großartige Zeugnisse frühchristlicher Kultur, denn ab dem 5. Jh. war sie nach der Spaltung des römischen Imperiums 300 Jahre Zentrum der Macht.

SEHENSWERTES

Alle Sehenswürdigkeiten sind *tgl. 9–17.30, im Sommer bis 19 Uhr* geöffnet. Fragen Sie nach günstigeren Sammeltickets!

MAUSOLEO DI TEODORICO

Das Grabmal des Ostgotenkönigs Theoderich (gestorben 526) im Nordosten Ravennas ist mörtellos aus großen Steinquadern zusammengesetzt.

MOSAIKEN ★

Hauptsehenswürdigkeit in Ravenna sind die frühchristlichen Mosaikarbeiten: blaugolden im *Mausoleo di Galla Placidia*, kostbar ausgelegt das *Baptisterium* des Bischofs Neon. Im grandiosen Sakralbau *Sant'Appolinare Nuovo* (6. Jh.) finden sie sich ebenso wie in der achteckigen *Basilika San Vitale* (547 geweiht) und in der *Basilika Sant'Appolinare* 5 km südlich.

ZIELE IN DER UMGEBUNG

BOLOGNA

In der weitläufigen, gut erhaltenen Altstadt Bolognas (373 000 Ew.) sieht man weniger Touristenströme als vielmehr junge Leute, die an der ältesten Universität Europas (1088) studieren. Entsprechend viele Buchläden gibt es hier und man trifft sich in der Art-déco-Halle der Stadtbibliothek in der *Sala Borsa* an der Piazza Maggiore. Unter den mal geduckten, mal eleganten Arkaden, die sich auf 37 km Länge durch die Innenstadt ziehen, lässt es sich auch bei Regen herrlich schlendern und shoppen.

MODENA

Hier werden die legendären Maserati und Ferrari hergestellt. Historische Modelle zeigen das INSIDER TIPP *Panini Motor Museum (nur nach Anmeldung | Via Corletto Sud 320 | www.paninimotormuseum.it)*

Prächtige Mosaiken in Ravenna

und das *Ferrari-Museum (tgl. 9.30–18, April–Okt. bis 19 Uhr | Via Dino Ferrari 43 | museomaranello.ferrari.com)* im nahen *Maranello.* Für die Kunstfreunde gibt es den ★ *Dom* von Modena, ein Meisterwerk romanischer Architektur und Bildhauerkunst, sowie den eindrucksvollen Friedhof des Architekten Aldo Rossi im Ortsteil Madonnina, ein seltenes INSIDER TIPP Beispiel zeitgenössischer Friedhofsarchitektur.

BARI

Apuliens Hauptstadt (327 000 Ew.) wird gern „Mailand des Südens" genannt: Seit Jahrhunderten ist sie Handelsfenster zum Orient, heute jeden September Sitz der größten Verkaufs- und Produktmesse des Mittelmeerraums, der Fiera del Levante.

Baris weiße Altstadt am Meer mit den schönen alten Kirchen hat den Charakter einer Kasbah. Noch vor ein paar Jahren düster und nicht ungefährlich, wird hier heute viel restauriert, die beiden schönen Plätze *Piazza Ferrarese* und *Piazza Mercantile* haben sich in den letzten Jahren mit Cafés, Aperitifbars und netten Restaurants zum Ausgehspot der *baresi* entwickelt.

Jenseits der gewaltigen Verkehrsschneise Corso Vittorio Emanuele beginnt die schachbrettartig angelegte Neustadt Baris mit eleganten Hotels sowie Ladenstraßen voller Leben und Shoppingflaneure. Die wuchernde, vernachlässigte Peripherie sollte man dagegen tunlichst meiden.

SEHENSWERTES

BASILICA SAN NICOLA

In der Altstadt beeindruckt diese stattliche apulisch-romanische Kirche aus dem 11./12. Jh. Achten Sie im Inneren auf den uralten Bischofsstuhl aus Marmor, den kleine, ächzende Figuren tragen. Unterm silbernen Altar die auf 26 Säulen ruhende Krypta mit dem Reliquienschrein von St. Nikolaus, Bischof von Myra, Schutzpatron Baris und in der orthodoxen Kirche hochverehrt – daher die vielen russischen Pilgergruppen. *Piazza Elia*

CATTEDRALE SAN SABINO

Zusammen mit der Basilika San Nicola gehört die Kathedrale Baris zu den schönsten Beispielen der Romanik Apuliens. Im Kirchenarchiv wird eine kostbare Exsultetrolle (Buchrolle für die katholische Osterliturgie) aus dem 11. Jh. aufbewahrt. *Piazza Odegitria*

STAUFERKASTELL

Die gewaltige Anlage am Meer wurde unter Friedrich II. aus einer byzantinisch-normannischen Vorgängerbastion gestaltet. Im Inneren zeigt eine Sammlung von Gipsabdrücken, wie kunstvoll der Fassadenschmuck an apulischen Kirchen sein kann. *Do–Di 8.30–19.30 Uhr*

ZIELE IN DER UMGEBUNG

ALBEROBELLO

Eine einzigartige Hirten- und Bauernarchitektur: runde, weiße Häuschen aus Trockenmauerwerk mit dunklen Kegeldächern, die *trulli,* liegen überall im Dreieck zwischen Bari, Taranto und Brindisi verstreut zwischen Olivenhainen, Mandelbäumen, Gemüsefeldern, Weinreben der gartenartigen Valle d'Itria. In Alberobello (10 000Ew.) bilden sie eine regelrechte Stadt, sogar die Kirche Sant'Antonio ist im *trulli*-Stil erbaut, der Ort ist daher einem Touristenrummel ohnegleichen ausgesetzt; noch bis ins späte 20. Jh. bewohnt, sind heute einige zu Hotels, Ferienwohnungen, Souvenirläden und Pizzerien umfunktioniert worden.

CASTEL DEL MONTE UND CANOSA DI PUGLIA

Schon von Weitem sieht man auf einer Anhöhe die „Krone Apuliens", das achteckige ★ *Castel del Monte (www.casteldelmonte.beniculturali.it)* mit acht Türmen, acht Innenräumen, achteckigem Innenhof, esoterisch anmutende Idealarchitektur des Staufers Friedrich II. Einst war die spartanische Burg (erbaut 1240–50) reich verziert mit Marmor und byzantinischen Mosaiken. Planen Sie ein kulinarisches Highlight im nahen Dorf *Montegrosso d'Andria* mit ein und genießen Sie die sorgfältige Küche im apulischen Slow-Food-Tempel *Trattoria Antichi Sapori (Sa-Abend und So geschl. | Piazza Sant'Isidoro 10 | Tel. 08 83 56 95 29 | antichisapori.pietrozito.it | €–€€).*

Die Fahrt zum Kastell im Landesinneren kann über *Canosa di Puglia* führen, ein Beispiel für die apulische Kulturvielfalt: die romanische *Kathedrale,* Ruinen der byzantinischen *Basilika San Leucio* und in der Via Cadorna die römischen *Ipogei Lagrasta,* in Tuffstein geschlagene Grabhöhlen aus dem 4. Jh. v. Chr.

MATERA

Das zur Kulturhauptstadt Europas 2019 gekürte Matera (52 000 Ew.) kann neben einem romanisch-normannischem *Dom* (13. Jh.) und einer *Feudalburg* von 1515 mit einer der bekanntesten Sehenswürdigkeiten Italiens aufwarten, den ★ *sassi:* eine unterhalb des neuen Matera in eine steile Felsschlucht hineingestufte Höhlenstadt mit zauberhaften Felsenkirchen. Hier lebten noch bis in die 1950er-Jahre über 20 000 Menschen, doch ihre Lebensbedingungen in den dunklen, ungesunden Grottenhäusern wurden als nationale Schande angesehen. Neubauten und Aussiedlungen waren die Folge; heute beginnt man eine Neubelebung, auch mithilfe öffentlicher Gelder, denn, Ironie des Schicksals, nunmehr stehen die *sassi* auf der Welterbeliste der UNESCO.

Alberobello besticht durch seine einzigartige trulli-Architektur

Farbenprächtige Häuser bestimmen Cagliaris Gesicht

CAGLIARI/ SARDINIEN

Das alte Cagliari liegt beherrschend auf einem Felsplateau über der Ebene des Campidano, die hier in Lagunenseen und Salzseen in den weit geschwungenen Golf von Cagliari ausläuft.

Als vor rund 2700 Jahren die Punier aus Nordafrika in Sardinien landeten, war „Karalis" mit seinem Naturhafen eine ihrer ersten Gründungen. Jede Periode hat ihre Spuren im Stadtbild hinterlassen; für die Römer war es ein Kinderspiel, die punischen Hinterlassenschaften für sich zu nutzen und nochmals aufblühen zu lassen. Bis auf das mittelalterliche *Castello* mit dem Dom, die Paläste von Erzbischof, Vizekönig und Adelsfamilien dominieren heute barocke Fassaden und Kuppeln in der Altstadt.

SEHENSWERTES

CASTELLO (*10/B2*)

Die Altstadt auf dem Berg ist wie eine Burg befestigt. Noch wie vor 100 Jahren geht es durch eins der beiden Stadttore in die dunklen, engen Gassen. Die beiden hohen Verteidigungstürme, die *Torre San Pancrazio* und die *Torre dell'Elefante* mit ihrem Steinelefanten, sind Werke pisanischer Architekten des Hochmittelalters. Der heutige Zugang von der Via Manno über die *Bastione di San Remy* wurde erst im 19. Jh. geschaffen, als die Aussichtsterrassen angelegt wurden. Allmählich kommt wieder etwas Leben ins *Casteddu* – so nennen die Sarden ihre Hauptstadt. Junge Kunsthandwerker und Restauratoren sind in die dunklen Straßen und fast nur noch von Alten und Armen bewohnten Palazzi mit ihren engen Höfen gezogen. Der Aufstieg zum Burgberg ist steil und schweißtreibend. Mit ein bisschen Glück funktioniert einer der INSIDER TIPP drei etwas versteckten Fahrstühle, die zum Castello hinaufführen. Sie befinden sich oberhalb der Piazza Yenne bei der Kirche Santa Chiara sowie am Viale Regina Elena einmal nahe der Bastione San Remy und einmal unterhalb der Piazza Palazzo.

DOM SANTA MARIA *(10/C2)*

Mitten im Gassengewirr öffnet sich ein Platz mit mehreren Herrschaftspalästen, dazwischen eine leuchtend weiße Marmorfassade. Sie sieht aus wie aus dem Mittelalter, stammt aber von 1933. Das Innere ist schwerer, pompöser Knorpelbarock. Die zahlreichen spanischen Inschriften zeugen von der einstigen Zugehörigkeit zum spanischen Weltreich. Hinten gehts hinunter in die Krypta mit ihren 300 Grabkammern. Im abgeflachten Barockgewölbe sind 600 unterschiedliche Rosetten eingemeißelt – einfach großartig! Am Eingang zum Dom steht die marmorne Guglielmo-Kanzel mit Reliefs aus dem Leben Jesu, die 1159–1162 für den Dom in Pisa geschaffen wurde. Als dort 1311 die Kanzel von Giovanni Pisano vollendet wurde, schenkte man das ältere Stück Cagliari. *Mo–Sa 8–13 und 16–20, So 8–13 und 16.30–20.30 Uhr | www.duomodicagliari.it*

MUSEO ARCHEOLOGICO NAZIONALE (ARCHÄOLOGISCHES NATIONALMUSEUM) ★ *(10/B1–2)*

Die reichste und umfassendste Sammlung vorgeschichtlicher und antiker Funde Sardiniens ist in der neuen *Cittadella dei Musei* (die außerdem eine Pinakothek mit sardischer Malerei des 16./17. Jh.s und drei weitere Museen beherbergt) untergebracht. Den meisten Raum nimmt die Nuraghenkultur ein; beeindruckend ist die Sammlung der kleinen Bronzestatuetten. Überwältigend ist die Ausstellung der *Giganti di Mont'e Prama*. Aus 15 000 Fragmenten haben Archäologen 38 ca. 2 m große, fast 3000 Jahre alte Sandsteinstatuen wieder ins Leben gerufen – ein für den Mittelmeerraum einzigartiger Fund. *Piazza Arsenale | Di–So 9–20 Uhr | museoarcheocagliari.beniculturali.it*

ORTO BOTANICO *(10/B1)*

Im Univiertel westlich der Innenstadt und unterhalb des Amphitheaters gelegen, bietet der Botanische Garten einen guten Überblick über die sardische und mediterrane Flora. *Via Fra Ignazio da Laconi | Di–So 9–18, Winter 9–14 Uhr*

ESSEN & TRINKEN

Essen gehen in Cagliari ist immer ein Erlebnis. Es gibt alle Nuancen an sardischer Küche: Traditionelles und Experimentelles, Zutaten aus dem Meer und den Bergen. Wenn Sie spontan losgehen wollen, ist das *Marinaviertel* mit der Via Sardegna der beste Tipp.

EINKAUFEN

In der Einkaufsmeile Largo Carlo Felice und Via G. Manno prägen zahlreiche kleinere Mode-, Schuh-, Dessous-, Hut- und Krawattengeschäfte das Bild. Das traditionsreiche Kaufhaus *La Rinascente (Mo–Fr 9–20.30, Sa 9–21, So 10–21 Uhr)* an der Via Roma versammelt u. a. zahlreiche italienische Design- und Modelabel, Schuh- und Parfummarken. Das Schönste ist jedoch das *Café* in der obersten Etage mit wunderbarem Ausblick auf den Hafen. Leckereien aus ganz Sardinien gibt es in teuren Delikatessenläden und in den kaum billigeren Markthallen. Lohnend sind die Gold- und Silberschmieden im Marinaviertel *(Via Sardegna, Via Manno)* und im Castelloviertel.

STRÄNDE

Hinter der Halbinsel von Capo Sant'Elia im Südosten beginnt der 10 km lange Sandstrand *Poetto* (Stadtbusverbindung) mit typisch italienischem Strandleben: Strandbäder mit Badehütten, Bars und Restaurants.

ZIELE IN DER UMGEBUNG

MONTE ARCOSU

Westlich der Hauptstadt dehnt sich das als Naturpark geschützte, kaum zugängliche Sulcisgebirge aus. In ihm versteckt sich das nur am Wochenende geöffnete WWF-Schutzgebiet *Monte Arcosu (Sa/So 9–18, im Sommer 8–19 Uhr, 15. Juli–15. Sept. Zutritt nur mit Führung | Anmeldung obligatorisch unter Tel. 32 98 31 57 54)*, das dem vom Aussterben bedrohten *cervo sardo*, dem kleinen sardischen Hirsch, ein Überlebensrefugium bietet.

BARUMINI

Nach tagelangen Regenfällen geriet 1949 ein Hügel ins Rutschen, alte Mauern und Grundrisse wurden sichtbar: Die gut 50 km südwestlich gelegene ★ *Nuraghenfestung Su Nuraxi (tgl. 9 Uhr–1 Std. vor Sonnenuntergang)* gehört seit 1997 zum UNESCO-Weltkulturerbe. Sie war Burg und Sitz eines mächtigen Stammesfürstentums. Die Zitadelle mit vier Türmen an den Ecken und einem Mittelturm war von einer dicken, turmbewehrten Mauer umgeben, davor lagen die 150 Rundhütten des Dorfs, einige dienten – noch heute deutlich erkennbar – als Werkstätten. Nach den anschaulichen Erklärungen der Guides im ältesten Teil der Siedlung sieht man fast die Nuragher durch ihr altes Dorf ziehen.

COSTA VERDE ★

Weite und Einsamkeit beschreiben die Gefühle an der „Grünen Küste" perfekt. Kilometerlange weiße und bis zu 300 m hohen Sanddünen stehen im Kontrast zur wilden grünen Macchia zwischen Marina di Arbus und dem Capo Pecora. Das Naturschutzgebiet beginnt ein Stück südlich der eher tristen Feriensiedlung Marina di Arbus.

INSEL DER TÜRME

An die 60 Türme verteilen sich gleichmäßig an der Westküste: Die sogenannten Sarazenentürme wurden zwischen dem 15. und 18. Jh. gebaut, um Angriffe der Piraten („Sarazenen") abzuwehren. Noch spektakulärer sind die Nuraghen, mächtige, megalithische, kegelstumpfförmige Türme, die der Zivilisation der Nuragher ihren Namen gegeben haben, einer der interessantesten Kulturen der Bronzezeit. Mehr als 7000 (!) ganz oder teilweise erhaltene Nuraghen stehen auf der Insel; von vielen sind nur noch die Grundmauern zu sehen, andere erreichen mit bis zu drei Stockwerken Höhen von über 12 m. Sie bildeten Verteidigungslinien, was gut bei Macomer und um die Giara di Gesturi zu erkennen ist. Dazu kommen Hunderte von Grabstätten (sogenannte Riesengräber), diverse kleine Tempel für den Wasserkult (heilige Brunnen) und Tausende Bronzefiguren, die Krieger, Pilger, Priester, Tiere, Schiffe und Nuraghen darstellen und keinen Vergleich mit moderner Kunst fürchten müssen.

PALERMO/ SIZILIEN

Die Lage von Palermo, Italiens Kulturhauptstadt 2018, in der Conca d'Oro, der „Goldenen Muschel", die von den Bergen hinter Monreale und vom Monte Pellegrino eingerahmt wird, ist großartig. Goethe sprach gar vom „schönsten Vorgebirge der Welt".

Noch heute ist es am stimmungsvollsten, Palermo mit dem Schiff anzusteuern, erst einen Blick auf das Bergtheater der Nordküste zu werfen, dann in die Bucht einzufahren, die Türme und Kuppeln immer deutlicher zu sehen. Wie überall auf Sizilien ist Barock der dominierende Baustil. Die Großartigkeit der normannischen Gebäude und Mosaiken hat jedoch spätere Generationen daran gehindert, abzureißen, umzubauen und zu übertünchen.

Prachtbau: der Dom von Palermo

SEHENSWERTES

CATTEDRALE (DOM) *(8/B3)*

Aus der Gründungszeit des Doms (1185) blieben nur die Ausmaße der Kirche und Chor im reinen Normannenstil. Die spätgotische Seitenfassade mit dem Hauptportal ist katalanisch beeinflusst, die Kuppel und das Innere sind Arbeiten des ausgehenden 18. Jh.s. Im Inneren stehen die massiven Sarkophage des Stauferkaisers Friedrich II. und der königlichen wie kaiserlichen Familien. *Eintritt 1,50 Euro*

GALLERIA D'ARTE MODERNA (GAM) *(8/C3)*

Kunst zwischen Klassizismus und Jugendstil. Eine großartige Sammlung auch sizilianischer Künstler hat im wunderschön restaurierten ehemaligen Kloster *Santa Anna alla Kalsa* ihren Platz gefunden. *Di–So 9.30–18.30 Uhr | Via Sant'Anna 21 | Eintritt 7 Euro*

GALLERIA REGIONALE DELLA SICILIA *(8/D3)*

Im gotisch-katalanischen *Palazzo Abatellis* stellt das Museum die künstlerische Vergangenheit Siziliens vor, u. a. die Büste der Eleonora d'Aragon von Francesco Laurana, einen Knabenkopf Antonello Gaginis sowie das Tafelbild der INSIDER TIPP „Verkündigung" von Antonello da Messina. *Di–Fr 9–18, Sa/So 9–13 Uhr | Via Alloro 4 | Eintritt 8 Euro*

LA KALSA *(8/D3)*

Al-Halisah, „Die Erwählte", nannten die Araber das Viertel am Meeresufer und am Hafen. Schön ist der Blick auf Küste und Altstadt von der *Passeggiata delle Cattive*. Die Wohnkultur der Oberschicht erleben Sie im *Palazzo Mirto (Di–Sa 9–18, So 9–13 Uhr | Via Merlo 2 | Eintritt 6 Euro)*. *La Magione (tgl. 9–19 Uhr (im Winter So nur 9–13 Uhr) | Eintritt 2 Euro)* ist eine schlichte Normannenkirche mit bezauberndem Kreuzgang.

INSIDERTIPP ORTO BOTANICO

(🕮 8/D4)

1792 als Vergnügungspark der feinen Gesellschaft angelegt, ist der Botanische Garten heute mit Baumriesen aus der Mittelmeer- und Subtropenregion ein schattiges Paradies. Er gibt einen umfassenden Überblick über die mediterrane Flora und die aus aller Welt hier heimisch gemachten Arten. *Ab 9 Uhr | Via Lincoln 2 | Eintritt 5 Euro | www.ortobotanico.unipa.it*

PALAZZO DEI NORMANNI UND CAPPELLA PALATINA ★ *(🕮 8/A4)*

Die Ursprünge des ehemaligen Königspalasts reichen bis ins 9. Jh. zurück. Das Innere der Cappella ist vollständig mit prachtvollen Goldmosaiken und Steinintarsien bedeckt. Im Altarraum stehen unter anderem reich intarsiert der Königsthron Rogers II. (ital. Ruggero) und der Hochaltar. Geradezu märchenhaft orientalisch wirkt die hölzerne Stalaktitendecke. *Mo–Sa 8.15–17.40, So 8.15–13 Uhr (nicht zur Messe 9.45–11.15 Uhr), Kassenschluss 17 bzw. 12.15 Uhr | Piazza Indipendenza | Eintritt Di–Do 7, Fr–Mo 8,50 Euro | Tel. für Reservierungen 09 16 26 28 33 | www.ars.sicilia.it | www.federicosecondo.org*

PUPPEN-POWER

MARIONETTENTHEATER IN PALERMO

In den Marionettentheatern *(opera dei pupi)* kommen außer Epen vor allem die sizilianischen Ritterlegenden mit den Kämpfen der Paladine Karls des Großen gegen die Sarazenen und ihr Werben um die schöne Angelica wortreich und mit viel Schwertgeklapper auf die Bühne.

INSIDERTIPP LA ZISA

Arabische Baumeister errichteten im 12. Jh. die Sommervilla des Königs. Der hohe Kubus ist durch Blendbögen, Fenster und Portale elegant gegliedert. Im prächtigen, mit Mosaikfriesen und Marmorplatten geschmückten Saal steht das Brunnenhaus mit Stalaktitengewölben, dessen Wasser nach außen in ein Becken fließt. Verborgene Kamine und Tonröhren bilden mit dem fließenden Wasser eine auch nach 800 Jahren noch funktionierende Klimaanlage. *Mo–Sa 9–19, So 9–13.30 Uhr | Eintritt 6 Euro | Piazza Zisa*

EINKAUFEN

LA COPPOLA STORTA

Hier gibt es die echte sizilianische *coppola* aus San Giuseppe Jato, in zig Farben, für Männer, Frauen und Kinder, aus derben und feinen Stoffen, für fast jeden Anlass. Und damit auch kein Zweifel darüber aufkommt, wer diese Kopfbedeckung heutzutage trägt: Der Laden steht auf der Addiopizzo-Liste. *Via Bara all'Olivella 74*

STRASSENMÄRKTE ★

Berühmt sind die Lebensmittelmärkte in der Altstadt. Der größte im *Capo-Viertel* erstreckt sich um die Kirche Sant'Agostino und reicht in mehreren Straßen bis zum Teatro Massimo; der Ballaró-Markt umfasst das Viertel um Porta Sant'Antonio, Chiesa del Carmine und Chiesa del Gesù.

ZIELE IN DER UMGEBUNG

MONREALE

Der ★ *Dom von Monreale (ab 8.30 Uhr | Eintritt 4 Euro)* (8 km westlich von Palermo) wurde 1174 von den Normannenherrschern gestiftet und ist der größte, geschlossenste Sakralbau der Epoche. Sehenswert ist auch der Kreuzgang *(Mo–Sa 9–18.30, So 9–13 Uhr | Eintritt 6 Euro*

CEFALÙ

Unter der gewaltigen Steinmasse der Rocca wirkt der mächtige Normannendom ★ *Duomo di Cefalù* wie ein Spielzeug. Die Dächer der Häuser scharen sich um das Wahrzeichen der Stadt, die zu Beginn der Normannenzeit als Grabstätte und wichtiger Hafen eine kurze Blüte hatte und dann bis ins 20. Jh. in einen Dornröschenschlaf fiel, sodass ihre mittelalterliche Gestalt fast unangetastet blieb. Der *Corso Ruggero*, die von strengen Palästen mit Spitzbogenfenstern gesäumte Hauptstraße, öffnet sich zum Domplatz. Zum Meer schützt die Altstadt eine gigantische Mauer.

Cefalù entführt ins Mittelalter

MESSINA/ SIZILIEN

Wer nicht mit dem Schiff ankommt, für den ist Messina (237 000 Ew.) das Tor zur Insel. Die Stadt ist modern, sie hat breite und gerade Straßen.

Und sie ist voll geschäftigen Lebens, ganz besonders in den Hauptgeschäftsstraßen, der *Via San Martino*, der baumbestandenen *Piazza Cairoli* und der *Via Garibaldi*. Etwas abseits davon liegt das alte Herz von Messina um die *Piazza Duomo* mit dem Staufer-Dom. Aber auch hier wie sonst in ganz Messina steht kaum ein Stein länger als seit 1908 auf dem anderen: Ein katastrophales Erdbeben verwüstete damals beide Seiten der 3 km breiten Meerenge, des *Stretto die Messina*.

SEHENSWERTES

DOM

Zuerst 1197 im normannischen Stil errichtet, dann nach dem Erdbeben von 1908 und nach Bombardements im Krieg 1943 wiederhergestellt. Im Glockenturm zeigt eine astronomische Uhr aus Straßburg (1933) mittags eine Figurenparade mit den Stadtheroinen Dina und Clarenza.

MUSEO REGIONALE

Das Museum beherbergt eine Gemäldegalerie, es zeigt archäologische Ausstellungen, Kleinkunst und Majolika. Zu den faszinierendsten Werken gehören ein Altarbild des sizilianischen Meisters Antonello Da Messina und zwei Werke Caravaggios, der 1608/09 auf Sizilien lebte. *Di–Sa 9–19, So 9–13 Uhr | Straße nach Punta del Faro | Eintritt 8 Euro*

ZIELE IN DER UMGEBUNG

REGGIO DI CALABRIA

Fähren *(www.carontetourist.it)* fahren alle 40 Minuten aufs Festland nach *Reggio di Calabria*, wo im *Museo Archeologico Nazionale (Di–So 9–20 Uhr | Piazza Giuseppe De Nava 26 | Eintritt 8 Euro, Mi 6 Euro)* die fantastisch erhaltenen griechischen Jünglingsstatuen der Bronzi di Riace (5. Jh. v. Chr.) ausgestellt sind.

Der Ätna thront unübersehbar in der Nähe von Catania

CATANIA/ SIZILIEN

Chaotisch, vulkanisch, verführerisch: Die Ätna-Metropole nennt sich geheimnisvoll La Nera – die Schwarze.

Das architektonische Ensemble der Lava- und Basaltpalazzi entzückt nicht nur Barockkenner – die Stadt wurde nach dem Ätna-Ausbruch 1669 und dem Erdbeben 1693 von Architekten neu designt. Turbulent ist der vormittägliche Markt: Farben, Früchte, Fische, Geschrei und Gedränge, intime Nachbarschaft von Müll und malerischen Marktständen, Gerüche und Aromen einer seit Jahrtausenden multikulturellen Küche. Das Konzentrat Siziliens!

SEHENSWERTES

CASTELLO URSINO

Das ganz aus schwarzen Lavaquadern errichtete Kastell mit seinen vier massigen Ecktürmen ist Catanias markantester Bau aus dem Mittelalter. 1669 umflossen es Lavamassen. Heute präsentiert das *Museo Civico* mit Gemäldegalerie, Antiken-, Waffen- und Keramiksammlung sowie Ansichten des Ätna ambitionierte Sonderausstellungen. *Tgl. 9–19 Uhr | Piazza Federico II di Svevia | Eintritt 6 Euro*

CATANIA LIVING LAB

Die antiken Monumente der Ätnastadt in 3-D reanimiert. Ein Erlebnis nicht nur für Kids und Computerfans. *Mo, Mi, Fr 9–12.30 Uhr | Eintritt frei | Via Manzoni 91 | www.catanialivinglab.it*

PIAZZA DUOMO

Der Domplatz mit dem schwarzen Lavaelefanten ist das vitale Zentrum der Stadt. Zum Fischmarkt an der Porta Uzeda sind es nur wenige Schritte; um den Platz stehen riesige Barockpaläste. In der *Cattedrale di Sant'Agata* werden die Reliquien der heiligen Agathe aufbewahrt, der Schutzpatronin Catanias. Ein Fresko in der Sakristei stellt den Ausbruch des Ätna von 1669 dar.

VILLA BELLINI

Der Park in den Gründerzeitvierteln des 19. Jh.s ist dem aus Catania stammenden Opernkomponisten Vincenzo Bellini („Norma") gewidmet. Im Park stehen Büsten bedeutender Sizilianer, es gibt einen Jugendstil-Musikpavillon und einen Aussichtshügel.

EINKAUFEN

Für einen Spaziergang über Catanias ★ *Fischmarkt (Porta Uzeda)* im Pescheria-Viertel sollten Sie Ihre Kamera einstecken: Er ist Siziliens schönster und vitalster Markt, auf dem es nicht nur Fisch, sondern sämtliche Lebensmittel und die Früchte des Ätna gibt. Denken Sie allerdings im Rausch von Farben, Gerüchen und Geschrei daran, dass hier wegen des Gedränges gern Taschendiebe arbeiten.

ZIELE IN DER UMGEBUNG

ÄTNA ★

33 km nördlich von Catania liegt Europas größter Vulkan. Piano Provenzana und Rifugio Sapienza sind die Hauptausgangspunkte für Touren auf den Gipfel. Infos beim *Büro der Bergführer (Tel. 09 57 91 47 55 | www.etnaguide.eu)* in Nicolosi oder Linguaglossa *(Tel. 09 57 77 45 02 | www.guidetnanord.com)* sowie im Internet unter z. B. *www.vulkan-etna-update.de.*

ALCANTARA-SCHLUCHT ★

18 km westlich von Taormina bricht der Fluss Alcantara mit seinen Katarakten durch eine enge, bis zu 50 m tiefe Basaltschlucht, in die von der Straße nach Francavilla ein Aufzug *(7–13 Euro, je nach Saison)* hineinführt.

SYRAKUS

Das antike Syracus mit seinen gigantischen Steinbrüchen war zwar weit größer als die aktuelle Provinzhauptstadt Siracusa, doch diese kann mit ihren faszinierenden Monumenten durchaus mithalten. Die verwinkelte *Altstadt* auf der „Wachtelinsel" ★ *Ortigia* mit ihren romantischen Patios hat sich in den letzten Jahren gemausert. Auch großes Theater gibt's noch, wenn in der *Opera dei pupi* die Puppen tanzen oder im *Teatro Greco* antike Tragödien aufgeführt werden.

ES BEBT UND BRODELT

Geologisch und erdgeschichtlich ist der größte Teil Siziliens ein Stück Afrika. Nur der Norden gehört zur eurasischen Kontinentalplatte. Gegen sie driftet die afrikanische Platte, deren Druck die Bergketten Nordsiziliens aufgefaltet hat. Spannungen und deren plötzliche Entladungen führen zu Erdbeben. In den Knautschzonen entstehen oft Vulkane, weil Brüche und Verwerfungen Magmakammern aus dem glutheißen Erdinneren aufsteigen lassen. Ätna und Stromboli sind die beiden sichtbar aktiven Vulkane Siziliens, für Vulkanologen sind aber auch die Inseln Lipari, Vulcano, Panarea und Pantelleria aktiv, auch wenn ihre letzten Ausbrüche 100 und mehr Jahre zurückliegen. Tief im Tyrrhenischen Meer nördlich der Liparischen Inseln erstreckt sich über 2000 km² und bis zu 3000 m hoch Europas größter Unterwasservulkan, der Monte Marsili, der von einem Feuerbogen umgeben ist.

PRAKTISCHE HINWEISE

ANLEGESTELLEN

▶ ROM/CIVITAVECCHIA
Der Hafen von Civitavecchia liegt ca. 70 km von Rom entfernt. Ein Shuttlebus bringt Sie aus dem Hafen heraus. Rom erreichen Sie mit Taxis, Bussen oder der Bahn.

▶ LIVORNO
Kreuzfahrtschiffe ankern im Containerhafen, aus dem Shuttlebusse in die Innenstadt fahren.

▶ LA SPEZIA
Kreuzfahrtschiffe machen zentral in der Stadt an der Molo Garibaldi fest. Da es verboten ist, den Hafen zu Fuß zu betreten, stehen Shuttlebusse bereit.

▶ NEAPEL
Von der Stazione Marittima, wo die Kreuzfahrtschiffe anlegen, ist es nur ein Katzensprung bis in die Innenstadt.

▶ VENEDIG
Venedig besitzt drei Anlegestellen für Kreuzfahrtschiffe. Mit der Hochbahn People Mover kommen Sie zur Piazzale Roma. Von hier aus können Sie die Stadt zu Fuß oder mit dem Wasserbus erkunden.

▶ RAVENNA
In Ravenna legen Kreuzfahrtschiffe am Kreuzfahrtterminal Porto Corsini an. Von hier aus sind es bis in die Altstadt ca. 15 km, Sie gelangen mit Shuttlebussen, Taxis oder öffentlichen Verkehrsmitteln dorthin.

▶ BARI
Kreuzfahrtschiffe legen am Terminal Crociere im neuen Hafen an. Die Altstadt ist fußläufig zu erreichen.

▶ CAGLIARI
In Cagliari machen Kreuzfahrtschiffe zentrumsnah fest. Die Altstadt ist zu Fuß in 15 Minuten zu erreichen, alternativ nutzen Sie den Shuttlebus.

▶ PALERMO
Der Hafen liegt im Zentrum, das fußläufig erreichbar ist.

▶ MESSINA
Kreuzfahrtschiffe machen in der Nähe des Zentrums fest, das gut zu Fuß zu erreichen ist.

▶ CATANIA
In Catania legen die Schiffe in der Nähe des Zentrums an, das Sie problemlos zu Fuß erreichen können.

EINTRITTSPREISE

Die Eintrittspreise reichen meist von 4 Euro bis 10 Euro, vereinzelt mit einem Zuschlag bei Reservierung. Die staatlichen Museen *(musei nazionali)* sind für EU-Bürger unter 18 Jahren gratis, von 18 bis 25 Jahren zum halben Preis zugänglich. An jedem ersten Sonntag im Monat können alle staatlichen Museen gratis besucht werden.
Für viele der wichtigsten Museen und beliebtesten Sehenswürdigkeiten können Sie online Eintrittskarten erwerben. Nutzen Sie dieses Angebot unbedingt, um sich stundenlanges Anstehen zu ersparen.

GELD & KREDITKARTEN

Banken sind fast durchweg mit Geldautomaten *(bancomat)* versehen. Nahezu alle Hotels, Tankstellen, Supermärkte sowie die meisten Restaurants und Geschäfte akzeptieren die gängigen Kreditkarten.

GESUNDHEIT

Legen Sie im Krankenhaus bzw. dem örtlichen Gesundheitsamt ASL *(Agenzia Sanitaria Locale)* die Europäische Krankenversicherungskarte EHIC vor. Wer sich zusätzlich absichern möchte, schließt eine Reisekrankenversicherung ab. Sofern Ihnen bei Arzt oder Apotheke Auslagen entstehen, heben Sie auf jeden Fall die Belege auf und legen Sie sie Ihrer heimischen Kasse zur Erstattung vor. Ein Tipp: Die Notfallambulanz der Krankenhäuser *(pronto soccorso)* hilft in der Regel besonders schnell, gut und unbürokratisch.

INTERNETZUGANG & WLAN

Internetcafés gibt es überall (2–6 Euro/Std.), in den größeren Städten finden sich zudem manche Cafés mit *Wifi*-Zugang, wie WLAN auf Italienisch genannt wird. Über die Websites der Kommunen erhalten Sie Informationen über kostenlose Wifi-Netze für Einwohner und Touristen.

NOTRUF

Notruf *(pronto soccorso)* gratis von jedem öffentlichen Telefon:

– Polizei *Tel. 113*
– Feuerwehr *(Vigili del Fuoco) Tel. 115*
– Notarzt, Rettungswagen *Tel. 118*
– Pannenhilfe *Tel. 80 31 16*, mit ausländischem Mobilfunkanbieter *8 00 11 68 00*
– Europaweit gültige Notrufnummer *Tel. 112*

PREISE

An der Theke kostet ein Espresso um 1 Euro, wer ihn am Tischchen oder auf der Terrasse sitzend trinkt, kann leicht das Doppelte, an Plätzen mit hohem Touristenaufkommen auch das Dreifache hinlegen.

TRINKGELD

Man sollte nicht zu knauserig sein, Trinkgeld (fünf bis zehn Prozent) bekommen Kellner, Zimmermädchen, Kofferträger u. a. – vorausgesetzt, Sie waren mit dem Service zufrieden.

ZOLL

Innerhalb der EU dürfen alle Waren für den persönlichen Verbrauch frei ein- und ausgeführt werden. Richtwerte hierfür sind u. a. 800 Zigaretten und 10 l Spirituosen. Für die Schweiz gelten erheblich geringere Freimengen, u. a. 250 Zigaretten und 5 l Wein.

WAS KOSTET WIE VIEL?

Kaffee	1,20–1,50 Euro *für einen Cappuccino am Tresen*
Eis	2 Euro *für eine große Kugel*
Wein	ab 3 Euro *für ein Glas am Tresen*
Museen	4–10 Euro *für den Eintritt*
Strand	ab 14 Euro *Tagesmiete für Sonnenschirm und Liegestuhl*

MALTA

Malta ist kein kleines, verträumtes Eiland, sondern beinahe so dicht besiedelt wie das Ruhrgebiet. Doch trotz der unaufhaltsamen Verstädterung sind die Orte nicht ohne Reiz, dafür sorgen die zahlreichen historischen Baudenkmäler und die typisch maltesische Bauweise.

Wenn Sie die Städte verlassen, können Sie auch auf Malta grüne Oasen entdecken, z. B. bei einfachen Wanderungen. Im Vergleich zu seiner großen Schwesterinsel ist Gozo überwiegend ländlich geprägt und weitaus dünner besiedelt. Grüne, niedrige Tafelberge bestimmen das Landschaftsbild des kleinen Eilands im Norden Maltas. Hier finden Sie eher die Romantik, die Sie sich vielleicht von einer mediterranen Insel versprechen.

VALLETTA

Was für eine Wandlung! Aus einer langweiligen Beamtenstadt mit vielen Kirchen und Museen ist in den letzten Jahren eine Kulturmetropole mit vielen Szenelokalen, Theatern und Straßencafés geworden.

Zuvor ging die Hauptstadt Maltas (7100 Ew.) bei Bürc- und Geschäftsschluss schlafen – jetzt ist um Mitternacht noch nicht Schluss. Man wohnt wieder gern in Valletta, sogar eine ganze Reihe kleiner Boutiquehotels ist in alten Gemäuern entstanden. Hauptgrund für all das: die Berufung Vallettas zur Europäischen Kulturhauptstadt 2018.

 Bild: Valletta ist der historische und moderne Mittelpunkt Maltas

Am Puls des Lebens: morgens Kultur, abends Party und den ganzen Tag über viele Restaurants und Geschäfte

SEHENSWERTES

BALLUTA BAY

Fotogener geht's kaum. Im Sommer sind Hunderte bunter Boote in der schmalen Bucht vertäut, ringsum brodelt das Nachtleben. „Love" verkündet eine moderne Skulptur des maltesischen Architekten, Dichters und Künstlers Richard England. Warum die Buchstaben auf dem Kopf stehen? Damit sie lesbar sind, wenn sie sich im Wasser spiegeln. *Uferstraße an der Grenze zwischen Sliema und St Julian's*

INSIDER TIPP CASA ROCCA PICCOLA

(11/C2)

Die wertvollen Antiquitäten in diesem Stadtpalais aus dem 16. Jh. des Marquis de Piro sind zwar erdrückend. Aber spannend ist es schon, einmal zu sehen, wie der maltesische Adel lebt. Wer in die Tiefen der Geschichte abtauchen möchte, steigt in den Privatbunker hinab, in dem die de Piros im Zweiten Weltkrieg Schutz suchten. *Mo–Sa 10–15 Uhr stündlich | Eintritt 9 Euro | 74 Republic Street | www.casaroccapiccola.com*

Gomino ist ein kleines Paradies

GRAND MASTER'S PALACE ★ (🕮 11/C2)

Der große Palast im Herzen Vallettas wurde gleich bei der Gründung der Stadt als Prachtresidenz des Ordensfürsten, des Großmeisters also, erbaut. Die strenge, zweigeschossige Palastfassade repräsen-tiert den Stil des 16. Jh.s, jünger sind die Eckerker und Portale. Im Inneren erfahren Sie dank zahlreicher Fresken und Deckengemälde so einiges über die Geschichte des Malteserordens. *Waffenkammer und State Rooms: tgl. 9–17 Uhr | Sammelticket 10 Euro*

ST JOHN'S CO-CATHEDRAL ★ (🕮 11/C3)

Eine Kirche wie diese gibt es kein zweites Mal! Der Kirchenboden ist über und über bedeckt von 375 Grabplatten mit Einlegearbeiten in verschiedenfarbigem Marmor, unter denen Ordensritter beigesetzt sind. Fast ebenso eindrucksvoll sind die reich verzierten Wände und Decken. Der Kathedrale angeschlossen ist ein Museum. *Co-Cathedral und Museum Mo–Fr 9.30–16.30, Sa 9.30–12.30 Uhr | Eintritt 10 Euro | www.stjohnscocathedral.com*

ZIELE IN DER UMGEBUNG

GOZO UND COMINO

Im beschaulichen Gozo, Maltas Schwesterinsel, erinnert noch vieles an die traditionelle maltesische Kultur. Die Landschaft wird von Höhenzügen überragt, die sich wie Tafelberge über weiten Tälern erheben. Beeindruckend ist die 5500 Jahre alte INSIDER TIPP Tempelanlage von Ggantija. Zwischen Gozo und Malta liegt das Inselchen Comino, das aus thymianbewachsenen Geröllfeldern besteht und mit der Blauen Lagune, die ihrem Namen alle Ehre macht, punktet.

MARSAXLOKK

Marsaxlokk ist das einzige noch echte Fischerstädtchen des Landes mit niedrigen Häusern, von der Kuppel und den Türmen der Dorfkirche überragt. Kleine bunte Fischerboote (über 130 sind hier registriert) tanzen auf dem Wasser und an den Kais, dazwischen Fischerfamilien, die die Netze flicken.

PFUI TEUFEL

Vorsicht ist die Mutter maltesischer Kirchturmuhren. Fast jede zweite steht still oder geht falsch. Absichtlich! Man will damit den Teufel verwirren, damit er nicht als Störenfried zur heiligen Messe erscheint. Teils sind die Uhren nur aufgemalt, häufig gehen sie völlig falsch. Hat eine Kirche zwei Türme und damit auch zwei Kirchturmuhren, gibt meist nur eine die richtige Zeit an.

ESSEN & TRINKEN

Kulinarische Vielfalt: Auf Malta werden maltesische und internationale Gerichte serviert

Die Engländer haben in den fast 150 Jahren ihrer Herrschaft nur geringe Spuren ihrer Küche hinterlassen – allen voran ihr Frühstück. Ansonsten aber prägt Italien und da insbesondere Sizilien die riesige Restaurantszene. ***Authentizität ist garantiert***. Pizza und oft hausgemachte Pasta gibt's überall, aber auch die Spezialitäten der verschiedensten Stiefelregionen sind präsent. Stark zugenommen hat das bis vor Kurzem noch vernachlässigte Angebot ***maltesischer Spezialitäten***. Dazu gehören vor allem viele Variationen von Suppen und Aufläufen, Gemüse- und Kaninchengerichten. Denn *fenek*, Kaninchen, meist in Knoblauch- und Rotweinsoße serviert, ist das maltesische Nationalgericht schlechthin. Immer häufiger wird in guten Restaurants auch wieder mit genuin maltesischem Olivenöl gearbeitet, denn der Olivenanbau auf der Insel kommt wieder in Schwung. Von den Maltesern geschätzt werden auch Kuchen, Torten und Gebäck, die es in den *confectionery* genannten Konditoreien gibt. Auch erhält man dort manchmal die typisch maltesischen *pastizzi*. Das sind Blätterteigrollen oder -taschen, die ganz unterschiedlich gefüllt sein können, so etwa mit Erbsenmus oder Frischkäse. Besonders groß ist deren Auswahl in der *pastizzerija*. Dort erhält man meist auch den Nudelauflauf *timpana* in kleinen Portionen.

SPEISEN

Aljotta – Fischsuppe mit viel Knoblauch, Kräutern und Reis

Bragioli – Rindsroulade, gefüllt mit Ei, Hackfleisch und Erbsen

Gbejniet friski – Frischkäse aus Schafs- und Ziegenmilch, zumeist aus einer Molkerei auf Gozo

Kannoli – röhrenförmiges Gebäck, gefüllt mit Frischkäse, Schokolade, kandierten Kirschen und gerösteten Mandeln

Pastizzi – Blätterteigrollen, gefüllt z. B. mit Käse, Fleisch oder Fisch – werden auch zum Frühstück gegessen

Qara'bagli – cremige Gemüsesuppe aus jungen Kürbissen

Ravjul – Ravioli, gefüllt mit maltesischem Ricottakäse

EINKAUFEN

Kulinarische Spezialitäten und Kunsthandwerk made in Malta

Wer kommt schon zum Shoppen nach Malta? Das Angebot an echt maltesischen Produkten, die mitzunehmen sich lohnt, ist äußerst dürftig. Wenn Sie dennoch in Kauflaune sind, finden Sie eine große Auswahl bekannter internationaler Schmuck-, Uhren- und Modelabels.

EINKAUFSZENTREN

Shopping-Aficionados kommen auf Malta ebenso auf ihre Kosten wie Liebhaber des Kunsthandwerks. Die Shoppingmall The Point in Sliema beherbergt 50 Geschäfte mit internationalen Marken. In den beiden Kunsthandwerkszentren des Landes, Ta' Qali bei Mdina auf Malta und Ta' Dbiegi bei San Lawrenz auf Gozo, wird nicht nur verkauft, sondern auch produziert.

KULINARIA

Farbenfrohe – und dazu noch schmackhafte – Mitbringsel sind maltesische Liköre der Marke *Zeppi's*. Es gibt sie in den teilweise exotischen Geschmacksrichtungen Kaktusfeige, Mandel, Honig, Granatapfel, Fenchel, Johannisbrot und Feige. Schön sind auch weitere kulinarische Spezialitäten wie Wein, Honig, Halva sowie das rare rein maltesische Olivenöl.

MALTA-STONE

Aus dem maltesischen Kalkstein werden nicht nur fast alle Häuser gebaut, aus ihm werden auch Gebrauchsgegenstände für den Alltag wie Aschenbecher und Briefbeschwerer und moderne Skulpturen gefertigt.

TRADITIONELLES

Schon seit ewig klöppeln maltesische und heute insbesondere gozitanische Frauen eine Malteserspitze, mit der sie Tischdecken, Taschentücher, Servietten, Schals und Stolen zieren. Mit viel Fleiß stricken die Frauen auch Pullover und Mützen oder weben per Hand bunte Wollteppiche. Aus dem Holz eines einheimischen Heidekrauts werden zudem die gut in der Hand liegenden Tabakspfeifen gearbeitet.

PRAKTISCHE HINWEISE

Malta: die wichtigsten Informationen für Ihre Reise

ANLEGESTELLE

▶ VALLETTA

Kreuzfahrtschiffe machen am Valletta Cruise Terminal im Grand Harbour fest, das unweit des Stadtzentrums liegt. Sie können die Altstadt, die oberhalb des Hafens liegt, entweder zu Fuß erreichen oder mit dem Fahrstuhl, der Sie direkt zu den Upper Baracca Gardens bringt.

REISEZEIT

Malta ist vor allem wegen seiner vielen historischen Sehenswürdigkeiten ein Ganzjahresziel. Hotels, Restaurants, Sprachschulen und Souvenirgeschäfte sind rund ums Jahr geöffnet. Die Natur gibt sich im Frühjahr am farbenprächtigsten. Sehr reizvoll ist auch die fröhlich begangene Adventszeit mit farbenfroh beleuchteten Hauptstraßen und aus Lautsprechern erklingenden Weihnachtsliedern.

TELEFON & HANDY

Die Vorwahl für Gespräche nach Malta und Gozo lautet 00356, von Malta nach Deutschland 0049, nach Österreich 0043, in die Schweiz 0041. Anschließend folgt die Ortsvorwahl ohne 0. Für Vieltelefonierer mit dem Handy lohnt der Kauf einer maltesischen SIM-Karte.

TRINKGELD

In einigen Restaurants ist kein Bedienungsgeld im Rechnungsbetrag enthalten; in diesem Fall gibt man rund zehn Prozent, sonst wie bei uns.

WLAN

Ein kostenloser WLAN-Zugang *(WiFi Hot Spot)* ist auf vielen öffentlichen Plätzen eingerichtet, auch immer mehr Cafés und Bars bieten kostenlosen Internetzugang an. Eine App für Smartphones informiert über WLAN-Zugänge.

ZOLL

Waren zum persönlichen Gebrauch dürfen von EU-Bürgern zollfrei ein- und ausgeführt werden (pro Erwachsenen bis zu 800 Zigaretten, 90 l Wein oder 10 l Spirituosen). Für Schweizer gelten wesentlich geringere Freimengen: 250 Zigaretten, 5 l Spirituosen oder 2 l Wein. Weitere Infos erhalten Sie auch unter *www.zoll.de*.

WAS KOSTET WIE VIEL?

Espresso	1 Euro *für eine Tasse Espresso*
Wein	ab 10 Euro *für eine Flasche Wein im Restaurant*
Gebäck	3 Euro *für ein Stück Torte im Café*
Taxi	1,50 Euro *pro Kilometer*

KROATIEN

Stellen Sie sich vor: 1777 km Küste, vor der sich 1184 Inseln aneinanderreihen. Die meisten Inseln liegen direkt vor der dalmatinischen Küstenlinie im Adriatischen Meer. Große wie Brač und winzige wie Lokrum, bewohnte Inseln und raue Felsriffe, üppig grüne und solche, die nur als Schafweide taugen, zu vielen Buchten zerfranste und von Stränden gesäumte – ist das nicht ein Traum? Aus Fairnessgründen müssen wir Sie über den Suchtfaktor aufklären: Diese Küste ist, wen wundert's, eines der schönsten Segelreviere Europas und eine Ferienlandschaft, deren Strände und Buchten, die immer wieder neuen und anderen Stimmungen, deren Kontrast zwischen Rauheit und sanfter Schönheit Ihnen in Erinnerung bleiben werden.

ZADAR

In Zadar sind drei Jahrtausende Architektur und Kunst erhalten, aber auch die jüngere Geschichte hat Zeugnisse hinterlassen – und dies nicht nur mit der Kunstinstallation von Meeresorgel und Gruß an die Sonne.

Ab 1409 unter venezianischer Herrschaft wurde Zadar mit Mauern und Toren zur Seefestung ausgebaut. Bis 1918 war es Hauptstadt Dalmatiens und bis 1947 wurde ihr Lebensgefühl von einer großen italienischen Gemeinde geprägt, die die Stadt nach dem Anschluss an Jugoslawien verließ. Das italienische Flair ist im Stadtzentrum mit seinen vielen Cafés heute noch spürbar.

Bild: Zu Recht ein Weltkulturerbe – das historische Dubrovnik

Großstadtflair trifft auf einzigartige Landschaften: türkisfarbenes Wasser, abgelegene Strandbuchten und lebhafte Hafenstädte

SEHENSWERTES

MEERESORGEL (MORSKE ORGULJE) ★

Unter den Stufen der schicken Uferpromenade zum Meer verbergen sich unterschiedlich lange Plastikröhren, an deren Ende Pfeifen angebracht sind. Je nach Wellengang werden mal unheimlich, mal besinnlich klingende Töne erzeugt, und manchmal erinnern sie an Walgesang. Der *Gruß an die Sonne (Pozdrav suncu)* komplettiert die Installation. Die aus 300 Glasplättchen bestehende Scheibe unweit der Orgel speichert in ihren Solarzellen tagsüber Sonnenenergie und gibt einen Teil nachts in Form bunter Lichtsignale wieder ab, die man durch das Betreten der Scheibe auslöst.

SV. DONAT UND SV. STOŠIJA ★

Im 9. Jh. wurde die eigenwillige Rotunde der Kirche *Sv. Donat (tgl. ab 9 Uhr | 20 Kuna)* errichtet. Der vorromanische Bau ist mit 26 m ungewöhnlich hoch und besitzt eine hervorragende Akustik. Im Inneren sind römische Säulenreste und Kapitelle sowie altkroatische Reliefs erhalten. Zadars Kathedrale *Sv. Stošija (Sommer Mo–Fr 8–14, 17–19, Sa/So 8–12 Uhr)* gleich nebenan erweiterte im 12./13. Jh. das sakrale Zentrum der Stadt. Ihre romanisch-gotische Architektur mit den eleganten Fensterrosen erinnert an toskanische Gotteshäuser. Vom 56 m hohen Glockenturm *(Mo–Sa, Juni–Sept. 9–22, April, Mai, Okt. 10–17 Uhr | 15 Kuna)* genießt man einen herrlichen Blick über die Altstadt.

ARCHÄOLOGISCHES MUSEUM (ARHEOLOŠKI MUZEJ)

Vom obersten Stockwerk zurück nach unten reisen Sie chronologisch durch Zadars Geschichte, angefangen bei den Illyrern über die Römer bis zu den Slawen und dem altkroatischen Mittelalter. Spannend für Kenner: Es werden Exponate wie Sarkophage, Taufbecken und Altarschranken aus dem 9. bis 11. Jh. gezeigt. Eine eigene Abteilung widmet sich der Zeit, als die Römer über Dalmatien herrschten. Im Museumsshop gibt es INSIDER TIPP handgemachten Schmuck. *Infos & Öffnungszeiten unter: www.amzd.hr | Trg opatice Čike 1 | www.amzd.hr*

GLASMUSEUM (MUZEJ ANTIČKOG STAKLA)

Hier wird mit Feuer gespielt: Sehen Sie zu, wie aus einer zähen Masse Glasschmuck wird. Die gut gearbeiteten Repliken der römischen Ausstellungsstücke wie Becher, Schalen, Parfumbehälter oder Lampen werden im Museumsshop verkauft. *Mo–Sa 9–21 Uhr | 30 Kuna | Poljana Zemaljskog odbora 1 | www.mas-zadar.hr*

TRG PET BUNARA (PLATZ DER FÜNF BRUNNEN)

Nur über eine Zugbrücke und durch das heute noch bestehende Landtor von 1543 war die Halbinsel früher zu erreichen. Hinter dem Tor schmücken fünf Renaissancebrunnen den bezaubernden *Trg pet bunara*, unter dem Zadars größte Zisterne Regenwasser auffing. Teile der zinnenbewehrten, mittelalterlichen Stadtmauer mit Wachturm und zwei schöne Paläste aus dem 14./15. Jh. sind erhalten. In der Barockkirche *Sv. Šimun* stützen zwei Engel den imposanten Sarkophag des Stadtpatrons St. Simeon (14. Jh.). Nordwestlich des Platzes erstreckt sich das lebhafte Viertel INSIDER TIPP *Varoš* mit zahlreichen kleinen Geschäften und Kneipen.

ZIELE IN DER UMGEBUNG

MURTER UND DER KORNATI-ARCHIPEL

Die 148 Inseln und Felsbuckel des ★ *Kornati-Archipels* sprenkeln vor der Küste zwischen Biograd na Moru und der Insel Murter das Meer. Die wahre Schönheit des Archipels erschließt sich nur Nautikern, die mit ihren Booten die Inseln umrunden, dabei seltene Wasservögel, Delphine, ja mit Glück sogar Wasserschildkröten beobachten können und zu einer deftigen Mahlzeit an einer der Insel-Konobas anlegen, die im Sommer ihre Pforten öffnen.

NATIONALPARK PAKLENICA ★

Herzstück des Nationalparks sind die beiden Schluchten Mala (kleine) und Velika (große) Paklenica, die Wildbäche in das Karstgestein des Velebit-Gebirges gegraben haben. Als besondere Herausforderung für Freeclimber gilt die 400 m hohe Felswand Anića kuk. Die Routen variieren von Grad 3 bis 8b+. Anfänger und Eltern mit kleinen Kindern finden im Abschnitt INSIDER TIPP *klanci* einfache Kletterrouten – doch Vorsicht, ein Helm sollte auch bei den Kleinen

Die Plitwitzer Seen sind ein einzigartiges Naturschauspiel

Pflicht sein! *Tel. 023 36 91 55 | www.paklenica.hr*

NATIONALPARK PLITWITZER SEEN ★

Inmitten dicht bewaldeter Berge öffnet sich ein Talkessel, an dessen Hängen Wasserfälle und Bachläufe 16 übereinandergelegene Seen miteinander verbinden. Durch die zauberhafte Landschaft winden sich Pfade zu Highlights wie einem 76 m hohen Wasserfall. *Tel. 053 75 10 15 | www.np-plitvicka-jezera.hr*

INSEL PAG

Schmal und lang gezogen liegt Pag vor den steilen Hängen des Velebit-Gebirges ganz nah an der Festlandsküste. Die Insel steht für den aromatischen Schafskäse *Paški sir*, für filigrane Spitzendeckchen und Salz. Dazu gesellt sich eine Reihe attraktiver Feinkiesstrände. An dem berühmtesten Partystrand Kroatiens, Zrće bei Novalja, geben sich den Sommer über die besten internationalen DJs die Klinke in die Hand.

EINKAUFEN

MARKT (TRŽNICA)

Zadars lebhafter Markt erstreckt sich mit Obst- und Gemüseständen zwischen Stadtmauer und Narodni trg. In der *Fischmarkthalle* nebenan auf der Hafenseite wird der Fang des Tages angeboten. Feilschen erlaubt. *Tgl. 6–15 Uhr*

SUPERNOVA CENTAR

Von Calzedonia bis Zara lassen viele internationale und einige kroatische Filialisten in diesem Einkaufszentrum die Herzen modebewusster Menschen höherschlagen. *Tgl. 9–21 Uhr | Akcije Maslenica 1*

ESSEN & TRINKEN

Slow-Food? In Dalmatien wurden die Gerichte schon immer mit Sorgfalt und Zeit zubereitet

Das Meer vor der Tür, den Küchengarten mit Gemüse und Kräutern hinter dem Haus, dazu slawisch-bodenständige Tradition und Temperament – die Zutaten für die ebenso schnörkellose wie leckere dalmatinische Küche könnten nicht besser sein.

Dalmatiner beginnen den Tag wie die meisten Südländer – ein kurzer Kaffee am Morgen genügt. Das Essen wird auf die *marenda* verschoben – eine etwas vorgezogene Mittagspause, zu der viele Lokale preiswerte ***deftige kleine Gerichte*** anbieten. An Sonn- und Feiertagen wird die *marenda* zu einem ausgiebigen, mehrgängigen Essen ausgedehnt. Abends kommen dann leichtere Speisen auf den Tisch – eine kalte Vorspeisenplatte, Salat oder eine Suppe. Neben der beliebtesten und bei Hitze auch bekömmlichsten Vorspeise – *pršut*, Käse, Oliven – sind meist ***Pasta und Risotto*** im Angebot. Der Schwerpunkt bei den Hauptspeisen liegt auf Fisch oder Fleisch vom Grill, denen frische Kräuter wie Thymian oder Rosmarin sowie Knoblauch und ***naturreines Olivenöl*** die besondere Würze verleihen. Vegetarier oder gar Veganer werden selten passende Gerichte auf den Speisekarten finden. Aber der Trend geht, wenn auch langsam, in Richtung pflanzliche Küche, vor allem in größeren Städten. In fast allen Restaurants erhalten Sie ***authentische dalmatinische Küche***; die meisten Restaurants in den touristischen Orten sind durchgängig von Mittag bis spätabends geöffnet, in der Hochsaison kennt man auch keinen Ruhetag.

SPEISEN

ajvar – Mus aus rotem Paprika, häufig recht scharf. Als Gewürzsauce serviert
arancini – kandierte Schalen der Bitterorange, Dubrovniker Spezialität
čevapčići – gegrillte Hackfleischröllchen aus gemischtem Rind- und Schweinefleisch, gelegentlich auch mit Anteil vom Lamm
fritule – Minikrapfen ohne Füllung, mit Puderzucker bestreut
girice – frittierte Fischchen, die ganz gegessen werden

SPLIT

Im Vordergrund der geschäftige Hafen. An der blumengeschmückten Riva bummeln Einheimische und Touristen vor den Mauern des Diokletianpalasts entlang. Dalmatiens größte Stadt und bedeutendster Fährhafen präsentiert Besuchern eine reizvolle Schauseite.
Im Herzen von *Split* (180 000 Ew.) dagegen sind Hektik, Verkehr und Lärm ausgesperrt. Innerhalb der gewaltigen Mauern des römischen Kaiserpalasts hören Besucher nur das Gurren der Tauben und den hellen Klang der Kirchenglocken. Der im 4. Jh. für den Christenverfolger Diokletian (um 240–312) errichtete weiträumige Palastbezirk (ca. 215 mal 180 m) war die Keimzelle für die Gründung von Split und beherbergt heute Teile der Altstadt; Bewohner des von Slawen bedrohten römischen Salona flüchteten sich im 7. Jh. in seinen Schutz. Wie durch ein Wunder haben die römischen Bauten 1500 Jahre Nutzung so gut überstanden – seit 1979 sind sie UNESCO-Weltkulturerbe.

SEHENSWERTES

DIOKLETIANPALAST ★ *(12/C3)*

Von der Riva aus betreten Sie den antiken Komplex durch sein Untergeschoss, die *Podrumi (Juni–Sept. tgl. 8.30–21 Uhr | 42 Kuna)*. Ziegelbögen und -wände tragen die hohe Decke. Eine Treppe führt hinauf ins Tageslicht, wo von korinthischen Säulen gestützte Arkaden das *Peristyl* einrahmen. Eine weitere endet im Vestibül, dem einzigen erhaltenen Raum des Palasts, mit gutem Überblick über das antike Bauwerk. Rechts erhebt sich die Kathedrale *Sv. Duje*, die aus dem Kaisermausoleum entstand, schräg gegenüber das *Baptisterium*, das aus dem früheren Jupitertempel hervorging.

Split pulsiert mit Geschichte

KATHEDRALE SV. DUJE ★ *(12/C3)*

Ihren Kern bildet das achteckige Mausoleum des Kaisers Diokletian, dessen korinthischer Säulenschmuck heute einen der schönsten Altäre Dalmatiens einrahmt: Juraj Dalmatinac schuf 1422 hierfür das Relief der Geißelung Christi. Weitere Besonderheiten sind das reich dekorierte romanische Portal und die Schatzkammer mit Reliquien des hl. Domnius *(15 Kuna)*. Wer schwindelfrei ist, sollte den 60 m hohen *Glockenturm* besteigen – der Ausblick ist einfach herrlich. *Mo–Sa 8.30–19, So 12.30–18.30 Uhr*

MARJAN-HÜGEL *(12/A2–3)*

Splits grüne Lunge beginnt westlich des Hafens: Die ca. 3,5 km² große Halbinsel Marjan ist mit dichtem, schattigem Grün bestanden. Zwischen den Bäumen ducken sich Kapellen und Kirchen aus dem 16. und 17. Jh. Zum höchsten Punkt (178 m) führt eine 1924 erbaute Treppe mit 378 Stufen. Ivan Meštrović

Vor historischer Kulisse lässt es sich in Trogir bestens flanieren

(1883–1962) ist Kroatiens berühmtester Bildhauer und vor allem bekannt für monumentale Skulpturen. In seiner Sommervilla zeigt die Galerija Meštrović, wie vielschichtig und auch filigran sein Werk ist. Infos & Öffnungszeiten unter: *www.mestrovic.hr | Šetalište Ivana Meštrovića 46*

STRÄNDE

Splits Stadtstrand *Bačvice* (Kies/Beton) liegt südöstlich der Altstadt: Hierher kommen die Bewohner nicht nur zum Baden, sondern auch, um das beliebte INSIDER TIPP *picigin* zu spielen, eine Art Volleyball im flachen Wasser. Weitere Strände finden sich an der Marjan-Halbinsel und in den Buchten nach Süden, so der angesagte *Obojena svjetlost* in *Kaštelet*.

EINKAUFEN

MARKT STARI PAZAR

Neben dem Diokletianpalast werden täglich frisches Obst und Gemüse verkauft. Auch Souvenirs.

MODE

Kreationen kroatischer Designer finden Sie in der Boutique *Think Pink (Zadarska 8 und Marulićeva 1)*. Natürlichen Chic, nachhaltig und fair produziert, bietet der Altstadt-Store *Krug (Nepotova 1)*. Stücke kroatischer und internationaler Designer verschmelzen in den romantischen Stylings des *ID Concept Store (Bana Jelačića 3)*.

PODRUMI

In einem Teil der unterirdischen Gewölbe des Diokletianpalasts werden an Ständen Souvenirs, Bücher, kunstgewerblicher Schmuck und hübsche Repliken römischer Mosaikmotive angeboten.

ZIELE IN DER UMGEBUNG

NATIONALPARK KRKA ★

Das kalkhaltige Wasser der Krka hat die Landschaft mit typischen Karstformationen versehen. Hier an seinem Unterlauf stürzt der Fluss über mehrere Kaskaden ins Tal. Vom Eingang fahren Sie mit dem Schiff zum 46 m hohen Wasserfall *Skradinski buk*, der als höchste Tuffsteinbarriere Europas gilt. Packen Sie Ihre Badesachen aus – und duschen Sie unter schäumenden Kaskaden. *Eingang Skradin | Tel. 022 20 17 77 | www.npkrka.hr*

TROGIR ★

Romanik und Gotik haben in keiner anderen dalmatinischen Stadt die Jahrhunderte so gut überdauert wie in Trogir. Auf einer länglichen Insel drängen sich Kirchen, Paläste und Bürgerhäuser entlang schmaler Gassen; an Fassaden und in Innenhöfen sind architektonische Details wie Biforienfenster, Arkadenbögen und Brunnen von der Formensprache des 13. bis 15. Jh.s geprägt. Zwei Brücken verbinden den Altstadtkern mit den modernen Vierteln im Süden und Norden.

BIŠEVO (BLAUE GROTTE)

Einen Ausflug zur Nachbarinsel mit der berühmten ★ *Blauen Grotte (Modra špilja)* sollten Sie mit einer Agentur unternehmen, die Sie zur richtigen Zeit von Komiža zur Meereshöhle bringt. Nur in einer bestimmten Zeitspanne rund um die Mittagszeit lassen die Sonnenstrahlen das Wasser in der Höhle in leuchtendem Türkis erstrahlen *(zahlreiche Anbieter in Komiža, Eintritt 70 Kuna)*.

BRAČ

Dolce Vita am Traumstrand, Traditionen im landwirtschaftlich geprägten Hinterland. Die Insel Brač zeigt zwei sehr unterschiedliche Gesichter. Ihr berühmtester ★ *Zlatni rat*, das „Goldene Horn", schwingt sich wie eine feine Sichel mit den Meeresströmungen mal nach Ost, dann wieder nach West. Von Macchia bedeckte, karge Flächen gehören zum Landschaftsbild wie auch mit Oliven- und Feigenbäumen oder Weinreben bewachsene Hänge.

DUBROVNIK

Bevor sie die lichte, elegante Schönheit dieser Stadt in ihren Bann schlägt, müssen Besucher erst verwinkelte Stadttore und wuchtige Bastionen durchschreiten.

Doch ebendiese komplett erhaltene Stadtmauer trägt wesentlich zur Faszination Dubrovniks bei. Man fühlt sich um Jahrhunderte zurückversetzt in jene Ära, als die damals Ragusa genannte Stadtrepublik Venedig und dem Osmanischen Reich Paroli bot und nie erobert wurde. Ragusas Stärke war ein eng geknüpftes Netz weitreichender diplomatischer und Handelsbeziehungen, nicht seine militärische Macht. Die artikulierte sich lediglich in dem Versuch, die Stadt uneinnehmbar zu machen.

SEHENSWERTES

SPONZAPALAST (PALAČA SPONZA) ★

Das Erdbeben 1667 traf auch den als Zollhaus genutzten Sponzapalast, aber die Schäden konnten behoben werden, und so überdauerte dieses wunderbare Beispiel ragusanischer Architektur. Es beherbergt u. a. einen Gedenkraum für

EINKAUFEN

Kulinarische Mitbringsel: Fleur de Sel, preisgekröntes Olivenöl, edle Schnäpse

Ausgefallene Mitbringsel gibt es in Dalmatien leider eher wenig zu kaufen; noch dominiert das übliche Souvenirangebot. „Zurück zur Natur“ heißt deshalb die Devise, um die Daheimgebliebenen zu erfreuen, denn die Naturprodukte der einzelnen Regionen sind konkurrenzlos gut!

HONIG

Kräuter und duftende Macchia sind ein richtiges Hexenlabor für Honigaromen: Von der Insel Hvar kommt Honig mit Lavendelgeschmack. Wie Öl wird Honig auf den Märkten und von den Erzeugern am Straßenrand verkauft. Ebenfalls auf dem Markt bekommen Sie Dubrovniks Spezialität *arancini.*

LAVENDEL

Wenn auf Hvar die Lavendelfelder blühen, duftet die ganze Insel nach dem aromatischen und Motten abwehrenden Kraut. Lavendel gibt es in hübschen Säckchen oder en gros, als Öl oder in Form von Seifen und Badezusätzen.

OLIVENÖL

Häufig verkaufen Erzeuger ihr kalt gepresstes Öl am Straßenrand oder auf dem Markt. Manchmal ergänzen sie es mit Kräutern wie Rosmarin oder mit Knoblauch. Im Supermarkt erhalten Sie Öl der Marke Zvijezda, die als besonders gut gilt.

SALZ

Meersalz wird in Dalmatien von alters her mittels Verdunstung gewonnen und ist ein reines, überaus gesundes Naturprodukt. Grobes und feines Meersalz sowie auch die Salzblüte Fleur de Sel bekommen Sie in Supermärkten.

WEIN & SCHNAPS

Entlang der Weinstraße von Pelješac bieten zahlreiche Betriebe Verkostungen an. Den grappaähnlichen *lozovača*, den aromatischen *travarica* (Kräuterschnaps) oder den seltenen *rogač* sollten Sie im Fachhandel oder bei einem bekannten Produzenten kaufen.

die Opfer der Belagerung Dubrovniks durch jugoslawische Truppen 1991/92. Ebenfalls sehenswert sind die bewegenden Kriegsfotos in der Galerie *War Photo Limited (tgl. 10–22 Uhr | 50 Kuna | Antuninska 6)*. Dem Sponzapalast gegenüber erhebt sich die 1418 errichtete *Rolandsäule*. Den Abschluss nach Osten bildet der 31 m hohe *Uhrturm* (1444), auf dem zwei bronzene Figuren die Stunde schlagen.

STADTMAUER (GRADSKE ZIDINE) ★

Die 1940 m lange Mauer wurde im 15./ 16. Jh. massiv ausgebaut mit fünf Festungen, 16 Türmen, 120 Kanonen und zwei Haupttoren, dem *Pile-Tor* im Westen und dem *Ploče-Tor* im Osten. Der Hauptaufgang auf die Mauerkrone befindet sich neben dem *Pile-Tor*, zwei weitere führen auf Höhe der Kirche Sv. Luka und des Forts Sv. Ivan auf die Mauer. Im Fort Sv. Ivan können Sie die Wehranlage von innen besichtigen, denn im Erdgeschoss präsentiert ein hübsches *Aquarium (tgl. ab 9 Uhr | 60 Kuna)* in 20 Becken Flora und Fauna des Mittelmeers. In den Räumen darüber breitet das *Maritime Museum (Di–So ab 9 Uhr)* die Geschichte der Ragusaner Seefahrt aus.

DOMINIKANERKLOSTER (DOMINIKANSKI SAMOSTAN)

Der Konvent im Durchgang zum Ploče-Tor wurde 1225 gegründet und im 16. Jh. mit einem bezaubernden Kreuzgang geschmückt. Im Hof wachsen Palmen und Orangenbäumchen – ein idyllischer, friedlicher Ort! Sehenswert ist die *Gemäldegalerie* mit dem berühmten, von Nikola Božidarević Anfang des 16. Jh.s gemalten Triptychon, auf dem der hl. Blasius ein Modell Ragusas in Händen hält. *Tgl. 9–18 | 30 Kuna | Svetog Dominika 4*

GROSSER ONOFRIOBRUNNEN (VELIKA ONOFRIJEVA FONTANA)

Der 1438 erbaute, vieleckige Brunnen am Pile-Tor wurde mehrmals beschädigt und wirkt heute abgesehen von den 16, *maškeron* genannten Wasserspeiern völlig schmucklos. Er war Endpunkt einer elf Kilometer langen Wasserleitung von einer Karstquelle aus in die Stadt – eine technische Meisterleistung des Baumeisters Onofrio della Cava. Ein weiterer Brunnen versorgte den Marktplatz Luža.

REKTORENPALAST (KNEŽEV DVOR)

Obwohl der Palast des Stadtoberhaupts mit seinem typisch ragusanischen Mischstil aus Gotik und Renaissance ins 15. Jh. verweist, stammt er in seiner heutigen Form aus dem 17./18. Jh. Im Erdgeschoss sind Wachkammern und Kerker erhalten. Oben ist die Wohnung des Rektors zu besichtigen, der jeweils nur für einen Monat gewählt wurde und die Räume in dieser Zeit nicht verlassen durfte, damit niemand sein Urteil beeinflussen konnte. *Tgl. ab 9 Uhr | 80 Kuna | Pred dvorom 1*

EINKAUFEN

Shoppingmeilen sind der *Stradun* und die nach Süden abzweigende *Pred Dvorom* mit vielen Souvenir- und Modegeschäften.

STRÄNDE

In Altstadtnähe liegen die Buchten auf der vorgelagerten Insel *Lokrum* (Kies und Fels) und der Sand-Kies-Strand *Banje* neben den Lazareti (Ploče-Tor). Dort befindet sich auch der *East-West-Beachclub (ew-dubrovnik.com)* mit Luxusliegen (Liege ca. 100 Kuna) und DJ-Musik-Untermalung. Weitere, teils kostenpflichtige Strände liegen in den Hotelzonen in den Stadtteilen *Lapad* und *Babin Kuk*.

ZIELE IN DER UMGEBUNG

ARBORETUM TRSTENO ★

Rund 18 km nördlich ließ eine Ragusaner Adelsfamilie im 15. Jh. einen bezaubernden Park an ihrem ebenfalls erhaltenen *Sommerpalast* anlegen. Palmen, Eukalyptus, Lorbeer, Bougainvillea, Eichen und Aleppokiefern umrahmen Villa, Statuen und Wasserspiele. Am Hafenkai legten Schiffe aus Ragusa und anderen Städten an. Heute gehen hier Ausflugsboote vor Anker. Wenn Sie die Badesachen dabeihaben, INSIDER TIPP gehen Sie schwimmen vor dieser üppigen Kulisse! Für die Fantasyserie „Game of Thrones" wurden hier die Szenen gedreht, die im Palastgarten der Baratheons spielen. *Mai–Okt. tgl. 7–19, Nov.–April 8–16 Uhr | 50 Kuna | Potok 20*

NERETVA-DELTA

Zwischen *Neum* und *Ploče* öffnet sich die Küstengebirgskette und lässt Raum für die 280 km lange Neretva, deren Wasser sich an der Mündung in die Adria in ein weites Delta verzweigt. Im „kroatischen Kalifornien" sprießen die Mandarinen an den Bäumen wie in einem gold-grünen Garten Eden. Wenn Sie selbst die Ärmel hochkrempeln wollen, können Sie INSIDER TIPP bei der *Mandarinenernte* mitpflücken. Aus Dubrovnik und Makarska werden Tagesausflüge für fleißige Erntehelfer beworben. Früher ein Arme-Leute-Essen, gelten die Frösche und Aale aus diesem ehemaligen Sumpfgebiet heute als Delikatesse. Bestellen Sie einen Neretva-Eintopf *(brudet)* im Restaurant *Đuda i Mate (Vid | Tel. 020 68 75 00 | djudjaimate.hr | €€)*.

SRĐ

Der 412 m hohe Berg, Dubrovniks schönster Aussichtspunkt, ist Mahnmal für den Jugoslawienkrieg 1991/92. Die im *Fort Imperial* auf seinem Gipfel stationierte Einheit von nur 60 Mann leistete während der Belagerung Dubrovniks Widerstand gegen die übermächtigen Angreifer. Ein *Museum (Winter tgl. 8–16, Sommer 8–18 Uhr | 30 Kuna)* in der Festung erinnert daran. Zu erreichen sind Gipfel und Museum u. a. mit einer kleinen Wanderung oder mit der modernen *Seilbahn (tgl. ab 9 Uhr | Berg- und Talfahrt 140 Kuna | Petra Krešimira 4 | www.dubrovnikcablecar.com)*. Unerfreulich: Die Stadtverwaltung hat die Bergkuppe zur Bebauung freigegeben.

AB HINTER DIE KULISSEN

Der Drehorttourismus wächst. Während frühere Generationen von Winnetou-Filmen in die Nationalparks gelockt wurden, zieht heute die Fantasyserie „Game of Thrones" (Das Lied von Eis und Feuer) Fans aus der ganzen Welt nach Dalmatien. Ein zentraler Drehort ist Dubrovnik, das mit seinen historischen Stadtmauern authentisches mittelalterliches Flair als Hauptstadt der Sieben Königslande abgibt. Ergreifen Sie die Macht und setzen Sie sich auf der Insel *Lokrum* für einen glorreichen Moment auf den Eisernen Thron. Danach können Sie im königlichen Garten *Arboretum Trsteno* wie die edlen Damen in der Serie flanieren und Intrigen spinnen. Dalmatien ist inzwischen auf Fans eingestellt: Viele Guides bieten Führungen zu den Drehorten an.

PRAKTISCHE HINWEISE

Kroatien: die wichtigsten Informationen für Ihre Reise

ANLEGESTELLEN

▶ ZADAR

Zadar besitzt zwei Anlegestellen. Vom Altstadt-Anleger gelangen Sie fußläufig ins Zentrum. Der Fähranleger Gaženica Luka liegt ca. 5 km vom Altstadtzentrum entfernt, das mit Shuttlebussen zu erreichen ist.

▶ SPLIT

Während kleinere Schiffe direkt im Hafen anlegen, ankern größere Kreuzfahrtschiffe außerhalb. Passagiere werden mit Tenderbooten an Land gebracht und können von dort zu Fuß die Stadt erkunden.

▶ DUBROVNIK

Kreuzfahrtschiffe legen im Hafen von Gruž an, der ca. 3 km von der Altstadt entfernt ist, die zu Fuß, mit Shuttlebussen, Taxis und öffentlichen Bussen erreicht werden kann.

REISEZEIT

Die Sommer in Dalmatien sind tagsüber meist sehr sonnig und warm, die Nächte bringen Abkühlung. Kurzzeitig sind am späten Nachmittag Gewitterschauer möglich. Die schönsten Reisezeiten sind Mitte Mai bis Ende Juni, wenn der Ginster blüht, und der September, wenn die Sommerhitze abklingt. Im Spätsommer und im Herbst kann der kalte Fallwind Bora für schnelle Wetteränderung und aufgewühltes Meer sorgen.

TELEFON & HANDY

Die Ländervorwahl für Kroatien lautet: 00385; Vorwahl nach Deutschland: 0049, nach Österreich: 0043, in die Schweiz: 0041. Kaufen Sie eine kroatische Prepaidkarte, wenn Sie im Urlaub häufig mit dem Handy telefonieren wollen.

TRINKGELD

Im Restaurant ist das Trinkgeld nicht im Rechnungsbetrag enthalten. Je nach Höhe der Rechnung sollten Sie den Service mit 10 bis 15 Prozent Aufschlag honorieren, wenn Sie zufrieden waren.

WLAN

Ein WLAN-Zugang ist im öffentlichen Bereich in den meisten größeren Städten eingerichtet, häufig auf dem zentralen Hauptplatz, gelegentlich auch in der gesamten Altstadt.

WAS KOSTET WIE VIEL?

Kaffee	1,50–2 Euro *in Cafés für einen Espresso*
Eis	2 Euro *für zwei Kugeln*
Imbiss	1,50 Euro *für ein Stück Burek*
Pizza	6–9 Euro *im Restaurant*

GRIECHENLAND

Traumstrände und über 2000 Jahre alte Tempel, mittelalterliche Burgen und aus der Zeit gefallene Klöster dürfen Sie erwarten. Schafskäse, Sirtáki-Klänge und Sonnenschein auch.

Darüber hinaus werden Sie auf unerwartete Schönheit sowie Skurriles stoßen und vor allem unvorhergesehene menschliche Begegnungen erleben. Was kaum einer weiß: Naturgenuss steht bei einem Griechenland-Aufenthalt ganz weit vorn. Dichte Wälder, tiefe Schluchten, märchenhaft anmutende Höhlen, rauschende Gebirgsflüsse und fischreiche Seen gehören ebenso dazu wie Steilküsten, Baumwoll- und Sonnenblumenfelder, Orangen- und Olivenhaine, Pelikane, Flamingos, Geier und vielleicht sogar Braunbären.

ATHEN

In Athen und seinen vielen Vororten lebt die Hälfte aller 11 Millionen Griechen. Als Urlauber können Sie sich auf die Viertel im Zentrum beschränken. Da steuern Sie bei Tag und Nacht all Ihre Ziele bequem zu Fuß an.

Die Perle der Antike ist moderner denn je, eine Stadt voller Altertümer und Museen, Tavernen und Szenetreffs. Schnell merken Sie, wie sich hier 2500 Jahre Geschichte und Gegenwart umschlingen. Und erleben von Höhepunkten wie der Akrópolis, wie dicht in Griechenland Gebirge und Meer beieinanderliegen. Sie sehen sogar ein paar Inseln.

 Bild: Mykonos – ein Traum in Weiß und Blau mit roten Tupfern

Greek ist antik? Von wegen! Tauchen Sie ab in schräge Töne, die Welt der Wunder und in Geschichten rund um göttliche Liebelei

SEHENSWERTES

AKRÓPOLIS ★

Das absolute Must-see – warum? Der 156 m hohe Akrópolis-Felsen ist ein Blickfang mitten im Stadtzentrum. Um ihn herum wohnten schon vor über 2500 Jahren die Menschen, obendrauf hatten sie ihren Göttern Zweitwohnsitze eingerichtet. Dann kam 480/79 v. Chr. der despotische Perserkönig mit seinen asiatischen Heerscharen. Die Athener Demokratie war in Gefahr – und verteidigte Europa nahezu allein. Die Akrópolis aber war zerstört – und wurde nun binnen weniger Jahrzehnte völlig neu erbaut. Bauherr war die Volksversammlung, in der Konservative und Fortschrittliche erbittert über die Baupläne stritten. Man fand Kompromisse: Der Siegesgöttin Nike errichtete man einen winzigen *Tempel* im traditionellen Stil. Für die Konservativen packte man alle Götter, die vorher schon auf der Akrópolis verehrt wurden, ins *Erechteion* und schenkte dem den weltberühmten Vorbau mit den

Karyatiden. Für die Zukunft aber stand der *Parthenon* als Tempel der Stadtgöttin Athena und Siegesmal der jungen Demokratie über die Herrschaft eines Einzelnen. Dessen Architekten waren Genies. Um perspektivische Verzerrungen bei seinem Anblick zu vermeiden, berechneten sie optische Täuschungen im Voraus. Die völlig waagerecht aussehenden Horizontalen bauten sie unmerklich gekrümmt, die ebenmäßigen Vertikalen sind in Wahrheit alle ganz unterschiedlich geformt. Keine Säule ist wie die andere, obwohl sie alle gleich aussehen. Empfunden wurde das als Sieg des Geistes über die Natur.
Außer diesen drei Tempeln entstand am Ende einer breiten Freitreppe ein monumentales Torgebäude, die *Propyläen*, die das Eingangstor zu dem heiligen Bezirk bildeten. Es war wie auch die Tempel in der Antike grellbunt bemalt. Die Christen machten später den Parthenon zur Kirche, in osmanischer Zeit lebte das Volk in seinen Ruinen, bevölkerten Hühner und Schafe den Fels. Heute ist die Akrópolis als Nationalheiligtum der Stolz aller Griechen – Sandwichverzehr streng verboten! Rutschfeste Sohlen und Sonnenhut unerlässlich. *Eingang auf der Westseite, April–Okt. tgl. 8–20 Uhr | Eintritt 20 Euro*

LOW BUDG€T

Sie möchten eine stimmungsvolle Stunde ohne Verzehrzwang über dem Lichtermeer der Metropole genießen und die Götter gute Leute sein lassen? Dann besuchen Sie den Areopag-Felsen. Hier oben kann man getrost sein mitgebrachtes Picknick verzehren und dazu eine Flasche Wein aus dem Supermarkt genießen.

Preiswerte Stadtrundfahrt: Einen ausgezeichneten Überblick über *Piräus* und seine Häfen ermöglicht eine Rundfahrt mit dem Linienbus 904. Er fährt unmittelbar vor der Metrostation (Ostseite) zwischen 5 und 23 Uhr alle 20 Minuten ab. Wer auf der rechten Seite sitzt, sieht am besten.

AKRÓPOLIS-MUSEUM ★

Spannender kann ein Museum nicht sein: Der Schweizer Architekt Bernhard Tschumi hat den 2009 eingeweihten Bau über den Ausgrabungen eines antiken Stadtviertels auf stählerne Träger gestellt und viel begehbares Glas in den Boden, die Decken und die Rampe eingefügt. Selbst aus der obersten Etage blickt man noch auf die antiken Mauern. Die breite Rampe selbst vermittelt das Gefühl, wieder auf die Akrópolis zu steigen; in den Vitrinen an den Seiten sind deshalb auch nur Funde von den Akropólis-Hängen eingelassen. Alle hier gezeigten Kunstwerke stammen von der Akrópolis und sind fast ausnahmslos frei aufgestellt. Archäologen stehen bereit, um kostenlos Ihre Fragen zu beantworten. Das oberste Geschoss gibt den vollen Blick auf den Parthenon frei, von dem die hier ausgestellten Reliefs alle stammen. Sie erzählen von mythischen Schlachten und dem jährlichen Festzug der alten Athener auf die Akrópolis. Vollen Akrópolis-Blick bietet auch die Terrasse der gut gestylten *Museums-Cafeteria (€)*, die viele Spezialitäten serviert. *April–Okt. Mo 8–18, Di–Do, Fr 8–22, Sa/So 8–20 Uhr | Odós Dionisíou Areopagítou 15 | Eintritt 5 Euro, E-Tickets auf Website erhältlich | www.theacropolismuseum.gr*

ARCHAÍA AGORÁ ★

Marktbummel gefällig? Hier sind Sie auf dem antiken Marktplatz unterwegs. Der

Vollkommen unübersehbar: der Likavittós dominiert Athen

berühmte Philosoph Sokrates betrieb hier seine Schuhmacherwerkstatt, in der (vollständig rekonstruierten) Markthalle, der *Stoa des Attalos*, vergnügten sich die Männer nicht nur mit Wein. Heute fungiert sie als Museum, in dem u. a. ein antiker Babyhochstuhl mit eingelassenem Töpfchen, Eichgewichte und eine Wahlmaschine für Abstimmungen ausgestellt sind. Auf der anderen Seite des parkähnlichen Geländes steht das *Thissíon* als besterhaltener Tempel ganz Griechenlands. *April–Okt. tgl. 8–20 Uhr (Museum Mo erst ab 11 Uhr) | Odós Adrianoú 24 | Eintritt 8 Euro*

ARCHÄOLOGISCHES NATIONALMUSEUM ★

Atmosphärisch leider Museumsmief pur – doch auf den Inhalt kommt's an! Was hier an antiker Kunst aus vier Jahrtausenden steht, ist nicht zu überbieten. Los geht's mit ganz modern anmutenden Marmorfiguren, den Kykladenidolen aus dem 3. Jt. v. Chr. Aus mykenischer Zeit (ca. 1500–1200 v. Chr.) stammt ein ansehnlicher Goldschatz. Und dann befreit sich der Mensch: In archaischer Zeit sind die Statuen noch ganz starr und schematisch, zeigen dann plötzlich ein Lächeln. In der Klassik (5./4. Jh. v. Chr.) wird jede Figur zum Individuum, aber noch nicht zum Porträt. Alles wird idealisiert. Dann bricht sich der Individualismus ungebremst Bahn. Die römischen Kaiser wollen wiedererkannt werden, Götter umgeben sich mit Schabernack. *April–Okt. tgl. 8–20 Uhr | Odós 28is Oktovríou 44 | Eintritt Sommer 10 Euro, Winter 5 Euro | www.namuseum.gr*

LIKAVITTÓS ★

Über dem Athener Häusermeer erhebt sich der 277 m hohe Kalksteinfelsen mit einem grünen Gartenkragen, aus dem ein kahler Felskopf ragt. Angenehme Spazierwege und eine Standseilbahn im Innern des Bergs führen zum Gipfel mit seiner strahlend weißen Georgskapelle.

Bunte, verwinkelte Gassen laden in der Pláka zum Verweilen ein

Standseilbahn | tgl. 9–2 Uhr (Do ab 10.30 Uhr) | Talstation am oberen Ende der Odós Plutárchou | Ticket 7 Euro | Bus 60 ab Kolonáki-Platz und Platía Káningos

MARKTHALLEN ★

Ab ins Getümmel! Unter den Dächern der über hundert Jahre alten Markthallen sehen Sie, was zuvor im Mittelmeer schwamm, und fühlen sich an den Fleischständen wie im Anatomieunterricht. In einfachen Tavernen gibt es viele deftige Suppen bis hin zur Kuttelsuppe *patsá*. Um die Hallen herum werden Kräuter, Nüsse, Stockfisch, Obst, Gemüse verkauft, auch polnische Würste sind zu haben. *Mo–Sa ca. 6–15 Uhr | Odós Athínas*

INSIDER TIPP NUMISMATISCHES MUSEUM IM SCHLIEMANN-HAUS

Der Mecklenburger Heinrich Schliemann war schon zu Lebzeiten ein Promi. Im 19. Jh. hatte er in Russland ein Vermögen gemacht und rund um die Ägäis alte Städte ausgegraben: Troja und Mykene waren im wahrsten Sinne des Wortes seine Glanzstücke. Einen Teil des gefundenen Goldes behielt er für sich selbst. Für seine junge griechische Frau ließ er in Athen einen prächtig ausgemalten Palazzo bauen, der heute – toll restauriert – griechische Münzen aus drei Jahrtausenden zeigt. Das *Café* im Garten ist ein idealer Ort zum Chillen zwischendurch. *Mo 13–20, Di–So 9–16 Uhr | Odós El. Venizélou 12 | Eintritt 6 Euro*

PLÁKA ★

In Athens Altstadt steppt bis zum frühen Abend der touristische Bär. An weitgehend autofreien Gassen reihen sich Cafés, Bars, Tavernen und unendlich viele Läden aneinander, Bargeldautomaten und Altertümer liegen dazwischen. Es gibt auch ruhige Ecken wie das Viertel *Anafiótika* mit nur einen Meter breiten Stufengassen ganz ohne Kommerz – und abends die breiten Treppen der *Odós Mnisikléous*, wo in den Tavernen zu griechischer Musik getanzt wird. Zur Orientierung: Die geschäftigen Hauptachsen der

Altstadt sind die *Odós Adrianoú* (viele Shops) und die *Odós Kidathinéon* (viele Tavernen).

TAVERNEN

DIPORTO

Aus den Fässern an der Wand dieser Kellertaverne im Marktviertel kommt der Wein auf den Tisch, aus der Küche bringen die Kellner eins von täglich fünf oder sechs marktfrischen Gerichten. Eine Speisekarte gibt es nicht, Englischkenntnisse dürfen Sie nicht erwarten. An den nur acht Tischen sitzen Gäste jeden Standes beisammen, Schlichtheit und Kommunikation sind hier Trumpf. *Mo–Sa 8–19 Uhr | Odós Sokrátous 9/Odós Theátrou | Agorá*

INSIDER TIPP O PLÁTANOS

Über 70 Jahre alte Taverne an einem kleinen, sehr versteckt gelegenen Platz inmitten der Altstadt. Große Auswahl an gekochten traditionellen griechischen Gerichten, im Sommer Tische und Stühle unter einer großen Platane. *April–Okt. tgl. 12–16.30, Mo–Sa auch ab 19.30 Uhr | Odós Diogénous 4 | Pláka*

O THANÁSIS ★

Drei Tavernen gleichen Stils grenzen fast unmittelbar an den lebhaften Monastiráki-Platz. Alle drei sind seit vielen Jahrzehnten auf Souvláki und Hackfleisch-Kebab spezialisiert. Mittags muss man manchmal auf einen frei werdenden Tisch warten, so beliebt sind die Lokale vor allem bei den Athenern. Doch noch viel wichtiger ist die Atmosphäre dieser Straßenlokale: Ambulante Händler bieten an den Tischen ihre Waren an, ambulante Musiker sorgen oft für Tischmusik. *Tgl. ab 10 Uhr | Odós Mitropóleos 69/ Monastiráki-Platz*

EINKAUFEN

Bezahlbare Mode und Accessoires finden Sie in der *Odós Ermoú* zwischen Síndagma-Platz und Kapnikaréa-Kirche, die schicksten Geschäfte im *Kolonáki-Viertel* zwischen Síndagma-Platz und Likavittós. Bunter ist das Leben in der *Odós Athínas* mit den Markthallen. Rund um die Metrostation *Monastiráki* findet jeden Sonntagmorgen ein großer Flohmarkt statt. Wer weiß – vielleicht finden Sie hier einen echten Schatz?

BAUEN STATT SPAREN

Geht es den Griechen denn wirklich schlecht? Mancher mag es angesichts der vielen schönen Häuser und teuren Autos gar nicht glauben. Doch der Schein trügt. Fast alle Luxusgüter wurden vor Ausbruch der Krise gekauft – doch keineswegs gleich bezahlt. Die Banken riefen fast wöchentlich bei Privatleuten an und drängten ihnen Kredite auf. Wer nur 25 000 Euro wollte, bekam 60 000 Euro. Klotzen statt kleckern war die Finanzmarkt-Devise. Jetzt sitzen viele Hellenen auf ihren Schulden. Und die vermeintlichen Sicherheiten, mit denen die Geldhäuser kalkuliert haben, sind keine mehr. Sie wollen sie gar nicht pfänden. Denn bei der Flut der pfändbaren Häuser, Olivenhaine und Äcker sind die nämlich nur noch ganz wenig wert – und nur wenige Normalbürger haben genug Knete, sie den Banken abzukaufen.

OLYMPIA

Kein Sport-Event ist älter als die Olympischen Spiele. Es ist schon ein tolles Gefühl, da zu stehen, wo alles begann: in ★ Olympia.

Fast 1200 Jahre lang trafen sich hier die Athleten alle vier Jahre zu ihren Wettkämpfen. Seit dem Jahr 776 v. Chr. ist die Geschichte der Spiele nachweisbar. Ausgetragen wurden die Spiele zu Ehren des obersten Gottes Zeus. Ihm war das Heiligtum vor allem geweiht. Als die heidnischen Kulte 395 n. Chr. verboten wurden, war das auch das Aus für die olympischen Wettkämpfe. Erst 1896 wurden sie mit den ersten Olympischen Spielen der Neuzeit in Athen wieder zum Leben erweckt.

SEHENSWERTES

ARCHÄOLOGISCHES MUSEUM

Nach einem Rundgang durch dieses Museum begreift man, dass Olympia viel mehr als nur ein Sportereignis war. Kernstück ist der große Zentralsaal mit den Marmorskulpturen aus den Giebelfeldern des Zeus-Tempels und den zwölf Reliefs (Metopen) von den Stirnseiten des Tempels. Weitere Höhepunkte sind die Marmorstatue des Hermes, die Skulptur der Siegesgöttin Nike, der römische Stier, die verschiedenen Bronzepferde in unterschiedlicher Größe und der berühmte Becher des Phidias, der mit der Zeus-Statue von Olympia eins der sieben Weltwunder der Antike schuf. *April–Okt. tgl. 8–20 Uhr | Eintritt im Preis für das Ticket zu den Ausgrabungen inklusive*

AUSGRABUNGEN

Religiöser Mittelpunkt des Heiligtums war der *Zeus-Tempel* im Zentrum der Ausgrabungen. Sein Unterbau demonstriert ebenso wie die vielen herumliegenden mächtigen Säulentrommeln seine einstige Größe. Im Innern stand eines der sieben antiken Weltwunder: eine 14 m hohe Statue des Zeus aus Gold, Silber, Elfenbein und Edelsteinen. Weitere Kunstschätze sind u. a. das *Leonidaíon*, eine Herberge für Ehrengäste aus dem 4. Jh. v. Chr., die große *Palästra* aus dem 3. Jh. v. Chr., der Unterbau des Hera-Tempels und das teilweise rekonstruierte Tonnengewölbe des Stadions. Das Olympiastadion bot auf Erdwällen 40 000 männlichen Zuschauern Platz. *April–Okt. tgl. 8–20 Uhr | Eintritt April–Okt. 12 Euro*

MUSEUM ANTIKER TECHNOLOGIE

Das modern gestaltete Museum will anhand von Modellen zeigen, dass nahezu all unsere moderne Technik auf Erfindungen und Entdeckungen der alten Griechen beruht. Spannend ist das auf jeden Fall. *Tgl. 10–18 Uhr | Hauptstraße Richtung Ausgrabungen | Eintritt frei*

MUSEUM DER GESCHICHTE DER OLYMPISCHEN SPIELE

Na endlich! Hier wird zumindest am Rande gezeigt, dass es auch eine Art Olympische Spiele für Frauen gab. Außerdem sind viele antike Sportgeräte und sogar Siegerlisten zu sehen. *Öffnungszeiten wie Archäologisches Museum | oberhalb der Straße von den Ausgrabungen ins Dorf | kein Extra-Eintritt*

EINKAUFEN

Schmuck und Museumskopien jeder Größe prägen das Angebot. Moderne griechische Kunst, erlesene griechische Weine, eine umfassende Auswahl an Griechenlandliteratur in vielen Sprachen sowie griechische Musik finden Sie bei *Orpheus* an der Hauptstraße.

Hoch über Korfu thront die alte Festung

KORFU

Korfu ist trotz vieler fremder Herren im Laufe der Jahrhunderte im Herzen ganz griechisch geblieben.
Unter eleganten Arkaden säumen Reihen von Läden breite, marmorgepflasterte Gassen. Immer wieder sind kleine Plätze voller Cafés eingestreut. Schlank aufragende, italienisch anmutende Glockentürme mit roter Haube ragen über fünf- und sechsgeschossige Häuser aus vergangenen Jahrhunderten hinweg, zwischen den Häusern hängt vor allem im Altstadtviertel Cambiéllo noch viel Wäsche zum Trocknen.

SEHENSWERTES

ALTE FESTUNG

Wer den Überblick hat, blickt später auch im Detail besser durch. Drum lohnt es sich, gleich zu Beginn eines Stadtbummels in die *Alte Festung* der Venezianer zu schlendern und auf den vorderen ihrer beiden Felsgipfel zu steigen. Die ganze Stadt liegt Ihnen hier oben zu Füßen. Der Tempel vor Ihren Augen ist kein antikes Meisterwerk, sondern Resultat britischen Antiken-Spleens: die einst anglikanische Kirche *St. George* im Gewand eines dorischen Tempels. *Mai–Okt. tgl. 8–20 Uhr | Eintritt 4 Euro, Kombiticket 8 Euro*

ALTER PALAST

Im Alten Palast am Nordrand der Esplanade, den die Briten 1819–23 für ihre Lordhochkommissare erbauen ließen, ist für zwei Ausstellungen zum Preis von einer Platz. In den drei Sälen zur Esplanade hin speisten, tanzten und thronten die britischen Fremdherrschaften und danach Griechenlands Könige. In den meisten übrigen Räumlichkeiten ist asiatische Kunst zu sehen. Recht verschämt in einer Ecke versteckt sind da auch einige erotische Reliefs vom dafür berühmten Tempel im indischen Khajuraho zu entdecken. Das wirkt schon recht akrobatisch ... *April–Okt. Di–So 8–19.30 Uhr | Eintritt 6 Euro, Kombiticket 8 Euro | Esplanade*

Dramatisch wie eine griechische Tragödie: Achill

ARCHÄOLOGISCHES MUSEUM ★

Wie hässlich können sogar Frauen sein! Die Fratze der Medusa, einer antiken Spukgestalt, wirkt furchterregend mit auf ihrem Kopf züngelnden Schlangen, hervorquellenden Glupschaugen und der heraushängenden Zunge. Die alten Griechen glaubten, ihr Anblick ließe jeden Feind erstarren. Deswegen brachten sie sie auch im Giebel ihres wichtigsten Tempels an, wo er Unheil durch Diebe und Feuer verhindern sollte. Schönes gibt es aber auch im Museum zu sehen: Dionysos, den Gott des Weins und des Theaters, in einem zweiten, kleineren Giebel und vor allem mehrere stattliche Löwen. *Odós Wraíla 1.*

INSIDER TIPP BRITISCHER FRIEDHOF

Der wie ein verwunschener Park wirkende Friedhof ist mit seinen kolonialen Grabdenkmälern nicht nur ein äußerst romantischer Platz, sondern im Frühjahr und Herbst wegen der vielen wild wachsenden Orchideen auch eine besondere Attraktion für Blumenfreunde. *Tgl. von Sonnenauf- bis -untergang | Odós Kolokotróni 25*

BYZANTINISCHES MUSEUM ★

Zu einer „orthodoxen Märchenstunde" mit Musikuntermalung durch byzantinische Kirchengesänge lädt das Museum in der Altstadtkirche *Panagía Antivuniótissa* ein. Die über 100 hier fabelhaft präsentierten Ikonen des 15.–18. Jh.s aus verschiedenen Gotteshäusern der Insel berichten von zahlreichen Wundern, an die nicht nur griechische Kinder glauben. So sitzt auf dem Pferd hinterm hl. Georg (Nr. 186) ein Knabe mit einer Teekanne und einem Becher in der Hand. *Di–So 9–16 Uhr | Eintritt 3,50 Euro, Kombiticket 8 Euro | Stufen führen von der Odós Arseníu aus hinauf.*

CAMBIÉLLO

Und jetzt stecken Sie Ihren Marco Polo mal weg. Bummeln ziellos zwischen Uferstraße, Odós Filéllinon, Odós Ágios Spirídonos und Altem Palast durch das schönste Altstadtviertel. Flirten mit Katzen und Katern, lauschen dem Flattern der zwischen den Fenstern gespannten Wäsche und schließen aus ihr auf ihre Besitzer. Kein Geschäft, kein *kafenío* lenkt Sie ab, denn hier wird nur gewohnt. Wieder einmal zeigt sich: Idylle wird oft von Armut und Verfall geprägt. Auf der ★ *Esplanade* geht es rund. Von morgens bis spätabends ist sie der Mittelpunkt allen sozialen und geselligen Lebens. In den schattigen Parkanlagen steigt eine Fontäne auf. Eines der hier aufgestellten Denkmäler erinnert an die Vereinigung der Ionischen Inseln mit dem freien Griechenland im Jahr 1864. Es zeigt sieben Bronzereliefs mit Symbolen der sieben Hauptinseln.

KIRCHE ÁGIOS SPIRÍDONAS

Die Gebeine des zyprischen Bischofs Spirídonas aus der Zeit um 300 sind der wertvollste Besitz der meistbesuchten Inselkirche. Eine korfiotische Adelsfamilie hat sie 1456 einem fahrenden Händler abgekauft. Die Reliquien von Heiligen konnten nicht nur Privatleuten Segen bringen, sondern sogar ganzen Städten, Inseln und Ländern in Kriegen beistehen oder bei der Überwindung von Pest und Cholera helfen. Der hl. Spirídonas erfüllte diese in ihn gesetzten Erwartungen über alle Maßen. Er verhinderte 1716 sogar, dass die Türken Korfu eroberten.

MON REPOS ★

Der Palazzo, in dem Prinz Philip, Ehemann der britischen Queen, 1921 geboren wurde, beherbergt heute ein buntes Sammelsurium zu Geschichte und Flora der Insel. Den Besuch kann man sich schenken, doch ein vielleicht halbstündiger INSIDER TIPP Parkspaziergang ist ein in Griechenland sonst so kaum mögliches Erlebnis. Die meisten Bäume sind fast 200 Jahre alt, efeuberankt, tropisch anmutend. Die Reste zweier antiker Tempel sind in die schöne Natur eingestreut, der *Doric Temple* eignet sich bestens für ein paar Minuten im Gras oder ein Picknick zwischen 2500 Jahre alten Säulen. *Park tgl. 8–19 Uhr | Eintritt frei*

EINKAUFEN

Die Haupteinkaufsstraßen sind die Odós Vulgaréos in der Altstadt und ihre Fortsetzung in der Neustadt sowie die *Odós N. Theotóki* mit ihren schönen Arkaden. Moderne Läden, etwa für Technik und Multimedia, finden Sie in der Odós Aléxandras, die von der Platía G. Theotóki (Sarocco Square) ans Meer hinabführt. Kunstgewerbe und Souvenirs gibt es in den Altstadtgassen Odós N. Theotóki, Odós Filarmonikís und Odós Filéllinon. Viele kleine Geschäfte gibt es auch in der Odós Ag. Sofías im alten jüdischen Viertel.

ZIELE IN DER UMGEBUNG

ACHÍLLION ★

Dass Kaiser Wilhelm II. Helden brauchte, zeigt die Monumentalstatue des „Siegreichen Achill" mit Helm, Schild und Lanze im prächtigen Garten, den er samt Schloss 1907 erwarb. Bauherrin des Schlosses war eine andere Korfu-Liebhaberin: Kaiserin Elisabeth von Österreich (1837–98). Melancholisch, wie Sisi oft war, hat sie eine Statue des „Sterbenden Achill" im Garten platziert. *Mai–Okt. tgl. 8.30–19 Uhr | Eintritt 7 Euro | Linienbusse zum Achíllion fahren vier- bis sechsmal tgl. vom San-Rocco-Platz aus ab (Linie 10), kein Ticketverkauf im Bus.*

ESSEN & TRINKEN

Dorfatmo oder moderne Romantik? Ist eigentlich egal, denn knackfrisch ist es überall

Souvláki, Moussaká, Gýros und Bauernsalat bekommen Sie auch beim Griechen zu Hause. Die echte griechische Küche hat ganz anderes zu bieten, das zu kosten sich lohnt. Seien Sie mutig!

In den meisten Restaurants und Tavernen Griechenlands gibt es mehrsprachige, gedruckte Speisekarten. Die tagesaktuellen Angebote sind darauf jedoch überhaupt nicht oder nur handschriftlich auf Griechisch vermerkt. Griechen fragen den Kellner danach; Sie sollten zumindest an den ***Schautresen*** gehen. Vielleicht lässt man Sie aber auch wie in alten Zeiten noch selbst in die Kochtöpfe schauen.

Bestellen Sie aber nicht gleich ein ganzes Menü. Was das ist, wissen die wenigsten und servieren dann oft alles gleichzeitig. Ordern Sie besser schrittweise. Noch besser nehmen Sie sich auch in dieser Hinsicht ein Beispiel an den Einheimischen. Die lieben es, möglichst viele Teller mit verschiedenen Gerichten gleichzeitig auf dem Tisch zu haben. Sie gehen allerdings abends auch selten allein zum Essen aus. Für sie ist die fröhliche Tischgemeinschaft, die ***paréa***, ebenso wichtig wie der kulinarische Genuss. In einer paréa bestellt man viele verschiedene Speisen. Sie werden in die Mitte gestellt, und jeder nimmt sich, was und wie viel er mag. Meist werden auch Fleisch und Fisch auf ***großen Platten*** serviert. Üblicherweise bestellt man viel mehr, als man essen kann. Alles restlos zu verputzen gilt als Blamage, zeigt es doch, dass man offenbar nicht genug geordert hat. Beim Bezahlen übernimmt meist einer die Rechnung für alle.

SPEZIALITÄTEN

briám, briamé – Ratatouille
fáva – Püree aus gelben Erbsen, dazu Olivenöl, Zwiebeln und Zitronensaft
jouvétsi – überbackene, Reis ähnlich sehende Nudeln mit Rindfleisch
márides – knusprig ausgebackene Sardellen, die man komplett verzehrt
pikilía – Teller mit verschiedenen kalten Vorspeisen
stifádo – Rinds- oder Kaninchengulasch mit Zwiebelgemüse

MYKONOS-STADT

Der Inselhauptort ist weitgehend autofrei. Nur kleine Motorrad-Dreiräder passen durch die engen Gassen.
Fliegende Händler verkaufen Obst und andere Waren noch immer direkt vom Esel herunter. Besonders fotogen sind das Stadtviertel *Little Venice (Klein Venedig)*, dessen Häuser zum Teil unmittelbar ans Meer grenzen, und die Kirche *Paraportianí*. Diese Marienkirche steht auf einer Erhebung nahe dem Meer, die im Mittelalter das fränkische *Kástro* trug. Zum Stadtbild gehören auch die vielen Windmühlen am oberen Ortsrand und der alte Fischerhafen mit Cafés, der Kapelle *Ágios Nikólaos* und dem markanten Inselrathaus.

ZIELE IN DER UMGEBUNG

ÁNO MÉRA

Das einzige traditionelle Dorf außer dem Hauptort liegt im Inselinneren. An der großen Platía mit vielen Tavernen steht das Mönchskloster *Panagía tis Turlianís*, 1542 gegründet. Seine Bauten stammen aus der Mitte des 18. Jh.s, besonders schön sind die Ikonostase, der Marmorbrunnen und der mit volkstümlichen Reliefs verzierte Glockenturm. 15 Gehminuten von der Platía entfernt steht nahe der Asphaltstraße zur Stadt das sehr viel ärmlichere Kloster *Moní tu Paleókastru* (17. Jh.). *9 km von Mykonos-Stadt*

ARCHÄOLOGISCHES MUSEUM

Unter den vielen interessanten Funden von der delischen Friedhofsinsel Rhenia ragt ein großes archaisches Vorratsgefäß aus der Zeit um 670 v. Chr. heraus, das mit einer INSIDER TIPP Reliefdarstellung des sagenhaften Trojanischen Pferds samt seiner Besatzung sowie grausamen Kriegsszenen geschmückt ist. *Oberhalb der Straße zum Fähranleger*

SEEFAHRTSMUSEUM

Das *Aegean Maritime Museum* beherbergt historische Schiffsmodelle, nautische Geräte und maritime Gemälde. Darüber hinaus ist ein historisches *kaíki*, also ein hölzerner Frachtsegler, ausgestellt. *Tgl. 8.30–13 und 18–21 Uhr | nahe den Tría Pigádia im Ortskern*

VOLKSKUNDLICHES MUSEUM

Möbel, Fotos und zahlreiche weitere Objekte erinnern an das Leben auf der Insel in den letzten 200 Jahren. *April–Okt. tgl. 17.30–20.30 Uhr | am Platz vor der Kirche Paraportianí*

BEACH LIFE AUF MYKONOS

Die schönsten Sandstrände der Insel liegen an der Südküste. Der Strand *Platís Jalós* ist durch Linienbusse gut an die Stadt angebunden. Von diesem Strand fahren den ganzen Tag über Boote zum bei FKK-Fans beliebten *Paradise Beach* und zum *Super Paradise Beach*, der eher von Gays bevorzugt wird. Zum *Elía Beach* kommen Sie sowohl mit dem Bus als auch per Boot; ebenfalls mit Linienbussen erreichbar sind die gut besuchten Strände *Kalafátis*, *Ágios Stéfanos* und *Órnos* sowie der schmale, etwas ruhigere Strand *Ágios Ioánnis*.

Mit der Seilbahn vom Hafen nach Firá

FIRÁ/ SANTORIN

Die Hauptstadt der Insel säumt den Kraterrand auf großer Länge und geht nahtlos über in die angrenzenden Dörfer *Firostefáni* und *Imerovígli*.

So weit wie möglich sind die Häuser auch in den Kraterrand hineingebaut, und auch alles Interessante liegt in dessen unmittelbarer Nähe. Hier steht das älteste Hotel der Insel, das *Atlantis,* und gleich daneben die nach dem Erdbeben von 1956 neu errichtete orthodoxe *Kathedrale* mit zeitgenössischen Wandmalereien im traditionellen byzantinischen Stil.

SEHENSWERTES

SKÁLA (OLD PORT)

Ein breiter, kopfsteingepflasterter Weg verbindet die Kraterrandgasse von Firá über 587 Stufen mit dem alten Hafen der Stadt, den die Einheimischen (wie viele Schiffslandeplätze in Griechenland) *skála* nennen. Früher machten hier Fischerboote und Lastensegler fest. Heute heißt der Hafen die modernen Reisenden willkommen, die auf einer Kreuzfahrt auch die Schönheiten Santorins erkunden wollen. Dutzende von Maultiertreibern warten dort unten schon auf sie, um sie in etwa 15-minütigem Ritt nach oben zu tragen. Der Weg zwischen Firá und Skála ist deutlich von den Tieren gekennzeichnet. Man muss aufpassen, nicht von den Mulis überrannt zu werden und nicht in ihren Mist zu treten. Dennoch lohnt der Weg hinunter – man kann ja als Alternative die Kabinenseilbahn benutzen.

KABINENSEILBAHN ★

Zweimal sechs aneinandergekoppelte Kabinen verbinden Firá seit Anfang der 1980er-Jahre mit seinem alten Hafen. In zwei Minuten überwinden sie 225 m Höhenunterschied. Die aus Österreich stammende Seilbahn ist ein Geschenk des Reeders Evángelos Nómikos an seine Heimatinsel gewesen und gehört heute der Gemeinde. *Bergstation am Kraterrand beim Archäologischen Museum (gut ausgeschildert) | tgl. 6.30–21 Uhr, im Hochsommer je nach Bedarf auch länger | einfache Fahrt 5 Euro*

ARCHÄOLOGISCHES MUSEUM ★

Im Kassenraum stehen einige schon vor Beginn der Ausgrabungen von Akrotíri auf der Insel gemachte Funde aus prähistorischer Zeit. Besonders schön sind drei kleine Keramikkannen auf dem obersten Regal einer Vitrine am Übergang zum großen Saal, die deutlich mit zwei Brustwarzen verziert sind – und daher auch *Brustwarzenkannen* genannt werden.

Im großen Museumssaal gehen Sie im Uhrzeigersinn. Gleich links vom Eingang steht in einer Hängevitrine als einziges Stück einer der größten Schätze des Museums: eine bemalte, sehr gut erhaltene, etwa 30 cm hohe weibliche *Terrakottafigur* aus der zweiten Hälfte des 7. Jh.s v. Chr. Die dargestellte Dame rauft sich die Haare – eine Geste der Trauer, wie sie z. B. auch bei den Klageweibern im griechischen Kultfilm „Alexis Zorbas" zu sehen ist und wie sie heute noch in Griechenland allgemein üblich ist. *Am nördlichen Ende der Kraterrandgasse nahe der Seilbahnstation | Di–So 8–15 Uhr | Eintritt 2 Euro*

KATHOLISCHES VIERTEL (TA FRÁNGIKA) ★

Unmittelbar östlich der Bergstation der Kabinenseilbahn liegt das Stadtviertel Ta Frángika, „Das Fränkische". Hier lebte ab dem frühen 18. Jh. ein Großteil der auf Santorin nach dem Ende der italienischen Herrschaft verbliebenen römischen Katholiken, im Volksmund Franken genannt. An der Gasse zwischen der Seilbahnstation und dem Mégaron Ghízi stehen die beiden bedeutendsten Bauten des Viertels: das *Dominikanerinnenkloster* und die *römisch-katholische Kathedrale* der Insel.

Sobald Sie die kleine Kirche des katholischen Klosters betreten, spüren Sie den Unterschied zu einem orthodoxen Gotteshaus. Hier gibt es ein Weihwasserbecken, einen Beichtstuhl und vor allem Heiligenskulpturen. Die aus verschiedenen Ländern stammenden Dominikanerinnen im Kloster heißen Besucher ihrer Gottesdienste *(tgl. 6.15, 7.45, 12.15, 16.10, 18, 19.30, 21 u. 1 Uhr)* jederzeit herzlich willkommen. Die Kirche ist stets geöffnet.

Schräg gegenüber dem Kloster steht die kleine römisch-katholische Kathedrale aus dem Jahr 1823, die Johannes dem Täufer geweiht ist. *Gottesdienste Sa 19, So 10 u. 19 Uhr | Kirche tagsüber frei zugänglich*

DIE MAULTIERE VON SANTORIN

Ein Maultierritt vom alten Hafen von Firá hinauf ins Städtchen ist für Kreuzfahrttouristen der abenteuerliche Auftakt ihres Inselaufenthalts. Fast 400 der Tiere sind im Hochsommer im Einsatz, 40 Treiber verdienen mit ihnen ihr Geld. Jeden Morgen führen sie die Tiere von ihren Stallungen am Ortsrand hinunter an den Hafen und abends wieder heim. Für sie ist das Geschäft nicht weniger anstrengend als für die Vierbeiner. Aufgebessert werden ihre Einkünfte durch die Beteiligung an der konkurrierenden Seilbahn, von deren Gewinn sie 20 Prozent erhalten. Manche Tierfreunde beklagen das harte Los der Maultiere; die Treiber hingegen betonen, dass sie sich bestens um sie kümmern *(www.santorini-donkey.gr)*. Und: Im Rahmen des Projekts „Donkey Republic" schufen Künstler aus aller Welt bunt bemalte Kunstesel und -maultiere aus Fiberglas, die im öffentlichen Raum ausgestellt werden und im Kleinformat auch als Souvenirs zu erwerben sind. Ein Teil des Erlöses geht an den SAWA-Gnadenhof für Maul- und andere Tiere bei Karterádos.

Jungfräulich erstrahlt Firás Kathedrale

ORTHODOXE KATHEDRALE ★

Der schneeweiße, weithin sichtbare Kuppelbau am Kraterrand von Firá ist eine der Landmarken der Insel. Er wurde erst 1956/57 errichtet, nachdem die alte orthodoxe Kathedrale von 1827 beim Erdbeben zerstört worden war. Schon auf den ersten Blick beeindruckt der Innenraum durch seine prachtvolle Ausstattung mit wertvollen Kristallleuchtern und einer kunstvollen Ikonostase. Das Schönste aber sind die großflächigen Malereien, die die Innenwände und -decken überziehen. Sie stammen von dem 1945 in Éxo Goniá auf Santorin geborenen und heute noch auf der Insel lebenden Maler Christóphoros Assímis und wurden von den orthodoxen Gläubigen der Insel finanziert. Wer den Darstellungen in dieser Mariä Lichtmess geweihten Kathedrale nur ein wenig Zeit widmet, wird den orthodoxen Glauben und die orthodoxe Kirchenkunst besser verstehen lernen.

PRÄHISTORISCHES MUSEUM ★

Das Museum birgt vor allem Funde, die seit 1976 bei den Ausgrabungen von Akrotíri gemacht wurden. Der Rundgang verläuft entgegen dem Uhrzeigersinn.
In Raum B erklären Tafeln sehr gut und ausführlich, aber leider nur auf Englisch und Griechisch die Geologie und Entstehungsgeschichte Santorins. In einer Vitrine gleich rechts sind in älteren Lavaschichten gefundene *Abdrücke von Pflanzenteilen und Tieren* ausgestellt, darunter Abdrücke von 60 000 Jahre alten Olivenbaumblättern. *Gegenüber der zentralen Bushaltestelle | Mi–Mo 8–15 Uhr | Eintritt 3 Euro*

SANTOZEUM ★

Das 2011 eröffnete Museum zeigt in einer modern konzipierten Ausstellung aufwendig nach streng wissenschaftlichen Maßstäben rekonstruierte 3-D-Reproduktionen nahezu aller über 3500 Jahre alten Wandfresken von Akrotíri. Wie bei den wenigen Originalen, die im Archäologischen Nationalmuseum in Athen und im Prähistorischen Museum von Firá zu sehen sind, ist auch bei den hier ausgestellten Repliken deutlich zu unterscheiden, welche Teile des Gesamtbilds die Archäologen in den ausgegrabenen Häusern entdeckten und welche Teile mit mehr oder minder viel Fantasie, aber äußerst gelungen rekonstruiert wurden: Oft überwiegt die nachgebildete Fläche die Originalmalereien bei Weitem. *Nahe der Seilbahnstation, dort gut ausgeschildert | Mai–Okt. tgl. 10–18 Uhr | Eintritt 5 Euro | www.santozeum.com*

TAVERNEN

SÍMOS

Eine klassische Taverne ohne Kraterrandblick, aber mit exzellenter Küche. Statt ein Hauptgericht zu bestellen, können Sie sich abends auch verschiedene kleine Gerichte zu einem typischen griechischen *mesé* zusammenstellen. Der Wirt bringt eine Auswahl auf einem Tablett an den Tisch. Sie suchen sich aus, was Ihnen gefällt, und lassen sich genau das servieren. *Firostefáni, links an der Hauptstraße von Firá nach Imerovígli | tgl. | €*

INSIDER TIPP NÁOUSSA

Die renommierte Taverne ist 2013 direkt an den Kraterrand umgezogen. Die Preise wurden deswegen aber nicht erhöht, sodass sie die wohl preisgünstigste gute Taverne mit solch toller Aussicht ist. Daher muss man Wartezeiten in Kauf nehmen. Das Warten lohnt aber nicht nur wegen der Aussicht und der günstigen Preise: Die Wirtsleute aus Makedonien servieren griechische Tavernenkost vom Besten, die oft nach makedonischer Art gut gewürzt ist. *Odós Georgíou D. Nómikou | www.naoussa.restaurant.com | tgl. ab 12 Uhr |*

ZIELE IN DER UMGEBUNG

AKROTÍRI ★

Die Ausgrabungen von Akrotíri sind das griechische Pompeji. Allerdings hat man hier keine Toten gefunden – und keinerlei metallene Objekte. Das legt die Vermutung nahe, dass die Bewohner der Stadt vor der großen Eruption durch Erdbeben oder kleinere Vulkanausbrüche gewarnt worden waren und mitsamt ihrer wertvollsten Habe, wozu damals alles aus Metall zählte, flüchteten.

Anders als in den meisten archäologischen Stätten gibt es hier sehr viel mehr als nur Grundmauern zu sehen. Hier sind Hausfassaden erhalten, die bis zu vier Etagen hoch sind, und Amphoren, die noch so stehen wie zum Zeitpunkt des Vulkanausbruchs. Ganze Straßenzüge sind erkennbar. In etlichen Häusern haben Archäologen Fresken gefunden, die in viele Einzelteile zerschlagen waren, und mühsam wieder zusammengesetzt. Sie befinden sich heute im Archäologischen Nationalmuseum in Athen und im Prähistorischen Museum in Firá, doch vermitteln Postkarten, die an der Kasse

WEISS-BLAU

Warum so viele Gebäude auf Santorin und anderen griechischen Inseln in Weiß und Blau gehalten sind, lässt sich nicht absolut sicher sagen. Romantiker verweisen auf die Grundfarben von Himmel und Wasser. Analytiker erinnern an die griechische Nationalflagge: Indem die Santoriner und die anderen Kykladenbewohner ihre Bauten so färbten, dokumentierten sie im 19. Jh. stolz ihre Zugehörigkeit zum freien Griechenland.

zu den Ausgrabungen erhältlich sind, und die Rekonstruktionen im Santozeum in Firá einen guten Eindruck von ihrer Anmut und Schönheit. *April–Okt. Di–So 8–20 Uhr | Busverbindung nach Firá (15 km)*

KAIMÉNI-INSELN ★

Die beiden Lavainseln im Krater lohnen einen Bootsausflug von Oía oder Firá aus. Auf der größeren, *Néa Kaiméni,* gibt es mehrere, teilweise erst im 20. Jh. entstandene Krater. Besucher können die Hitze des Bodens fühlen und Schwefeldämpfe aufsteigen sehen. In einer kleinen Badebucht von *Paléa Kaiméni* erwärmt eine 45 Grad heiße Quelle das Meerwasser.

OÍA

Oía im äußersten Nordwesten ähnelt Firá, ist aber noch weitaus ruhiger. Hier sind viele Häuser in natürliche Grotten in der Kraterwand hineingebaut, von denen etliche auch an Urlauber vermietet werden. An der Kraterrandgasse bilden einige klassizistische Villen den Kontrast dazu und zeugen davon, dass die Bewohner von Oía anders als die von Firá häufig zur See fuhren, Kapitäne oder gar Schiffseigner wurden. Ein kleines Museum erinnert an diese Zeit. *11 km von Firá*

WEINKELLEREIEN

Sie können mehrere Weinkellereien Santorins besichtigen, *Boutari (Besucherzentrum tgl. ca. 10–18 Uhr | ausgeschildert ab Hauptstraße | Megalochóri)* ist die modernste. Hier gibt es Kellereiführungen in mehreren Sprachen und Weinproben. Ganz individuell führt Inhaber Antónios Argyrós seine Besucher auf Englisch durch seine aus dem Bimsstein gegrabene **INSIDER TIPP** *Weinkellerei Art Space (tgl. ca. 11 Uhr bis Sonnenuntergang | www.artspace-santorini.com)* am Rande des Dorfs Éxo Goniá, die zugleich auch Brennerei und renommierte Kunstgalerie ist.

Stein und Wasser geworden sind auf Oía die griechischen Nationalfarben

EINKAUFEN

Kunsthandwerkliche, kulinarische und musikalische Andenken sind äußerst beliebt

Zwischen Tinnef und Labels aus aller Welt finden Sie überall auch Schönes und Nützliches aus griechischer Produktion: Kunsthandwerk, Schmuck und Kulinaria. Die Ladenöffnungszeiten sind von Region zu Region unterschiedlich. Reine Souvenirgeschäfte haben meist täglich 9–22 Uhr, Supermärkte Mo–Sa 8–20 Uhr geöffnet. Andere Geschäfte sind Mo–Sa 9–14 Uhr und Di, Do, Fr auch ca. 17–20 Uhr offen.

JUNGE MODE

Es gibt einige griechische Labels, die noch erschwinglich sind, z. B. von Anna Riska *(annariska.gr)* und Haris Cotton *(hariscotton.gr)*. Auch in der Provinz weit verbreitet ist die Günstig-Marke *Paranoia (www.paranoia-eshop.gr)*.

KERAMIK

Von einfacher Gebrauchskeramik bis zu kunstvollen Skulpturen reicht das Angebot griechischer Keramikwerkstätten. Besonders groß ist die Auswahl in der Athener Pláka.

MUSEUMSLÄDEN

Viele Museumsshops bieten neben Kopien von Museumsobjekten Dinge mit modernem, aber von Altem inspiriertem Design an. Lohnend u. a.: die Läden im Akrópolis- und Benaki-Museum in Athen und in den Industriegeschichtlichen Museen der PIOP *(Piraeus Bank Group Foundation | www.piop.gr)*.

SCHUHE

Selbst in der Provinz staunt Mann, was Frauen Abenteuerliches an den Füßen tragen. Die Preise sind günstig, die Zahl der Schuhgeschäfte ist immens.

SPIELE

Erweitern Sie doch einfach Ihre Spielesammlung. *Távli* ist wie Backgammon und leicht zu erlernen: Oder wie wär's mit einem griechischen Monopoly? Straßen und Bahnhöfe tragen griechische Namen, aber die Regeln sind gleich.

IRÁKLIO/ KRETA

Keine Angst! Von Weitem wirkt das fast 200 000 Einwohner zählende Iráklio zwar wie ein Moloch – doch im Zentrum ist die Stadt nett, übersichtlich und vor allem voll urbanen Lebens. Und das bei Tag und Nacht.

Den Autoverkehr hat man in den vergangenen Jahren ganz gut in den Griff bekommen, Ampeln abgebaut und viele Fußgängerzonen geschaffen. So haben jetzt auch Tavernen und Straßencafés noch mehr Platz in der Stadt. Als Shoppingmetropole ist Iráklio auf der Insel unübertroffen und seine Museen gehören zu den wichtigsten ganz Griechenlands.

SEHENSWERTES

ÁGIOS-MÁRKOS-KIRCHE *(15/C2)*

In der 1239 gebauten, ältesten venezianischen Kirche der Stadt nahe dem Morosini-Brunnen finden heute Konzerte und Ausstellungen statt. Die monolithischen Säulen der dreischiffigen Basilika sind antiker Herkunft. *Wechselnde Öffnungszeiten | Eintritt frei | Odós 25 Avgústu*

ÁGIOS-MINÁS-KIRCHE *(15/B3)*

Die etwa 150 Jahre alte Kathedrale von Iráklio ist ein Bilderbuch: Kuppeln, Gewölbe und Wände sind vollständig mit vielen biblischen Erzählungen ausgemalt. *Tagsüber meist geöffnet | Eintritt frei | Platía Agía Ekaterínis*

ARCHÄOLOGISCHES MUSEUM ★ *(15/D2)*

Wenn nicht hier, wo sonst? Das zweigeschossige Museum zeigt mehr Funde aus minoischer Zeit als alle anderen Museen der Welt zusammen. Gezeigt wird nicht nur hehre Kunst. Viele Objekte erzählen aus dem täglichen Leben vor etwa 3500 Jahren. Zu den wertvollsten Stücken gehört ein Stierkopfrhyton aus Steatit (Speckstein) mit Augen aus Bergkristall und einem Maul aus Perlmutt. Berauschend schön sind die Wandmalereien aus dem Palast von Knossós und minoischen Villen. *April–Okt. tgl. 8–20 Uhr | Eintritt 10 Euro | Platía Eleftherías/Odós Xanthudínu*

ERDBEBEN-SIMULATOR *(15/A1)*

Wie fühlt es sich an, wenn die Erde zittert? Das möchte niemand wirklich erleben. Aber im Simulator des *Naturgeschichtlichen Museums* wird's gefahrlos interessant. Da schütteln Erdbeben verschiedenster Stärke Sie jede halbe Stunde in einem nachgebauten alten Klassenzimmer arg durch. *Eintritt 9 Euro | Leof. Sof. Venizélou | Infos & Öffnungszeiten unter: www.nhmc.uoc.gr*

HISTORISCHES MUSEUM *(15/B1)*

Wie sah Iráklio vor knapp 400 Jahren aus? Ein großes Holzmodell zeigt es deutlich im Maßstab 1 : 500. Auch interessant: mittelalterliche Handgranaten aus Glas und Keramik, kretische Trachten und Volkskunst, ein Arbeitszimmer des Sorbás-Autors Níkos Kazantzákis. Und für Kunstfreunde zwei kleine Gemälde von El Greco. *Mo–Sa 9–17 Uhr | Eintritt 5 Euro | Odós Lysimachou Kalokerinou 7 | www.historical-museum.gr*

KÚLES-FESTUNG *(15/D1)*

Hier kommt der Kreislauf in Schwung. Erst steigen Sie durch dunkle Gewölbe der venezianischen Hafenfestung aufs Dach und schauen über die Altstadt hinweg auf die kretischen Berge. Danach können Sie sich den Joggern anschließen, die auf der etwa 1 km langen Hafenmole eine jodhaltige Runde drehen. *Di–So*

Iráklios Festung bietet traumhafte Aussichten

8–15 Uhr | Eintritt 3 Euro | auf der Mole des Fischerhafens

MOROSÍNI-BRUNNEN *(🕮 15/C2)*

Treffpunkt verabreden? Der venezianische Löwenbrunnen ist der allgemeine Meeting Point der Stadt. Auf ihn münden alle wichtigen Tag- und Nachtgassen der Stadt: die breite Fußgängermeile 25is Avgústou, die Haupteinkaufsstraßen Dédalu, 1866 und Kalokerinú und die Nightlife-Areale Handakós und Platía Korái. *Platía Venizélou*

ODÓS 1866 *(🕮 15/C3)*

Hier ist viel los, auch wenn die Gasse keine traditionelle Marktmeile der Einheimischen mehr ist. Kulinarische Souvenirs können Sie hier gut kaufen, in eher altmodischen Tavernen und Kafenía oder in modernen Bistros und Coffeeshops einkehren. Am schönsten sitzt man am östlichen Straßenende vor dem venezianischen Bembo-Brunnen.

ZIELE IN DER UMGEBUNG

KNOSSÓS

Die Nummer eins unter den Topsehenswürdigkeiten der Insel. Der sogenannte „Palast" von ★ Knossós war schon vor 3500 Jahren eine Großstadt mit vielleicht 80 000 Bewohnern. Hier wohnte man in teils viergeschossigen Häusern mit Kanalisation, gepflasterten Straßen und Plätzen. Schöne Fresken zierten viele Wände, in Werkstätten entstanden Kunstwerke von einzigartiger Eleganz, in Speicherräumen lagerten Vorräte in riesigen Krügen. Über sich und ihre Geschichte haben die Bewohner uns nichts überliefert, obwohl sie eine Schrift kannten. Der Engländer Sir Arthur Evans hat die Siedlung im ersten Viertel des letzten Jahrhunderts freigelegt – und sie danach in Teilen wieder aufgebaut. *April–Okt. tgl. 8–20 Uhr | Eintritt 15 Euro, Kombiticket mit Archäologischem Museum Iráklio 16 Euro*

RHODOS-STADT

Gibt es eine schönere Stadt? Geschmackssache! Aber auf keinen Fall eine intaktere Altstadt dieser Größe.

2400 Jahre ununterbrochener Besiedlung macht Rhodos keine andere nach – und dabei ist sie quicklebendig geblieben. In der Altstadt durchdringen sich die Jahrhunderte. Über 2000 Jahre alte Mauerreste erzählen von großer Baukunst; über 500 Jahre alte Wohnhäuser dienen jetzt als kleine Boutiquehotels und Pensionen, Cocktailbars und Tavernen. Die Hauptgassen haben Basar-Charakter, während in vielen Seitengassen mehr Kätzchen als Menschen zu sehen sind. Mit der Ritterstraße besitzt Rhodos die am besten erhaltene mittelalterliche Wohnstraße der Welt – und das Archäologische Museum war einst das modernste Hospital seiner Zeit.

SEHENSWERTES

ALTSTADT ★ *(🕮 14/B–C 3–4)*

Die zum UNESCO-Weltkulturerbe erklärte Altstadt ist noch vollständig von ihrer 4 km langen *Stadtmauer* umgeben. Auf die können Sie rauf oder sie landseitig im 2,5 km langen *Wallgraben* umwandern. In der Altstadt folgen Sie zur ersten Orientierung den Hauptgassen, erkunden dann die stilleren Ecken im Zickzackkurs. Auf stellenweise freigelegten Mauern aus der Antike stehen die Bauten von Byzantinern, Kreuzrittern, Israeliten, Osmanen und Griechen, kein Neubau stört das Bild.

ARCHÄOLOGISCHES MUSEUM ★ *(🕮 14/C3)*

Selbst Museumsmuffel bleiben oft länger als eine Stunde im bedeutendsten Museum der Insel, denn es ist viel mehr als nur ein Ausstellungsgebäude. Sein Garten ist ein Traum. Sein Innenhof mit doppelstöckigen Fassaden, zu Pyramiden aufgeschichteten Kanonenkugeln und einem antiken Marmorlöwen ist ein super Fotomotiv. Und die beiden marmornen Aphroditen sind Frauen, deren Maße manche gerne hätte. *Ca. Ostern–Okt. tgl. 8–20 Uhr | Eintritt Ostern–Okt. 8 Euro | Odós Apéllou | Altstadt*

MANDRÁKI-HAFEN ★ *(🕮 14/C2)*

Alle wollen es wissen: Wo stand denn nun der berühmte Koloss von Rhodos? Keiner weiß es. Doch fast alle sagen: Breitbeinig über der Einfahrt zum Mandráki-Hafen – da, wo jetzt zwei Säulen die Wappentiere der Insel tragen, Hirsch und Hirschkuh. Besonders schön ist die Mole mit den drei Windmühlen und der Hafenfestung *Ágios Nikólaos*, alle aus dem 15. Jh.

WAUZ UND MAUZ

Frei laufende Hunde und Katzen sehen Sie auf ganz Rhodos. Die Tiere sind harmlos und ungefährlich, haben aber viel Übles zu ertragen und leiden vor allem im Winter oft Hunger. Zwei Vereine kümmern sich um den Tierschutz, unterhalten Tierheime, vermitteln Adoptionen und Flugpatenschaften: *www.pfoetchenhilfe-rhodos.de* und *rhodesanimalwelfaresociety.blogspot.com.*

NÉA AGORÁ ★ *(📖 14/B3)*

Das Gebäude ist mit sieben Ecken, aber nur eineinhalb Stockwerken nicht zu übersehen. Unter den Arkaden zur Hafenseite hin sind mehrere Cafés angesiedelt; im Innenraum steht die Fischmarkthalle, die heute nur noch durch die schönen Fischreliefs an den Kapitellen ihrer Säulen als solche zu erkennen ist. *Platía Eleftherías Mandráki*

ODÓS SOKRATOÚS (SOKRATESSTRASSE) ★ *(📖 14/B–C3)*

„Shopping pur" lautet das Motto auf der Sokratesstraße, der Hauptgasse der Altstadt. Sanft steigt sie von der Platía Ippokrátous zur Süleyman-Moschee an. Viele kleine Geschäfte zu beiden Seiten bieten fast alles, was der Tourist vermeintlich braucht, und noch viel mehr: Schmuck und frischen Röstkaffee, Leder und Pelze, Naturkosmetik und griechische Kulinaria, Kitsch, T-Shirts und sogar Ritterrüstungen in Light-Version.

RITTERSTRASSE ★ *(📖 14/B–C3)*

Die Odós Ippotón ist die einzige vollständig erhaltene mittelalterliche Wohnstraße Europas. Schnurgerade zieht sie sich vom Ordenshospital der Johanniterritter, heute Archäologisches Museum, bis zum Großmeisterpalast. Die schönste Herberge gehörte den französischen Rittern und liegt etwa in der Mitte. *Ständig zugänglich, keine Besichtigung von Innenräumen | Odós Ippotón | Altstadt*

INSIDER TIPP TÜRKISCHER FRIEDHOF *(📖 14/B2)*

Runterkommen, abschalten, träumen ... Der schönste Ort, um alles um sich herum zu vergessen, ist die verwunschen wirkende Anlage des alten türkischen Friedhofs der Stadt. *Tagsüber zugänglich | Zugang von der Platía Koundourióti aus | Neustadt*

Zeugen der Antike in Líndos

ZIELE IN DER UMGEBUNG

LÍNDOS ★

Líndos gleicht einem Bilderbuchdorf. Weiße Häuser ziehen sich von einer Bucht mit schönen Sandstränden über einen Hügelkamm bis zur fast völlig von Felsen umschlossenen Paulus-Bucht hinüber. Darüber ragen die trutzigen Mauern einer *Kreuzritterburg (April–Okt. Sa–Mo 8–15, Di–Fr 8–20 Uhr)* auf. Innerhalb der Burgmauern strecken sich die Säulen eines antiken Athena-Tempels in den Himmel. *46 km von Rhodos-Stadt*

FILÉRIMOS

Auf dem 267 m hohen Plateau des Filérimos-Bergs stand einst die Akropolis der antiken Stadt Ialissós. Von ihr blieben Fundamente eines Tempels erhalten, neben dem im 10. Jh. ein Kloster erbaut wurde, das die Italiener restaurierten. *April–Okt. ab 8 Uhr | 17 km von Rhodos-Stadt*

PRAKTISCHE HINWEISE

ANLEGESTELLEN

▶ PIRÄUS (ATHEN)

Im größten Hafen Griechenlands legen auch die Kreuzfahrtschiffe an. Die Athener Innenstadt ist ca. 10 km entfernt und mit Taxis oder mit der Metro zu erreichen.

▶ KORFU

Der Kreuzfahrthafen von Korfu-Stadt liegt im Norden der Insel. Kreuzfahrtschiffe machen im Alten Hafen fest. Die ca. 2,5 km entfernte Altstadt ist entweder zu Fuß oder mit Bussen gut erreichbar.

▶ OLYMPIA

Kreuzfahrtschiffe machen im Hafen von Katakolon fest, das 33 km von den historischen Stätten von Olympia entfernt ist. Sie können entweder ein Taxi mieten oder die Bahn nutzen (Fahrtzeit ca. 45 Minuten).

▶ MYKONOS

Moderne Kreuzfahrtschiffe legen im Hafen von Tourlos an. Für die Fahrt in die ca. 2 km entfernte Stadt können Sie den Shuttlebus nutzen oder den Mykonos Seabus, eine Fähre, die den Kreuzfahrthafen mit dem Stadthafen verbindet.

▶ SANTORIN

Große Kreuzfahrtschiffe ankern vor der Küste; Sie werden mit Tenderbooten zur Insel übergesetzt.

▶ IRÁKLIO

Kreuzfahrtschiffe machen direkt im Hafen von Iraklio fest; je nach Liegeplatz werden Sie mit Shuttlebussen zum Terminal gebracht. Von hier aus erreichen Sie die Innenstadt in ca. 15 Minuten zu Fuß. Alternativ stehen Taxis und Busse zur Verfügung.

▶ RHODOS-STADT

Der neue Hafen von Rhodos befindet sich in unmittelbarer Nähe des historischen Zentrums, das Sie problemlos zu Fuß erreichen können.

EINTRITTSPREISE

Die Eintrittspreise für Museen und archäologische Stätten betragen im Durchschnitt 4–6 Euro; gehört zu einer Ausgrabung ein Museum, muss eventuell zweimal Eintritt bezahlt werden. Bedeutende Ausgrabungen und Museen kosten 8–15 Euro Eintritt; zwischen November und März halbiert sich hier außerhalb Athens der Ticketpreis. Schüler und Studenten aus EU-Ländern (mit nationalem Schüler- oder internationalem Studentenausweis) haben freien Eintritt, Senioren ab 65 Jahren ermäßigten. Kostenlos sind staatliche Museen und alle Ausgrabungen von November bis März an jedem 1. So im Monat, außerdem am 6. März, 18. April, 18. Mai, 5. Juni, 28. Oktober und am letzten Wochenende im September.

GELD & PREISE

Bargeld erhalten Sie am günstigsten per EC-/Maestro-Karte aus den zahlreichen Bargeldautomaten der Banken. Weit höher sind die Gebühren, wenn Sie dafür eine Kreditkarte nutzen. Banken und Postämter lösen Reiseschecks ein und tauschen Devisen. Öffnungszeiten der Banken Mo–Do 8–14 Uhr, Fr 8–13.30 Uhr, in größeren Städten und in Touristenzentren manchmal auch länger. Lebensmittel in Supermärkten sind meist etwas teurer als in Deutschland.

Griechenland

Urlaub von Anfang bis Ende: die wichtigsten Informationen für Ihre Reise

GESUNDHEIT

Die ärztliche Grundversorgung ist gewährleistet. Bei ernsthaften Verletzungen oder Erkrankungen empfiehlt sich jedoch die vorzeitige Heimreise.

Zwischen den deutschsprachigen Ländern und Griechenland besteht ein Sozialversicherungsabkommen. Mit der von Ihrer gesetzlichen Krankenkasse ausgestellten *European Health Insurance Card (EHIC)* können Sie sich bei allen Vertragsärzten der griechischen Krankenkasse IKA sowie in staatlichen Krankenhäusern und Gesundheitszentren kostenlos behandeln lassen. Freie Arztwahl hat man, wenn man bar bezahlt. Der Abschluss einer privaten Auslandskrankenversicherung ist ratsam.

Apotheken gibt es in allen größeren Orten; viele Medikamente gibt es rezeptfrei und sehr viel billiger als bei uns. Ein Schutzmittel gegen Mückenstiche sollten Sie auf jeden Fall in Ihrem Reisegepäck mitführen.

INTERNETZUGANG & WLAN

Kostenlosen WLAN-Zugang bieten viele Cafés und Bars. Häufig haben auch die Stadtverwaltungen an zentralen Plätzen kostenfreie WLAN-Zonen eingerichtet. Wer auf Computer angewiesen ist, findet in größeren Städten eine – abnehmende – Zahl an Internetcafés, die meist eine Stundengebühr zwischen 3 und 5 Euro erheben.

NOTRUF

Landesweit für Polizei, Krankenwagen, Feuerwehr: 112. Erwarten Sie nicht, dass Ihr Gesprächspartner sich mit Ihnen in einer Fremdsprache verständigen kann. Lassen Sie daher besser einen Einheimischen anrufen!

TAXI

Taxis sind überall im Land reichlich vorhanden und nicht teuer. In den Städten fahren sie mit Taxameter; in den *agoraíon* genannten Taxis in den Dörfern liegen Tariftabellen aus. Geringe Zuschläge, die das Taxameter nicht anzeigt, dürfen für Fahrten von Flughäfen, Häfen und Bahnhöfen sowie für Gepäckstücke, die mehr als 10 kg wiegen, erhoben werden.

ZEITUNTERSCHIED

In Griechenland ist es ganzjährig eine Stunde später als bei uns.

WAS KOSTET WIE VIEL?

Taxi	0,74/1,30 Euro pro km *Stadt-/Landtour 5–24 Uhr*
Strand	5–8 Euro *Sonnenschirm-Tagesmiete inkl. 2 Liegen*
Wein	3,50 Euro *für ein Glas Tafelwein*
Fisch	40–60 Euro *für 1 kg im Restaurant*
Benzin	1,50–1,70 Euro *für 1 l Normalbenzin*
Gýros	2,50 Euro *für 1 Portion mit pitta (Fladenbrot)*

TÜRKEI

Ein Land elfmal so groß wie Bayern, wechselhaft, voller Schönheit und Widersprüche.
Die geografische Lage der Türkei zwischen Europa, Asien und dem afrikanischen Kontinent prägt ihren reizvollen Charakter ebenso wie die Probleme, mit denen das Land immer wieder zu kämpfen hat. Eine junge, aufstrebende Bevölkerung, endlose Debatten über die Moderne und den Islam und ein ehrgeiziger Aufschwung charakterisieren das Land im 21. Jahrhundert. In Sachen Natur punktet die Türkei u. a. mit mehr als 4000 km Ägäis- und Mittelmeerküste mit herrlichen Buchten und dem saubersten Wasser Südeuropas. Und an einigen Mittelmeerstränden brüten sogar die letzten Exemplare der Meeresschildkröte *Caretta caretta*.

İSTANBUL

Die auf zwei Kontinente gebaute 12-Mio.-Einwohner-Stadt ist das Herz der Türkei, ihre wirtschaftliche und kulturelle Kapitale.
Als Konstantinopel war sie vom 4. Jh. bis 1453 Hauptstadt des byzantinischen Imperiums, darauf folgte die Herrschaft der Osmanen, die ihr den Namen *İstanbul* gaben. Heute ist İstanbul eine faszinierende Stadt mit unzähligen Sehenswürdigkeiten – Hagia Sophia, Blaue Moschee und Topkapı-Palast sind die bekanntesten unter ihnen –, einem immensen Hotel- und Restaurantangebot sowie Shoppingmeilen, wo alle Weltmarken vertreten sind.

Bild: Wie aus 1001 Nacht: İstanbuls Kulisse

Von İstanbul über Kuşadası: Badefreuden und die bedeutendsten Fundstätten des Altertums

SEHENSWERTES

BLAUE MOSCHEE (SULTANAHMET CAMII) ★ (🕮 16/E4)

Auf den ersten Blick ist sie die beeindruckendste Moschee der Stadt. Über drei Stufen steigen die Kuppeln gen Himmel. Die Sultanahmet-Moschee ist besser als Blaue Moschee bekannt – wegen der wunderbaren blauen Kacheln, die die Wände im Inneren schmücken. Das Gebäude wurde zu Beginn des 17. Jh.s errichtet und bereits die Vorhöfe gegenüber der Hagia Sophia beeindrucken durch ihre Größe.

Im Innenraum dominieren neben den blauen Kacheln auch der rote Teppich und die riesigen Leuchter, die aus der Kuppel herabhängen. Aus einigen der 260 Fenster – viele von ihnen sind bunt verglast – schaut man auf das Marmara-Meer oder in einen hübschen Moscheengarten. Freitags sollte man die Moschee den Betenden überlassen. *Sa–Do ab 8.30 Uhr, Fr ab 14 Uhr | Sultanahmet Meydanı 7*

HAGIA SOPHIA (AYASOFYA) ★ *(🕮 16/E4)*

Die größte Basilika des byzantinischen Reichs wurde 537 n. Chr. eingeweiht. Die Kuppel ist 18 Stockwerke hoch und hat einen Durchmesser von 30 m. Die Besichtigung kann im Erdgeschoss beginnen und auf den Galerien enden, von wo man noch einmal einen grandiosen Blick auf den Innenraum hat. *Di–So 9–19 (im Winter bis 17) Uhr | Eintritt ca. 10 Euro | Sultanahmetr*

TOPKAPI-PALAST (TOPKAPI SARAYI) ★ *(🕮 16/F3)*

Sitz der osmanischen Herrscher für über 400 Jahre und Wahrzeichen der Stadt. Die Anlage wuchs ab 1460 hinter den weitläufigen Mauern schrittweise zu dem verwirrenden Komplex aus Toren, Höfen und Pavillons im Grünen. Zu den ausgestellten Kostbarkeiten des Topkapı gehören Schmuck und Keramik, eine Waffensammlung und Reliquien des Propheten Mohammed. Von seiner Terrasse aus überblickt man die ganze Stadt. *Infos & Öffnungszeiten unter: www.topkapisarayi.gov.tr*

YEREBATAN-ZISTERNE (YEREBATAN SARNICI) ★ *(🕮 16/E3)*

Die größte der alten byzantinischen Zisternen, die die Türken „versunkenes Schloss" nannten, steht Besuchern zur Besichtigung offen. Am Ende einer kleinen Treppe öffnet sich plötzlich ein gewaltiger unterirdischer Raum. Noch immer steht Wasser in der Zisterne, aber über Stege können Sie bei klassischer Musik einen Rundgang durch das faszinierende versunkene Reich machen. 336 Säulen verhindern seit 1400 Jahren, dass die Decke der Zisterne einbricht. Im Sommer finden auf einer Plattform **INSIDER TIPP** Konzerte statt. Im Eingangsbereich befindet sich ein Café. *Tgl. 9–17.30 Uhr | Eintritt ca. 7 Euro | Yerebatan Cad. 7 | www.yerebatan.com*

Das Innere der Hagia Sophia ist ein Rausch aus Farben

GALATA-BRÜCKE (GALATA KÖPRÜSÜ) (🕮 16/D–E2)

Die Galata-Brücke an der Mündung des Goldenen Horns verbindet die Altstadt mit den modernen, nördlichen Stadtgebieten. Das älteste belegte Bauwerk über dem Goldenen Horn wurde im 6. Jh. n. Chr. unter Kaiser Justinian I. errichtet. Im 19. Jh. ließ Mahmud II. eine schwimmende Brücke bauen, die bis 1912 hielt. Im selben Jahr entstand die erste moderne Galata-Brücke am heutigen Standort, die bis zu einem Brand 1992 benutzt wurde. Die heutige Brücke ist eine Rekonstruktion und lässt sich in der Mitte öffnen.

GROSSER BASAR (KAPALI ÇARŞI) ★ (🕮 16/D3)

Der Große Basar ist das Herz der Altstadt, erstreckt sich von der Nuruosmaniye- bis zur Beyazıt-Moschee über eine Fläche von 32 000 m^2 und bietet von Teppichen bis zu Juwelen und Lederbekleidung fast alles, was das Herz begehrt. Besonders ursprünglich erleben Sie den Markt in der Nebensaison. Der Basar ist nach Gewerben geordnet, jedes Handwerk hat sein eigenes „Viertel". Verlassen Sie ihn in Richtung Goldenes Horn, können Sie durch das traditionelle Holzhandwerkerviertel INSIDER TIPP *Tahtakale* bis zum Meer schlendern. Es gehört zu den besonders authentischen Einkaufsorten İstanbuls. *Mo–Sa 8.30–19 Uhr | Beyazıt*

İSTANBUL MODERN (İSTANBUL MODERN SANAT MÜZESI) ★ (🕮 16/E1)

Ausgefallen das Äußere, attraktiv der Inhalt: Das private Museum für türkische Gegenwartskunst in İstanbul beherbergt herausragende Beispiele zeitgenössischer türkischer Kunst vom 19. Jh. bis heute. Eine Bücherei und ein Café am Kai mit Blick auf Topkapı runden das Angebot ab. *Infos & Öffnungszeiten unter: www.istanbulmodern.org*

İSTIKLAL-STRASSE (İSTIKLAL CADDESI) ★ (🕮 16/E1)

Die 1,4 km lange Fußgängerzone mit ihrer nostalgischen Straßenbahn ist das lebendige Zentrum İstanbuls. Vom oberen Ausgang der Zahnradbahn Tünel bis zum Taksim-Platz zieht sich die historische Prachtstraße mit Kinos, Bars oder Cafés durch den Stadtteil Beyoğlu. Viele schöne Geschäfte, Antiquariate, Kunstgalerien und Buchläden machen die Straße auch zum kulturellen Zentrum.

ZIELE IN DER UMGEBUNG

PRINZENINSELN (ADALAR) ★

Einst Verbannungsort für byzantinische Prinzen sind die Inseln im Südosten İstanbuls heute ein zauberhaftes Ausflugsziel. Auf den Inseln ist kein motorisierter Verkehr erlaubt, Fahrrad und Pferdekutschen sind die einzigen verfügbaren Verkehrsmittel. Von den fünf bewohnten Inseln ist Büyükada die größte und meistbesuchte. Der Stadt am nächsten liegt Kınalıada mit hübschem Fischerhafen mit Tavernen und kleiner Badebucht auf der Südseite; auf Heybeliada unterhält die türkische Marine ihre Ausbildungsstätten. Die kleinste bewohnte Insel Sedef liegt hinter Büyükada.

KADIKÖY

İstanbuler nennen die asiatische Seite gerne insgesamt so: Kadıköy oder das antike Khalkedon umfasst heute das südöstliche Stadtgebiet am Marmara-Meer. Mit langen Shoppingmeilen, einem wunderbaren Markt samt Fischlokalen, Buchläden und Boutiquen ist Kadıköy eine lebendige Bastion des säkularen Mittelstands. Hier gibt es neben Moscheen auch armenische und griechische Kirchen. Südlich liegt der mondäne Stadtteil Moda mit ausgedehnten Teegärten am Meer.

ESSEN & TRINKEN

Mehr als nur Döner und Kebap – ein türkisches Essen ist ein Erlebnis für Augen und Gaumen

Die türkische Küche ist kulinarisch vielfältig: Der Ursprung vieler Gerichte lässt sich in die Nomadenzeit der frühen Turkvölker zurückverfolgen, etwa die diversen Arten von in Lehmöfen gebackenen Brotsorten, die Joghurtspeisen oder Lammgerichte.

Kennzeichnend für die türkische Küche ist die sehr aufwendige, zeitraubende Vorbereitung selbst einfach erscheinender Gerichte. Das Frühstück ist weniger: Weißbrot, Schafskäse, Oliven und Marmelade. Mittags isst man meist eine Suppe und dann ein leichtes Gemüsegericht. Auch Vegetarier kommen auf ihre Kosten; Salate und Gemüse sind feste Bestandteile türkischer Menüs. Auf den Vorspeisentischen finden Sie Gemüse aller Art, Krabben, Muscheln, Tintenfischringe, humus (pürierte Kichererbsen), Saisonsalate und Blätterteigpasteten. Ein Gericht soll nach der Hauptzutat schmecken und nicht von Soßen oder Gewürzen überdeckt werden. ***Lamm und Rind*** werden darum meist gegrillt oder am Spieß (*şiş*) gebraten, sparsam gewürzt und fast immer ohne Soße serviert. Dazu gibt es Salat und Reis, *bulgur* (grob geschroteten Weizen) oder Kartoffeln. An den Küsten dominieren ***Fisch und Meeresfrüchte*** die Speisekarte. Zum Nachtisch gibt es Blätterteiggebäck, mit Zuckersirup übergossene Pasteten und Schokopuddings, ebenso saftiges Obst. An den Schluss gehört zwingend ein Tässchen türkischen ***Mokkas*** (*türk kahvesi*). Das türkische Nationalgetränk jedoch ist Tee (*çay*).

SPEISEN

acı – rote Pastete aus sehr scharfen Peperoni
baklava – schichtweise mit Pistazien oder Walnüssen gefüllter Teig
biber dolması – mit Hackfleisch und Reis gefüllte Paprikaschoten
çiğ köfte – scharf gewürzte, rohe Hackfleischbällchen
helva – „türkischer Honig"
iskender kebap – Dönerscheiben auf Fladenbrot mit Joghurt, übergossen mit Butter
sigara böreği – Blätterteigröllchen, gefüllt mit Schafskäse und Petersilie

KUŞADASI

Der Name Kuşadası (Vogelinsel) stammt von der dem Ort vorgelagerten „Taubeninsel", die seit 1834 durch einen Damm mit dem Festland verbunden ist.

Vor dem Kastell liegt der Fischerhafen, von dem aus sich das Stadtzentrum bis zum nördlich gelegenen Jachthafen erstreckt. Hinter dem Fischerhafen, beim Basar mit seinen überdachten Gassen, befinden sich die Reste des früheren osmanischen Städtchens.

SEHENSWERTES

INSIDER TIPP GÜVERCINADA (TAUBENINSEL)

Über einen 350 m langen Damm können Sie trockenen Fußes zur Taubeninsel hinüberlaufen. Dort ist die kleine genuesische Festung aus dem 14. Jh. zu bewundern, deren Turm später als Munitionsdepot genutzt wurde. Auf der Halbinsel gibt es eine Reihe schöner Teehäuser, die zu einem geruhsamen Nachmittag einladen.

KALEICI-MOSCHEE

Die Moschee wurde 1618 vom Großwesir Öküz Mehmet Paşa erbaut. Der 1830 renovierte Bau hat ein Minarett auf der rechten Seite. Die Kuppel ruht auf einem Sockel mit 16 Fenstern. *Im Marktviertel*

EINKAUFEN

BAZAAR 54

Die größte und beste Teppichadresse der Region ist das Dorf Çamlık bei Selçuk. Hier hat sich die Teppichkette Bazaar 54 ein „eigenes Dorf" geschaffen. Die Teppiche werden hier nicht nur verkauft, sondern auch geknüpft. *Tgl. 8–20 Uhr | Camlik Köyü.*

KUŞADASI LEATHER

Seit 1993 produziert und verkauft die Firma gute Lederwaren. Jacken u. a. werden auf Wunsch auch nach Maß geschneidert. *Barbaros Hayrettin Pasa Bulvari | Cephane Sok. 2*

ZIELE IN DER UMGEBUNG

INSIDER TIPP DILEK YARIMADASI MILLI PARKI

Der große Nationalpark auf der Dilek-Halbinsel südlich von Kuşadası ist ein wunderbares Naturgebiet rund um den Samsun-Berg, der fantastische Aussichten bietet. Im Nationalpark leben seltene Tiere, von Luchsen bis zu ausgewilderten Pferden. *Tgl. 7–20 Uhr | Eintritt 2,50 Euro*

EFES (EPHESOS) ★

Der Besuch der Reste *(Infos & Öffnungszeiten unter: www.ephesos.at)* der altgriechischen Stadt Ephesos ist ein Erlebnis. Die Ruinen des Artemis-Tempels aus dem 3. Jh. v. Chr. zählen zu den Sieben Weltwundern der Antike. Prachtvoll sind auch Theater, Gymnasion (Sportstätte), Bäder, Agora und die rekonstruierte Celsus-Bibliothek.

Antikes in Ephesos

EINKAUFEN

Teppich, Leder, Antiquitäten: Es gibt nichts, was es auf den türkischen Basaren nicht gibt

Das Feilschen um eine Melone oder einen Sonnenhut im Einzelhandel ist in der Türkei ebenso unüblich wie in Deutschland. Dagegen sind Basarhändler und Inhaber typisch türkischer Andenkenläden meist bereit, zu handeln. Feilschen Sie nicht ohne echtes Interesse! Der Käufer sollte nie als Erster einen Preis nennen und sein Angebot sollte die Forderung des Händlers nicht um mehr als 30–40 Prozent unterschreiten. In moderneren Läden in Großstädten gilt allerdings der Preis wie ausgezeichnet.

ANTIQUITÄTEN

Zu den beliebtesten Mitbringseln aus der Türkei gehören neben Kupfer- und Messingwaren, Wasserpfeifen, Silber- und Goldschmuck sowie Keramikarbeiten auch Antiquitäten, also mehr als 100 Jahre alte Stücke. Grundsätzlich ist die Ausfuhr von Antiquitäten nur mit amtlichen Begleitpapieren möglich. Nicht selten erweist sich jedoch die erworbene angebliche Antiquität bei genauerem Betrachten als Fälschung.

GOLD & SILBER

Der tagesaktuelle, im Vergleich zu Westeuropa noch deutlich niedrigere Goldpreis muss bei den Juwelieren ausgehängt sein. Verlangen Sie ein Echtheitszertifikat und achten Sie beim ebenfalls sehr günstigen Silber auf den Stempel im Innern oder auf der Rückseite des Schmuckstücks.

LEDER & BAUMWOLLE

Produkte aus Leder und Baumwolle gehören zu den klassischen Souvenirs. Das Leder sollte nicht fleckig und gut durchgefärbt sein. Das Leder-Qualitätszeichen schützt vor mangelhafter Ware. Baumwollstoffe bekommen Sie auf fast allen Märkten zu günstigen Preisen.

TEPPICHE

Beim Kauf eines Teppichs sollten Sie auf folgende Qualitätsmerkmale achten: je mehr Knoten, desto wertvoller. Als Beweis guter Arbeit sollte das Muster auf dem Rücken ebenso gleichmäßig erscheinen.

PRAKTISCHE HINWEISE

Türkei: die wichtigsten Adressen für Ihre Reise

ANLEGESTELLEN

▶ İSTANBUL

Kreuzfahrtschiffe machen in İstanbul im Viertel Galata fest. Im Bau befindet sich ein neuer Kreuzfahrthafen, der Galataport. Das Zentrum İstanbuls ist ca. 3 km entfernt, Sie können laufen, aber auch ein Taxi oder die Straßenbahn nehmen.

▶ KUŞADASI

Der Kreuzfahrthafen von Kuşadası liegt im Stadtzentrum, das fußläufig erreichbar ist.

REISEZEIT

Die beste Jahreszeit für einen Türkei-Besuch ist die Badesaison von April bis Ende Oktober. Die Sommer sind am Mittelmeer sehr heiß, im anatolischen Hochland und in der Osttürkei kommt zu der Hitze noch die Trockenheit hinzu. Die Winter wiederum sind dort schneereich und kalt. Im Winter, der sich bis in den April hinziehen kann, fällt auch in İstanbul kurzzeitig Schnee. Am Schwarzen Meer wird das Wetter zu jeder Jahreszeit von einem regenreichen, feuchtwarmen Klima bestimmt.

HANDY & INTERNET

Festnetztelefonie ins Ausland ist teuer, günstiger sind die Prepaidkarten. Vorwahlen: Deutschland: 0049, Österreich: 0043, Schweiz: 0041, Türkei: 0090. Das Land ist flächendeckend für den Handyempfang ausgerüstet. Die Nutzung deutscher Handys ist wegen der hohen Roaminggebühren teuer. Der größte türkische Mobilnetzanbieter Turkcell hat besondere Flatrateangebote (*www.turkcell.de*).

TRINKGELD

In Restaurants und Hotels sind zehn Prozent üblich. Beim Bezahlen einer Taxifahrt kann man etwas aufrunden.

INTERNETCAFÉS/WLAN

Die Türkei bietet fast flächendeckend kosten- und drahtlos Internet an. In Ferienorten hat fast jedes Café Internet, und man muss nur um den Zugangscode bitten. Bei so viel Öffentlichkeit ist es allerdings ratsam, seine Bankgeschäfte nicht vom Kaffeetisch aus zu erledigen! Surfen kostet ab 1,50 Euro pro Stunde.

WAS KOSTET WIE VIEL?

Kaffee	2 Euro *für eine Tasse Kaffee*
Fernbus	30 Euro *İstanbul–Bodrum*
Imbiss	1,50 Euro *für einen Döner*
Hamam	25 Euro *für einen Besuch*

ZYPERN

Die Lust- und Liebesgöttin Aphrodite hat besten Geschmack bewiesen, als sie Zypern wählte.

Die sonnige Insel im äußersten Osten des Mittelmeers ist die angemessene Heimat für eine Schönheitsexpertin: Lange Traumstrände, glasklares Wasser, wilde Steilküsten und zwei markante Gebirge sorgen für landschaftliche Highlights. Als kulturelle Erbstücke hat die Geschichte gotische Kathedralen, türkische Moscheen, byzantinische Klöster und Kreuzritterburgen hinterlassen. Und eine krasse Narbe: Quer über die Insel und mitten durch ihre quicklebendige Hauptstadt verläuft eine 1974 gewaltsam gezogene Grenze. Den Zyprern ist sie in Denken und Fühlen allgegenwärtig, als Reisende spüren Sie sie nur, wenn Sie mit der Nase direkt davor stehen. Ansonsten können Sie hier einen sorglosen und friedlichen Aufenthalt auf der Insel verbringen.

LIMASSOL

Das ist mal eine echte Hafenstadt! Dicke Pötte bekommen Sie genauso zu Gesicht wie fette Jachten. In Limassol (Griechisch: Lemesós) wohnt der Reichtum. Neben den 180 000 Einwohnern gibt es russischen Geldadel in der Stadt und gut laufende Schifffahrtsfirmen. Daher die Skyscraper, die Luxus-Marina und die elegante Seepromenade.

Irgendwie haben die Limassoler ein Händchen für ihre Stadt. Das Moderne räumt das Alte nicht ab, sondern zieht

Bild: Vor historischer Kulisse lässt sich das Leben in Limassol genießen

Ideal für Tagesausflüge: Von der Großstadt aus erreichen Sie ganz bequem viele wichtige Sehenswürdigkeiten in der Umgebung

es mit sich. Statt die Altstadt um den historischen Hafen den Nostalgikern zu überlassen, hat die junge Szene diesen Kiez für sich zurückerobert. Aus dem behäbigen Karree um die Markthalle ist das Epizentrum der Partymacher geworden. Alte Werkstätten bekommen ein zweites Leben als Cafés und Bars, in winzigen Seitenstraßen finden sich angesagte Locations. Die Marina ist ein exklusives Viertel; mit Plätzen, Gassen und Brücken am Wasser hat ein Hauch Venedig Einzug gehalten.

SEHENSWERTES

INSIDER TIPP 6X6 CENTRE FOR PHOTOGRAPHY

Gleich drei in einem: Galerie, Fotostudio und Museum. Historische Kameras aus der Zeit, als noch „Achtung, das Vögelchen!" gerufen wurde gleich neben aktuellen Ausstellungen. Fachsimpelei und kreativer Input sind Programm. *Infos & Öffnungszeiten unter: www.centreforphotography6x6.com*

CAROB MILL

Fabrikschick! Die alte *Johannisbrotmühle* (1937) erlebt ihren zweiten Frühling als Kulturzentrum: erstmal auf ein frisch gebrautes Bier ins *Draught (tgl. 12–2 Uhr)*, dann in eine der *Topausstellungen (www.lanitisfoundation.org)*, anschließend ins *Carob-Museum (tgl. 10–20 Uhr | Eintritt frei)* und zur Erholung ein feines Dinner in der *Karatello Tavern* neben der beleuchteten Burg. *Vasilissis Street | an der Burg*

CYPRUS LAND ★

Lassen Sie das Kind in sich raus! Bogenschießen und Ritterkämpfe gucken ist auch was für Erwachsene. Der Mittelalterpark passt wie die Faust aufs Auge zur glorreichen Geschichte von Limassol, die mit König Löwenherz Fahrt aufnahm. Dazu noch ein 3-D-Modell der Insel und historisches Handwerk – fertig ist ein unterhaltsamer Nachmittag. *Tgl. ab 9 Uhr | Eintritt 14 Euro | 12 Andokidou Street | Germasogia | www.cyprusland.com.cy*

SPORT & STRÄNDE

City Beach – pro: Sandstrand mit Bars direkt im Zentrum. Contra: Daneben verläuft die vierspurige B1. Dezenter und vor allem schattiger liegt man am Dasoudi Beach mit seinem Wäldchen. Zum Schwärmen sind die Strände westlich der Stadt, wie der lange *Lady's Mile Beach* beim Salzsee sowie der breite *Koúrion Beach*. Reizvoll ist auch der *Governor's Beach*. Wie wäre es mal mit Extras wie *Apnoetauchen (www.freedivingcyprus.com)* oder *Stand-up-Paddling (www.supclublimassol.com)* auf den Wellen?

ZIELE IN DER UMGEBUNG

'ALASSA ★

Kirche auf Tauchstation! Für den Bau des Koúris-Damms etwa 14 km nordwestlich von Limassol musste das Dorf 'Alassa 1985 umgesiedelt werden. Nur die Kirche blieb stehen und wurde geflutet. Heute ist sie eine Attraktion für Taucher. In trockenen Sommern wird der Kirchturm wieder sichtbar. Ein bizarrer Anblick und ein tolles Fotomotiv.

KOLÓSSI

Durch diese Festung, etwa 12 km von Limassol, zu stromern ist ein bisschen schauerlich. Alles sieht noch so intakt aus. Grobe Steinwände, kleine Fenster, ein einziger Kamin für die große Halle. Mann, müssen die Kreuzritter hier gefroren haben! Die *Burg von Kolóssi* gehörte dem Orden der Johanniter, der hier bis 1309 seinen Hauptsitz hatte. *Tgl. ab 8.15 Uhr | Eintritt 2,50 Euro*

ACH, DU DICKE MELONE

Zitronen wachsen im Garten, Lorbeer im Park, Thymian am Strand und Kapern am Straßenrand. Was wir daheim nur aus dem Gewürzregal kennen, sprießt in Zypern überall. Die Zyprer haben das Glück, ihre gesamte Obst- und Gemüsetheke mit Früchten der Insel füllen zu können. Bei den Pflanzen gibt es Zwerge und Riesen. Bananen aus Páfos sind klein, aber zuckersüß. Dagegen können Wassermelonen bis zu 15 kg wiegen. Groß sind auch die Kiefern und Zedern im Tróodos-Gebirge, winzig dafür die wilden Orchideen im Akámas.

ESSEN & TRINKEN

Zypern hält Leckeres aus heimischer Küche und Relikte aus der Kolonialzeit bereit

Zyperns Gerichte stammen aus einer *Multikulti-Küche*, in der alle ehemaligen Mitbewohner sozusagen ihren Senf dazugegeben haben. Jetzt stehen Muttis Rezepte aus aller Welt und fremdländische Gewürze auf dem zyprischen Speiseplan. Hülsenfrüchte sind beliebt in kalten und warmen Variationen, in Salaten sammelt sich alles, was grün ist – von Korianderblättern bis hin zu Wildgräsern.

Viele Gemüse isst man auch roh oder sauer eingelegt (Kapernzweige). Bei einer ***Mezé*** („meesee" gesprochen) kommen 12 bis 20 kleine Teller mit verschiedenen Gerichten auf den Tisch. ***Zyprisches Frühstück*** *(www.cyprusbreakfast.eu)* vs. das ewige English Breakfast mit Würstchen, Speck und Eiern ist im Kommen. Wagen Sie sich in die ***vorsintflutlichen Tavernen*** und in die modernen Gourmettempel der Zyprer. In den einen bekommen Sie authentische Hausmannskost, in den anderen Schöpfungen ***junger zyprischer Köche***, die ihre weltläufigen Kenntnisse mit den traditionellen Zutaten ihrer Heimat verschmelzen lassen. Die Konditoreien in Zypern sind ***Sündentempel***, in denen es orientalische Süßspeisen gibt und Kuchen und herzhaftes Gebäck und Cremes und Mousse und ... alles! Im ***Kafeníon*** (türk. *kahvehani*) gibt es den zyprischen ***Mokka***. Den bestellen Sie als ***Kafé*** und geben dabei an, wie Sie ihn wünschen: ***skétto*** (türk. *sadez*) – ohne Zucker; ***métrio*** (türk. *orta*) – mit etwas Zucker; ***warígliko*** (türk. *sekerli*) – mit viel Zucker.

SPEISEN

Afélia – mariniertes, in Rotwein geschmortes, recht fettes Schweinefleisch
Dolmádes – mit Reis oder Hackfleisch gefüllte Weinblätter
Halloumi – zyprischer Schafs- und Ziegenkäse
Kúpes/Kupékia – Teigbällchen aus Weizen, gefüllt mit Schweinehack, Zwiebeln und Petersilie
Scheftaliá – gut gewürzte, gegrillte Würste aus Schweinehack in Lammbauchfell
Tachíni – eine dicke Soße aus Sesam, Öl, Knoblauch, Zitronensaft

EINKAUFEN

Nicht von der Stange: Klamotten nach Maß, natürliches Superfood und Countrykunst

Langweilige Souvenirs? Nein danke! Wer richtig coole Mitbringsel sucht, der surft in Zypern am allerbesten auf der Retrowelle.

NATURKOSMETIK

Auf der Insel der Beauty-Göttin Aphrodite sind Schönheitsmittel ein Shoppingmuss. Kosmetika aus Eselsmilch stehen besonders hoch im Kurs (auf der Eselsfarm in Skarínou direkt erhältlich). Olivenseifen und -cremes sind die Bestseller und sogar in Souvenirshops zu haben. Produkte aus Rosenwasser müssen Sie probieren! Die Blüten werden frisch gepflückt und destilliert, danach zu Gesichtswasser, Shampoo und Cremes verarbeitet.

SPITZE

Das gibt es nur hier! Wer bei Stickmuster an Omas Nähkorb denkt, verpasst das Beste. In Lefkara wird in Handarbeit eine Spitze fabriziert, die es nirgendwo sonst auf der Welt zu kaufen gibt. Von edlen Tischdecken bis hin zu Zierecken für selbst gemachte Klamotten reicht die Palette der „Lefkaritika". Nicht ganz billig, aber ein Stück Luxus zum Mitnehmen.

LEDERWAREN

Sind Sie vielleicht ein Fan von schicken Schuhen oder Taschen? Dann könnte es sein, dass auf Zypern Ihr Reisebudget über Gebühr strapaziert wird, denn hier werden Sie garantiert fündig. Für Schuhe sind *Lydias Shoes* (Limassol) und *Kelpis Shoes* (Páfos) zu empfehlen. Tolle Taschen macht *Pana's Bag* (Limassol).

SUPERFOOD

Füttern Sie Ihren Koffer mit Essbarem. Zyperns mediterrane Küche hat viele gesunde Leckerlis zu bieten: *Carob-Sirup, Soujouko* („Schlangen" aus Mandeln und Weinsirup) oder *Loukoumi* (Gelee-Häppchen) für Süßmäuler, *Halloumi* (Grillkäse) und *Pastourma* (in Rotwein eingelegte Würste) als herzhafte Snacks und natürlich den berühmten *Commandaria*, den ältesten noch heute hergestellten Wein der Welt.

PRAKTISCHE HINWEISE

Zypern: die wichtigsten Informationen für Ihre Reise

ANLEGESTELLE

▶ LIMASSOL

Der Kreuzfahrthafen von Limassol verfügt über ein modernes Terminal, in dem Sie u. a. verschiedene Geschäfte vorfinden. In das ca. 4 km entfernte Zentrum kommen Sie mit dem Taxi, dem Shuttlebus oder einem öffentlichen Bus.

REISEZEIT

Zypern ist ein Reiseziel das ganze Jahr hindurch, auch wenn zwischen Dezember und April nur Hartgesottene im Meer baden. Für Naturliebhaber sind die Monate März und April wegen der Blütenpracht besonders schön.

TELEFON & HANDY

Telefonnummern sind in Südzypern acht-, in Nordzypern siebenstellig. Sie sind auch bei Ortsgesprächen vollständig zu wählen. Gespräche zwischen Nord- und Südzypern gelten als Auslandsgespräche. Für Anrufe aus dem Ausland in den Norden wählt man *0090*, gefolgt von der *392* für Festnetznummern oder *533* bzw. *542* für Mobilfunknummern. Die im Band jeweils angegebene 0 vor Festnetz- oder Mobilnummern wird dabei weggelassen.

Für Festnetzgespräche innerhalb Nordzyperns entfällt die Vorwahl *0392*, vom Ausland in den Süden wählt man *00357*. Vorwahlen: *Deutschland 0049 | Österreich 0043 | Schweiz 0041*

WAS KOSTET WIE VIEL?

Taxi	0,73/0,85 Euro *pro Kilometer (tags/ nachts)*
Mokka	2 Euro *pro Tasse*
Liegestuhl	6–7 Euro *pro Tag für zwei*
Wein	ab 10 Euro *für eine Flasche Wein im Restaurant*
Kebab	3,50–4,50 Euro *für einen Fleischspieß in Fladenbrot*

TRINKGELD

In den Rechnungen von Hotels und Restaurants ist bereits Bedienungsgeld enthalten. Wenn Sie zufrieden waren, freut man sich über Trinkgeld (5–10 Prozent).

TRINKWASSER

Das Leitungswasser können Sie im Süden der Insel bedenkenlos trinken. Das Leitungswasser in Nordzypern ist selten trinkbar.

ZEITUNTERSCHIED

In Südzypern ist es ganzjährig eine Stunde später als bei uns, im Norden im Winter 2 Stunden.

ÄGYPTEN

Es sind nicht gerade wenige Superlative, mit denen das Land am Nil aufwarten kann.

Ägypten gilt als die Wiege der Zivilisation und auch als der älteste Verwaltungsapparat der Menschheit. Hier wurde die Steinbauarchitektur erfunden, deren früheste Zeugin, die Stufenpyramide von Saqqara, man noch heute bewundern kann, hier entdeckten Archäologen die ältesten Schriftstücke der Menschheitsgeschichte und hier kann man das letzte erhaltene Weltwunder der Antike sehen: die Pyramiden von Gizeh.

Ein Superlativ aber wird selten beachtet: Ägypten ist gleichzeitig das älteste Reiseziel der Welt. Tempel und Pharaonengräber, die mit klingenden Namen wie Ramses, Tut-ench-Amun, Nofretete oder Echnaton in Verbindung gebracht werden können, dazu prächtige Moscheen und die Kirchen einer der ältesten christlichen Gemeinschaften der Welt, üppige Gärten am Nil und Wallfahrtsorte im ganzen Land locken seit Jahrtausenden Wissenschaftler und Pilger, Abenteurer oder einfach nur Neugierige hierher. So ist es nur folgerichtig, dass Ägypten auch die Geburtsstätte des modernen Tourismus ist.

ALEXANDRIA

An das Alexandria von früher erinnert nur noch wenig. Einst residierten hier die Ptolemäer-Könige, und Kleopatra beging Selbstmord. Auch wenn von diesen antiken Zeiten kaum noch et-

Bild: Sinnbild für Ägypten: das antike Weltwunder der Pyramiden

Magische Kultur der Pharaonen, idyllische Landschaften und beeindruckende Unterwasserwelten – Ägypten hat viel zu bieten

was zu spüren ist, besitzt Alexandria eine besondere Atmosphäre mit einer Mischung aus Europa und Orient.

Die Orientierung in der Stadt fällt leicht. Als schmaler Streifen zieht sie sich zwischen Meer und *Maryut-See* entlang. In Höhe des Zentrums ragt die Halbinsel *Pharos* ins Meer. Südlich der Corniche, etwa zwischen *Midan Saad Zaghlul* und *Midan Orabi*, kann man durch das europäische Alexandria bummeln und einiges vom alten Charme spüren. Spaziergänge am Mittelmeer sind in den *Montazah-Parks (Eintritt 1 £E)* am östlichen Ende der Stadt besonders schön.

SEHENSWERTES

INSIDER TIPP ALEXANDRIA NATIONAL MUSEUM

Die vom Italiener Maurizio De Paulo gestaltete Ausstellung im ehemaligen Bassili Pasha Palace zeigt auf drei Etagen griechisch-römische, koptische und islamische Exponate. *Tgl. 9–16.30 Uhr | Eintritt 40 £E | Tariq Al-Horreya 110*

BIBLIOTHECA ALEXANDRINA ★

Die historische Bibliothek von Alexandria fiel 49 v. Chr. den Flammen zum Opfer. Die Architektur des Neubaus erinnert an eine angekippte Scheibe von 160 m Durchmesser. Sehenswert sind die Sammlungen alter Manuskripte und historischer Fotos der Stadt. *So–Do 10–16 Uhr | Eintritt 60 £E | Al-Shatby | www.bibalex.org*

INSIDER TIPP ELIYAHU-HANAVI-SYNAGOGE (

Einen Blick in Alexandrias kosmopolitische Vergangenheit verspricht der Besuch der 1354 erbauten Eliyahu-Hanavi-Synagoge. Leider findet seit 2012 kein Gottesdienst mehr statt. *Tgl. 10–17 Uhr | Sharia Nabi Daniel | Anmeldung Tel. mobil 0122 7 03 10 31*

FORT QAIT BEY

Einst stand an der Stelle der berühmte *Pharos-Leuchtturm*, der im 14. Jh. infolge eines Erdbebens zusammenstürzte. Der Festungsbau aus dem 15. Jh. beherbergt ein Marinemuseum *(Eintritt 10 £E). Tgl. 9–16 Uhr | Eintritt 25 £E | im Osthafen*

MOSCHEE ABU AL-ABBAS AL-MURSI

Der jetzige Bau ersetzte 1943 den vorhergehenden und ist Alexandrias schönste Moschee. *Südlich des Forts Qait Bey an der Corniche*

RÖMISCHES THEATER ★

1964 wurde das antike Theater freigelegt; es bot 800 Zuschauern Platz. Sehenswert sind die INSIDER TIPP **Bodenmosaike mit Vogelmotiven** in der *Villa of the Birds. Tgl. 8–17 Uhr | Eintritt 15 £E, Villa of the Birds 10 £E | Kom Al-Dikka Sharia Yussif*

EINKAUFEN

ATTARIN-VIERTEL

In den großen und kleinen Läden des Attarin-Viertels finden Sie neben allen Arten von Trödel auch antiquarische Bücher. *Südlich der Sharia Al-Mitwalli*

Alexandrias Moschee Abu Al-Abbas Al-Mursi beeindruckt mit ihren Formen

ESSEN & TRINKEN

Seit Ewigkeiten wird gegessen, was im fruchtbaren Niltal wächst

Die ägyptische Küche steht gewissermaßen auf zwei Beinen: *Fuul und Taamiyya.*

Bei ***Fuul*** handelt es sich um einen dicken Brei aus stundenlang gekochten braunen Saubohnen, abgeschmeckt mit Sesamsauce, Zitrone, Gewürzen, Öl und manchmal auch Tomate. ***Taamiyya*** sind knusprig frittierte Gemüsebällchen, die Falafeln ähneln, aber einen höheren Anteil an zerstampftem Bohnenkraut aufweisen. Zu allen Speisen gehört Fladenbrot, das zu Saucen, zu Suppen, zu Eintöpfen und Fleisch oder zu Pasterma gegessen wird. Viele kleine Nebengerichte, auch ***Mezze*** genannt, lockern jede Mahlzeit auf, unter ihnen leckere Saucen und andere kalte Speisen. Am populärsten sind *Tahina*, eine ölige Sesampaste, sowie *Hummus*, ein Kichererbsenpüree, und *Baba Ghannug*, Auberginenbrei. Empfehlenswert sind auch die *Mahshi*-Gerichte aus gefüllten Kohl- oder Weinblättern. Abgerundet wird jedes Gedeck mit einem kleinen Teller *Turshi* – salzig eingelegten Zwiebeln, Radieschen, Möhren und anderem Gemüse.

Nach dem Essen wird Mokka oder Schwarztee serviert, nur mit Zucker als *Shai*, mit Pfefferminzblättern als *Shai bi-nana*. Der Tee wird häufig in ***Kaffeehäusern*** eingenommen. Für Liebhaber frisch gepresster Obstsäfte ist Ägypten ein Paradies. Überall gibt es günstige Varianten, für die das Fruchtfleisch oft einfach nur püriert ist. Besonders schmackhaft: INSIDER TIPP frische Mangosäfte zwischen Juli und November.

SPEISEN

Bitingan ma'li bi-toum – gebratene Auberginen mit Knoblauch

Fatier –ägyptische Variante der Pizza aus knusprigem Blätterteig, süß oder würzig belegt bzw. gefüllt

Kuszbariyya – im Ofen gebackener Fisch mit Tomatensauce

Mahallabiyya – aus Reismehl gekochter Pudding

Shawarma – die arabische Variante des Döner Kebab

Wara ainab – Weinblätter, gefüllt mit würzigem Reis

KAIRO

Wie ein riesiger Teppich liegt die größte Stadt Afrikas ausgestreckt in der Sahara, ausgefranst an den Rändern, geflickt und ausgebessert in der Mitte, ein gigantisches Patchworkmuster der Zivilisation.

Die Wohnviertel Kairos ziehen sich bis zum Horizont, aufgelockert von Moscheen, Minaretten und Magistralen, gleichmäßig von einem sandfarbenen Schleier bedeckt. In der Mitte zerschneidet der Nil die Betonlandschaft, eine von Wolkenkratzern gesäumte Lebensader, ohne die Kairo inmitten der Wüste nicht existieren würde.

SEHENSWERTES

ÄGYPTISCHES NATIONALMUSEUM (EGYPTIAN MUSEUM) ★ *(🕮 17/C2)*

In Ägyptens berühmtestem Museum lagern 100 000 Objekte pharaonischer Geschichte: Statuen, Särge, Mumien, Perücken, Schrifttafeln, Stoffe und vieles mehr, ein großer Teil davon ist allerdings in für die Öffentlichkeit unzugänglichen Magazinen untergebracht. Enthusiasten verbringen mehrere Tage im Museum. Höhepunkte im Obergeschoss sind die beiden Mumiensäle, deren zweiter erst 2006 eröffnet wurde, sowie die Grabbeigaben Tut-ench-Amuns. Zusammen mit dem Innensarg – 225 kg massives Gold – und anderen Beigaben aus der Ruhestätte des jungen Pharaos ist seine Totenmaske der Publikumsrenner des Hauses. *Tgl. 9–18 Uhr | Eintritt 50 £E, Mumienhalle 100 £E | Midan Al-Tahrir*

BASAR KHAN EL-KHALILI

In einem schier unüberschaubaren Gewirr an verwinkelten Straßen und Gassen befinden sich Hunderte von Läden, Werkstätten und Kaffeehäusern. Im Areal am Hussein-Hotel und in der Gasse *Sikket Al-Badestan* finden Sie orientalische Souvenirs. Die *Sharia Al-Mu'izz Li-Din Allah* östlich der Sharia El-Muski gehört den Messing-, Kupfer-, Gold- und Silberschmieden.

CAIRO TOWER ☀ *(🕮 17/B2)*

Wenn Kairos Dunstglocke aufreißt, können Sie von der Aussichtsplattform des 187 m hohen Bauwerks aus sogar die Pyramiden sehen. Café und drehbares Restaurant des Fernsehturms sind mittelmäßig.

RAMADAN

Einmal im Jahr für vier Wochen folgt das gesamte Leben in Ägypten Regeln, die wenig mit denen der übrigen Zeit gemein haben. Zwischen Sonnenaufgang und -untergang verzichten nicht nur die besonders gläubigen Muslime u. a. auf Speisen und Getränke. Auch weniger fromme versuchen, wenigstens für ein, zwei Wochen mitzufasten. Geschäfte, Ämter und Firmen schließen drei Stunden vor Sonnenuntergang und zum Zeitpunkt des Fastenbrechens, des *Iftars*, sitzen alle daheim am Esstisch bei einem Festessen. Die Zeit bis zum *Suhur*, dem letzten Mahl in der Nacht, verbringt man in den Kaffeehäusern oder in speziellen Festzelten bei Wasserpfeife, Tee und Kaffee. Der Ramadan endet mit dem dreitägigen Fest des Fastenbrechens, dem *Eid Al-Fitr*.

ISLAMISCHE ALTSTADT ★
1,5 km Länge misst die *Sharia Al-Mu'izz Li-Din Allah*, die Hauptachse der Altstadt. Marktweiber, Mofas, Milchreishändler, Moscheen und Madrassen, an jeder Ecke ein Weltkulturerbe – all das existiert hier im Überfluss. Am Bab Al-Futuh befindet sich die Moschee *Al-Hakim*. 300 m weiter folgt links die *Darb El-Asfar*, die Gelbe Gasse. Ihr Herzstück ist das ottomanische Herrenhaus *Beit Al-Suheimi* aus dem 17. Jh. Der weiter südlich stehende gewaltige *Qala'un-Komplex* wurde 1284 erbaut; gegenüber der *Madrasa al-Nasir Muhammad ibn Qalawun* befindet sich das *Textilmuseum (tgl. 9–16.30 Uhr | Eintritt 30 £E | Sharia Al-Mu'izz Li-Din Allah/Ecke Beit al-Qadi)*. Es schließt sich der Basar der Messing- und Goldschmiede an und der Markt der Gewürzhändler.

KOPTISCHES VIERTEL ★
Die Griechen nannten die Siedlung Babylon, die Römer errichteten dort eine Festung und behielten den Namen bei. Heute heißt das Viertel Alt-Kairo *(Masr Al-Qadimah)*. Es ist älter als der islamische Stadtkern und wird von orthodoxen Christen bewohnt. Einige der schönsten und ältesten Kirchen Ägyptens stehen hier. Besonders sehenswert: die *Al-Muallaqah*, die über 1000 Jahre alte Hängende Kirche mit ihren barock wirkenden Türmen.

MOSCHEE AL-AZHAR ★
Rund eine Milliarde sunnitischer Muslime weltweit sehen in der Institution gleichen Namens, der „Die Blühende" bedeutet, die höchste Instanz in Glaubensfragen. Die Moschee wurde 971 erbaut und bald darauf zur Universität erklärt. Allein wegen ihres wunderschönen Innenhofs und der Möglichkeit, für 10 £E das Minarett zu besteigen, sollten Sie sie unbedingt besuchen! *Midan Al-Hussein | www.azhar.edu.eg*

Lebendiges Treiben in Kairos Altstadt

INSIDER TIPP MOSCHEE AL-GHURI
Das Gotteshaus ist ein wahres Schmuckstück mamlukischer Baukunst aus dem 16. Jh. Bei der letzten Sanierung der Moschee entdeckten Bauarbeiter einen vergoldeten Wandfries, der ein Jahrhundert lang unter Holz verborgen war. *Sharia Al-Mu'izz Li-Din Allah/Ecke Sharia Al-Azhar*

MOSCHEE IBN TULUN ★
Fachleute halten diese Moschee für eine der schönsten der Welt. Zwischen 876 und 879 errichtet, wurde ihre harmonische, klare Gestalt seitdem kaum verändert. Das INSIDER TIPP *Gayer-Anderson-Museum (tgl. 9–16 Uhr | Eintritt frei)* am Eingang zeigt historische Wohnkultur in zwei mamlukischen Adelshäusern. *Midan Ahmed Ibn Tulun | Sayyida Zeinab*

MUSEUM OF ISLAMIC ART ★
Das Gebäude von 1887 beherbergt die weltweit größte, wertvollste Sammlung islamischer Kunst und islamischen Kunsthandwerks. *Tgl. 9–17 Uhr | Eintritt 30 £E | Sharia Bur Sa'id*

EINKAUFEN

Basare, Märkte und Ladenstraßen sind bunte, lärmende Feste für die Sinne

Für viele Reisende ist Ägypten ein Shoppingerlebnis, für andere ein Albtraum: Sie werden auf den Basaren angesprochen, müssen feilschen und wissen am Ende nie, ob sie übers Ohr gehauen wurden oder nicht. Lassen Sie sich davon nicht abschrecken, die Ägypter handeln auch. In Krämerläden, Supermärkten und Shoppingmalls ist Handeln hingegen unüblich.

GEWÜRZE, TEE & PARFÜM

Eisgekühlter *Karkadeh*, oberägyptischer Malvenblütentee, ist eine ideale Sommererfrischung. In vielen Parfümläden wird man ehrlich bedient, immer wieder aber berichten Touristen von unangenehmen Erfahrungen. Achten Sie deshalb beim Abfüllen und Einpacken darauf, dass Sie das erhalten, was Sie auch bezahlt haben!

KUNSTHANDWERK

Exzellentes ägyptisches Kunsthandwerk finden Sie fast überall. Auf dem *Khan El-Khalili* in Kairo residieren die Metallschmiede in einer ganzen Straße, den besten Silberschmuck fertigen die Beduinen in der Oase Siwa an. Die Werkstatt INSIDER TIPP NADIM *(www.nadim.org)* ist im ganzen Land bekannt für ihre prächtigen Holzarbeiten, Teetischchen, Koranständer oder Bilderrahmen im orientalischen *Mashrabiyya*-Design.

MALLS & BOUTIQUEN

Die größte Mall des Landes ist das *Citystars Center* in Kairo, in dem Sie auf zwei Etagen auch Dutzende verschiedene Läden für orientalische Souvenirs finden. Auch die moderneren Boutiqen lohnen einen Besuch: Ägypten ist berühmt für seine Baumwolle, und die Stücke sind hervorragend verarbeitet.

WASSERPFEIFEN

Möchten Sie sich eine Wasserpfeife mitbringen, dann stellen Sie sich Ihr persönliches Design zusammen! Den Tabak gibt es in vielen verschiedenen Geschmacksrichtungen und er ist in jedem Fall erheblich billiger als in Ihrem Heimatland.

PYRAMIDEN VON GIZEH ★

Auf dem Plateau von Gizeh am Stadtrand des Großraums Kairo/Giza stehen die Pyramiden von *Cheops*, *Chephren* und *Mykerinos*, erbaut vor über 4500 Jahren und das letzte erhaltene Weltwunder der Antike. Eine Anhöhe südwestlich des Geländes bietet besonders in den Morgen- und Abendstunden einen wunderschönen Ausblick auf alle drei Baudenkmäler und das Niltal. *Tgl. ab 8 Uhr | Eintritt 75 £E, zzgl. Chephren- und Cheopspyramide je 100 £E, alle anderen Pyramiden ab 40 £E, Sonnenbarke 50 £E.*

ZITADELLE

Salah Al-Din, bekannt als Saladin, der die Kreuzritter besiegte, errichtete die Festung vor über 800 Jahren. Ihre heutige Gestalt erhielt sie vor anderthalb Jahrhunderten. Die osmanische *Mohammed-Ali-Moschee (Alabaster-Moschee | geschl. zu Gebetszeiten)* thront über der Stadt, neben ihr steht die kleinere An-Nasir-Moschee. *Tgl. 9–16 Uhr | Eintritt 50 £E | zwischen Midan Al-Qal'a und Sharia Salah Salem.*

MOSCHEE SULTAN HASSAN

Der festungsähnliche Bau von 1372 besaß viele Jahrhunderte lang das höchste Minarett der Stadt. Innen beeindrucken die erhabene Stille, die durch die ausgewogene Anordnung der Säle unterstrichen wird, und die prächtigen Bronzeportale, hinter denen sich des Sultans Mausoleum befindet. *Midan Al-Qal'a*

ZIELE IN DER UMGEBUNG

MEMPHIS UND SAQQARA ★

Von dem antiken Memphis ist wenig übrig. In einem Schutzbau *(Eintritt 50 £E)* ist der riesige Torso einer Statue von Ramses II. aufgebahrt. 200 m westlich des Hauses steht die *Alabastersphinx*. Dagegen ist *Saqqara*, die dazugehörige

Die Stufenpyramide Djosers

Totenstadt, reich an Tempeln und Grabstellen *(Eintritt 90 £E)*. Die *Stufenpyramide Djosers* gilt als erstes monumentales Steinbauwerk der Menschheit. Zu besichtigen ist auch das restaurierte *Serapeum*, eine riesige unterirdische Grabanlage für die heiligen Apis-Stiere. *Tgl. 8–16 Uhr*

MIT KINDERN

DREAMPARK

Der große Vergnügungspark vor den Toren der Hauptstadt lockt mit 47 Fahrgeschäften und täglichen Veranstaltungen im *Rosa Amphitheater*. Ein Riesenspaß für die ganze Familie! *Infos & Öffnungszeiten unter: www.dreamparkegypt.com*

PRAKTISCHE HINWEISE

ANLEGESTELLE

▶ ALEXANDRIA

Der Hafen von Alexandria ist einer der größten des Landes und kann auf eine mehrere Tausend Jahre alte Geschichte zurückblicken. Im sogenannten Westhafen machen auch die Kreuzfahrtschiffe fest. Das ca. 4 km entfernte Stadtzentrum ist mit Taxis zu erreichen, die im Hafen in ausreichender Anzahl zur Verfügung stehen.

FOTOGRAFIEREN

Außer militärischen Anlagen, Häfen, Brücken, Bahnhöfen und Flugplätzen dürfen Sie alles fotografieren. In Museen und Pharaonengräbern ist die Benutzung von Blitzlicht und Stativ untersagt. In großen Museen müssen Sie Ihre Kamera sogar am Eingang hinterlegen. Dort ist Fotografieren ganz verboten.

FRAUEN

Touristinnen werden oft von ägyptischen Männern angesprochen und umworben, besonders in den Urlaubsorten. Das kann lästig sein, gefährlich ist es in der Regel nicht. Vermeiden Sie alles, was Ihrem Gegenüber Hoffnung machen könnte: Tragen Sie einen Ehering, notfalls einen geborgten. Erzählen Sie einfach von Ihrem Ehemann und von Ihren Kindern. Meiden Sie wegen der allgegenwärtigen Grapscher überfüllte Busse. Vermeiden Sie Kleidung, die zu sehr den Körper betont, sowie kurze Röcke und schulterfreie Shirts. Kurzärmelig ist okay. Werden Sie in aufdringlicheren Situationen so laut, dass alle Umstehenden Sie hören können. Man wird Ihnen schnell helfen. Menschenansammlungen wie z. B. Demonstrationen sollten Frauen aber unbedingt meiden, denn es ist dabei in den letzten Jahren zu drastischen Übergriffen gekommen.

GESUNDHEIT

Spezielle Schutzimpfungen sind nicht vorgeschrieben. Es ist ratsam, gegen Tetanus und Kinderlähmung geimpft zu sein. Malariaprophylaxe ist von Juli bis November für das Delta und die Oasen empfehlenswert. In ländlichen Gebieten besteht das Risiko, sich mit Hepatitis A anzustecken. In stehenden Gewässern und im Nil sollten Sie nicht baden: Bilharziose-Gefahr! Essen Sie nur geschältes oder gründlich gewaschenes Obst und Gemüse. Das Leitungswasser ist gechlort, zum Trinken sollten Sie Mineralwasser nehmen. Die medizinische Versorgung in den Touristenorten und in Kairo ist ausreichend. Sollten Sie in der Wüste unterwegs sein, empfiehlt es sich, Desinfektions- und Schmerzmittel mitzunehmen. Fast alle Medikamente sind frei erhältlich. Behandlungskosten müssen bar bezahlt werden. Schließen Sie eine Reisekrankenversicherung ab.

INTERNET & WLAN

Eine Stunde Surfen in einem Internetcafé kostet ab 2 £E aufwärts. Viele Cafés und Restaurants bieten ihren Gästen kostenlosen WLAN-Zugang. In den Filialen der Mobilfunkanbieter Vodafone, Mobinil und Etisalat sind billige Prepaidkarten und Daten-Sticks für das mobile Internet erhältlich.

Ägypten

Urlaub von Anfang bis Ende: die wichtigsten Informationen für Ihre Reise

MINEN

In den Wüsten sowie an den Küsten des Roten Meers liegen immer noch Minen aus den Kriegen. Verlassen Sie die Wege nie oder nur unter ortskundiger Begleitung, nehmen Sie Warnschilder ernst, übertreten Sie keine Absperrungen.

PREISE & WÄHRUNG

Das ägyptische Pfund (£E oder EGP) unterteilt sich in 100 Piaster (PT). Banken und Wechselstuben tauschen die gängigen Devisen sowie Travellerschecks ein. An Automaten erhält man Bargeld mit Kredit- oder Maestrokarte plus PIN. Karten werden auch in vielen Restaurants, Hotels und Geschäften akzeptiert. In die Oasen müssen Sie Bargeld mitnehmen. Bewahren Sie alle Umtauschbelege auf. Damit ist ein Geldrücktausch möglich, es dürfen max. 5000 £E ein- bzw. ausgeführt werden.

REISEZEIT

Die beste Reisezeit liegt zwischen Oktober und April. In den übrigen Monaten herrscht besonders in Oberägypten eine drückende Mittagshitze mit nicht selten über 40 Grad.

TELEFON & HANDY

Gespräche nach Europa sind teuer, kosten ab 9 £E (ca. 1 Euro) pro Minute. Wenn Sie von Ihrem eigenen Handy aus anrufen, vervielfacht sich der Preis. Die Vorwahl für Ägypten ist 0020, für Deutschland 0049, für Österreich 0043, für die Schweiz 0041. Die Mobiltelefone europäischer Netze funktionieren. Mit einer ägyptischen Prepaidkarte entfallen die Gebühren für eingehende Anrufe.

TRINKGELD

In Restaurants und Cafés sind ca. fünf bis zehn Prozent der Rechnungssumme üblich.

ZEIT

In Ägypten gilt die osteuropäische Zeit (MEZ + 1 Stunde). Die Sommerzeit wurde abgeschafft. Der Zeitunterschied hebt sich somit während der deutschen Sommerzeit auf.

ZOLL

Dinge des persönlichen Bedarfs inkl. 1 l Parfum, bis zu 200 Zigaretten oder 250 g Tabak und 1 l Spirituosen oder 2 l Alkohol mit max. 22 Vol.-% oder 4 l Schaumwein sind bei Einreise zollfrei. Bis zwei Tage nach Einreise dürfen im Duty Free weitere 3 l Spirituosen gekauft werden. Es ist strikt untersagt, Antiquitäten sowie Tiere und Pflanzen, die unter Natur- und Artenschutz stehen, auszuführen.

WAS KOSTET WIE VIEL?

Tee	ab 15 Cent *für ein Glas*
Espresso	etwa 6,50 Euro *für die Pyramiden von Gizeh (ohne Cheops)*
Imbiss	ab 30 Cent *für ein Falafel-Sandwich*

TUNESIEN

Ein Abend im Fastenmonat Ramadan: Familienväter und Yuppies drängeln durch die schmalen, von Läden gesäumten Gassen der Medina von Tunis; verschleierte Frauen spazieren Arm in Arm mit Mädchen in Hüfthosen an den Auslagen der Boutiquen vorbei.

In den Cafés versammeln sich junge Paare um Wasserpfeifen; Loungemusik wabert durch die Souks. Ein paar Schritte weiter sind dumpfe Trommeln zu hören. Tradition und Moderne – in Tunesien sind das keine Gegensätze, sondern sich ergänzende Aspekte. Als Badeparadies hat Tunesien sich längst einen Namen gemacht. Im Hinterland gibt es noch viel zu entdecken – punische Opferstätten und römische Tempel, wehrhafte Moscheen und orientalische Paläste für Kulturinteressierte.

TUNIS

Das Gezwitscher von Tausenden Staren vermischt sich mit dem Hupen der Autos in einem scheinbar immerwährenden Stau und den Rufen der Jasminverkäufer zu einer Hauptstadtmelodie. Tunis ist laut – aber das ist nur der erste Eindruck.

Beim genaueren Hinsehen zeigt diese faszinierende Stadt verborgene Reize und stille Winkel, lockt sie mit einer wohldosierten Mischung aus Orient und Okzident und überwältigt mit exotischen Duftkaskaden aus dem Glitzerreich ihrer Souks. Ihr mittelalterliches Herz, die *medina*, wurde nicht umsonst von der UNESCO in die Liste der Welterbestätten aufgenommen.

Bild: Prachtvoll erhebt sich die Große Moschee vor dem strahlend blauen Mittelmeerhimmel

An der Nordküste genossen Karthager und Römer das Leben. Heute finden Sie hier Traumstrände und reizvolle Feriengebiete

SEHENSWERTES

DJAMMAA EZ-ZITOUNA (GROSSE MOSCHEE) ★ *(🕮 18/B3)*

Im 8. Jh. entstand ein erstes Gotteshaus, das mehrmals umgebaut wurde. Ab dem 13. Jh. avancierten die Zitouna und die ihr angeschlossenen Lehranstalten, die Medresen, zur bedeutendsten Hochschule des Landes und zur drittwichtigsten der islamischen Welt. Nichtmuslimen ist der Zutritt untersagt; Sie können allerdings vom Innenhof aus einen Blick auf den im Dämmerlicht liegenden Gebetsraum erhaschen. Sehenswert ist das schöne Vierkantminarett mit Stuck- und Majolikadekor. *Sa–Do 8–14 Uhr | 5 TND.*

MUSÉE NATIONAL DU BARDO ★

Das archäologische Museum im ehemaligen Bey-Palast ist allein schon wegen der prunkvollen Räume des historischen Baus sehenswert. Der Bardo zeigt eine der größten römischen Mosaikensammlungen weltweit. Zu den berühmten Mosaiken zählt eine Darstellung des

Orient pur: tunesische Souks

Dichters Vergil, dem zwei Musen die Verse der „Aeneis" eingeben (3. Jh.). Das Museum beleuchtet auch die punische und frühchristliche Zeit. *April–Sept. Di–So 9–17, Okt.–März 9.30–16.30 Uhr | Quartier Bardo*

INSIDER TIPP PLACE HALFAOUINE (18/A1)

Der Altstadtbereich um die Place Halfaouine liegt nördlich der eigentlichen Medina und wurde durch den gleichnamigen Film des Regisseurs Férid Boughedir berühmt. Früher Treffpunkt der Halbwelt, hat sich der Platz heute zu einem entspannten Ort gemausert und zieht mit seinen Cafés unter Platanen die Müßiggänger an.

COMPLEXE DES TROIS MEDERSAS (DREI MEDRESEN) (18/B3)

Nur wenige Schritte von der Großen Moschee entfernt verbergen sich hinter hohen Portalen drei gegen Ende des 18. Jh.s erbaute Medresen, die früheren Lehranstalten der Zitouna-Moschee. Einzig in der *Medersa du Palmier* wird heute noch der Koran unterrichtet; die *Medersa Bachia* dient aktuell der Ausbildung von jungen Kunsthandwerkern. *Unregelmäßige Öffnungszeiten | Rue des Libraires.*

SOUKS (17/B3)

Souk, also Markt, heißt der Innenstadtbereich, dessen schmale Gassen und Plätze von winzigen Läden gesäumt und gegen die Tageshitze mit Strohmatten oder Tonnengewölben geschützt sind. Der INSIDER TIPP *Souk ech-Chechia* ist einer der interessantesten: Hier werden die Filzkappen, *chechias*, die Zierde jedes traditionsbewussten Tunesiers, verkauft. Zudem finden Sie hier auch eins der beliebtesten Cafés der Medina, das *Café Chaouechin*.

SCHLEIER

Das die Haare, den Hals und die Schultern verhüllende Kopftuch trugen früher hauptsächlich ältere Damen oder Frauen in ländlichen Regionen; heute sieht man auch viele junge Mädchen damit. Die zunehmende Verbreitung des Kopftuchs wird allerdings von vielen Frauen mit Sorge betrachtet, erscheint sie doch als Signal für die Re-Islamisierung Tunesiens. Als sicher kann gelten, dass nun wieder viele junge Mädchen von ihren Familien zum Anlegen des Schleiers genötigt werden.

ESSEN & TRINKEN

Ein Genuss für Augen, Gaumen und Nase: aromatisch-würzige Kräuter und die scharfe Harissa

Auf Landgang und der Hunger treibt Sie um? Dann lassen Sie sich ruhig auf das kulinarische Abenteuer Nordafrika ein und wagen Sie sich in ein richtiges traditionelles einheimisches Restaurant hinein, um die landestypischen Spezialitäten zu kosten. Ihr Gaumen wird garantiert überrascht und erfreut werden von den wahren Genüssen tunesischer Küche mit ihren zahlreichen Gewürzen. Verzichten Sie aber vorsichtshalber besser auf Speisen, die nicht wirklich gekocht sind, also auf Salat oder halb gare Fleisch- bzw. Fischgerichte. Es ist auch gar nicht nötig, sie zu essen; die tunesische Küche kennt viele gegarte Köstlichkeiten, sogar einen Salat aus gebratenem Gemüse, *salade mechouia*.

Harissa, eine scharfe rote Gewürzpaste, ist die wichtigste Zutat tunesischer Kochkünstler, dazu gesellen sich Gewürze und Kräuter wie Kurkuma, Koriander, Kümmel, Safran, roter Pfeffer und Minze. Kapern und Oliven geben vielen Gerichten eine besondere aromatische Note, und fast immer gehören auch Knoblauch, Paprika und Tomaten dazu. Kichererbsen spielen als Beilage eine tragende Rolle, der König aber ist Hartweizengrieß, arabisch ***Couscous***. Die Zubereitung dieses vielseitigen Gerichts, das mit Gemüse- und Fleischsauce, aber auch mit Meeresfrüchten und Fisch serviert wird, ist ziemlich langwierig. Deshalb bekommen Sie Couscous in Restaurants meistens nur auf Vorbestellung.

SPEZIALITÄTEN

baklava – feine, mit Rosinen und gemahlenen Nüssen gefüllte Blätterteigschnitten; schmecken nur dann richtig gut, wenn sie ausgiebig in Honig- oder Zuckerwasser ziehen durften.

Kebab – eine Art Lammgulasch, gewürzt mit Zitrone und frischer Petersilie

merguez – kleine scharfe, mit Knoblauch gewürzte Lammfleischwürstchen

tajine – anders als der gleichnamige Schmortopf aus Marokko ist die tunesische tajine ein mit Lammfleisch und Käse gefüllter, pikanter Auflauf.

Makroudh – süßes Gebäck aus Hartweizengrieß, das mit Datteln gefüllt und mit Honig oder Sirup getränkt wird

EINKAUFEN

Die Palette reicht von traditionellen, bunten Töpferarbeiten bis zu Silber- und Goldschmuck

Lederkamele, Messingkannen, Keramikvasen und Seidenkaftane – was davon ist typisch tunesisch? Ehrlich gesagt nichts. Wenn Sie etwas kaufen möchten, das nicht nur für Touristen angefertigt wurde, sollten Sie Geduld und Lust am Stöbern mitbringen. Denn es gibt durchaus schöne, praktische Dinge zu entdecken, etwa die schlichte braune oder lasierte Töpferware, die im Hintergrund des Ladens auf meist einheimische Käufer wartet.

DEKORATIVE KERAMIK

Grün und gelb wie die beiden großen Landschaftsräume Tunesiens, der fruchtbare Norden und die trockene Wüste, sind die traditionellen Schalen und Platten für das Nationalgericht Couscous. Wenn Sie etwas Besonderes kaufen möchten, lohnt es sich, gezielt danach zu suchen.

GEWÜRZE

Gewürze oder Duftessenzen sind leicht mitzunehmen und beliebte Mitbringsel: Im Gewürzsouk warten Kurkuma, Paprika, Kardamom, Minze, Orangen- und Rosenwasser auf Käufer. Und *harissa*, die scharfe Würzpaste in Tube oder Dose, gibt es in jedem Lebensmittelladen zu kaufen. Nur Finger weg von Safran! Der ist in den meisten Fällen nicht echt.

NATURKOSMETIK

Die tunesische Damenwelt nutzt Eisenkraut, Henna, Arganöl und andere Naturprodukte bereits seit Jahrhunderten; nun gibt es die alten Schönheitsmittelchen zu Seifen, Lotionen und Cremes verarbeitet und in hübschen Flakons zu kaufen.

SILBERSCHMUCK

Auffälligen Silberschmuck tragen viele Tunesierinnen, um den bösen Blick, Unheil oder Krankheiten abzuwehren. Die Hand der Fatima, ein Anhänger in Form eines Fischs oder ein stilisiertes Auge – sie alle haben eine schützende Funktion und sehen sehr dekorativ aus.

PRAKTISCHE HINWEISE

Tunesien: die wichtigsten Informationen für Ihre Reise

ANLEGESTELLE

▶ TUNIS

Kreuzfahrtschiffe ankern in La Goulette. Hier gibt es ein modernes Kreuzfahrt-terminal, den La Goulette Village Harbour, mit einer Touristeninformation und verschiedenen Geschäften und Restaurants. Das Zentrum von Tunis ist ca. 10 km entfernt. Im Hafen stehen ausreichend Taxis für den Transfer zur Verfügung.

FOTOGRAFIEREN

Nehmen Sie Rücksicht und fotografieren Sie Menschen nur, wenn Sie die Erlaubnis dazu haben. Militärische Einrichtungen oder Brücken sind tabu. In Museen und an Ausgrabungsstätten wird oft eine Fotogebühr von 1–2 TND erhoben; für Videokameras ist sie wesentlich höher.

GELD, PREISE & WÄHRUNG

Tunesien ist ein preiswertes Reiseland; die Kosten für Getränke, Taxis oder Sehenswürdigkeiten sind gering. Währung ist der tunesische Dinar (TND) zu 1000 Millimes. Gewöhnlich haben Banken montags bis freitags geöffnet. In allen größeren Städten bzw. Touristenzonen können Sie an Automaten Geld abheben.

GESUNDHEIT

Informieren Sie sich vor der Reise rechtzeitig über notwendige Impfungen. Verzichten Sie auf ungeschältes Obst, Gemüse und frischen Salat, trinken Sie kein Leitungswasser und nehmen Sie keine Eiswürfel oder offenes Speiseeis zu sich. Das ganze Jahr über sollten Sie auf guten Sonnenschutz achten, im Sommer brauchen Sie ein Präparat gegen Mücken.

ÖFFNUNGSZEITEN

Die Läden in den Souks haben von morgens bis abends geöffnet; die meisten bleiben am Freitagnachmittag sowie sonntags geschlossen. Restaurants öffnen in den Touristengebieten oft von morgens bis spätabends. Ruhetage oder feste Öffnungszeiten haben die wenigsten. Die angegebenen Zeiten für Sehenswürdigkeiten können variieren, sie werden spontan den Gegebenheiten angepasst. Zu Ramadan sind Ämter und Läden nur vormittags geöffnet, Lokale erst abends zum Fastenbrechen.

WAS KOSTET WIE VIEL?

Kaffee	70 Cent *für einen Espresso*
Museum	Etwa 2,50 Euro *für einen Museumsbesuch*
Bier	2–3 Euro *im Restaurant*
Snack	2 Euro *für ein brik am Stand*

MAROKKO

Wenn Sie mit dem Schiff von Spanien aus nach Marokko fahren, sehen Sie schon von Weitem die in der Sonne leuchtende Silhouette der Altstadt von Tanger – ein Meer von weißen Häusern, malerisch dicht aneinandergebaut auf einem Felsenhügel, der schroff zum Meer abfällt.

„Wer die weiße Stadt einmal gesehen hat", erzählen die Bewohner von Tanger gern, „wird um sie weinen, wenn er wieder in der Ferne ist." Was etwas pathetisch klingen mag, ist Teil des Mythos der Stadt Tanger, die vor der Unabhängigkeit Marokkos internationale Zone war: ein Treffpunkt der Schönen und Reichen, Schmuggler und Künstler, bekannt für kosmopolitischen Charme. Nur 14 km vom spanischen Festland entfernt, auf der anderen Seite der Meerenge von Gibraltar, ist es das „Tor zu Afrika". Dahinter verbirgt sich eine faszinierende, einzigartige Welt. Ein „Baum, dessen Wurzeln in Afrika liegen und der seine Zweige nach Europa rüberwachsen lässt" – so hatte es König Hassan II., der Vater des heutigen Königs, einmal formuliert. Reisen Sie nach Marokko, und Sie finden beides: Afrika und Europa.

CASABLANCA

„You must remember this, a kiss is still a kiss ..." Der Film mit Ingrid Bergman und Humphrey Bogart lässt Assoziationen zu Casablanca (4 Mio. Ew.) entstehen, die mit der Realität so gar nichts gemein haben. Die Industrie- und Handelsstadt ist

Bild: Weiß leuchten die Häuser der Altstadt von Asilah unmittelbar an der Küste

Hier finden Sie Sonne im Überfluss, spektakuläre Landschaften, herrliche Strände und beeindruckende Sehenswürdigkeiten

ein Millionenmoloch, der einen Ausflug hierhin nur dann lohnenswert macht, wenn man entweder auf extensives Nachleben steht (hier ist die Club- und Restaurantdichte noch größer als in Marrakesch), schick (also westlich) shoppen möchte oder die ★ *Mosquée Hassan II (Sa–Do 9, 10, 11 und 14 (mit Führung), Fr 9 und 14 Uhr, während des Ramadans geänderte Öffnungszeiten | Eintritt 120 DH)* besichtigen möchte. Die Moschee gilt seit ihrer Fertigstellung 1993 als Wahrzeichen der Stadt. Sie fasst 100 000 Menschen und Sie dürfen sie besichtigen. Es gibt weltweit nur eine Moschee, die noch größer ist – und die steht in Mekka und ist tabu für Nicht-Muslime. So umstritten die Mosquée Hassan II ist, beeindrucken wohl jeden Besucher des sakralen Baus u. a. die Pfeiler, die das Gotteshaus aufs Meer hinaustragen. Zeitgenössische marokkanische Kunst erwartet Sie im *Musée Villa des Arts*, das zur Fondation ONA gehört, der führenden Kulturorganisation des Landes. *30, Boulevard Brahim Roudani | www.fondationona.ma*

ESSEN & TRINKEN

Geschmacksexplosion für Ihren Gaumen: Couscous, Tajine und Co.

Die marokkanische Küche kann derb und feinsinnig, einfach und aufwendig sein. Die Palette reicht von gekochtem Ziegenkopf mit Salz und Kreuzkümmel über Fleischspieße bis zu gegrilltem Schwertfisch und mit Hackfleisch gefüllten Weißkrautbällchen.

Vorweg oder auch dazu gibt es ***Salat***, als Nachspeise einen französischen Obstkuchen oder Obst. Nationalgerichte sind Tajine und Couscous. Von ***Tajine***, einem Gericht, das in einem Tontopf ähnlich unserem Römertopf gegart wird, existieren unzählige Varianten. Mit Fisch, Schaf- und Rinderfleisch, vielleicht süß-salzig mit Backpflaumen oder ganz vegetarisch mit Gemüse. ***Couscous*** ist das typische Freitagsessen. Es wird traditionellerweise mit der Hand gegessen. Genauer gesagt mit den Fingern der rechten Hand. Dies erfordert einiges an Geschick, da aus dem Weizengrieß zusammen mit dem Gemüse ***kleine Kugeln*** geformt werden, die man so lange in die Luft wirft, bis sie nicht mehr auseinanderbrechen. Marokkanische ***Weine*** sind sehr gut und passen zu jeder Gelegenheit. Besonders empfehlenswert sind Cabernet President Rouge oder auch ein eiskalter ***Ksar Rosé***. Als Mineralwasser gibt es *Oulmes* mit, *Sidi Ali* und *Sidi Harazem* ohne Kohlensäure. Wichtiges Getränk ist ***thé à la menthe***, der nach dem Essen oder im Café getrunken wird.

SPEISEN

Briouats – kleine gefüllte und frittierte Teigtaschen

Beghrir – pfannkuchenartige Fladen, werden bevorzugt zum Frühstück mit Honig, Butter oder Amlou (Mischung aus Honig, Mandeln und Arganienöl) gegessen

Couscous – Hartweizengrieß mit sieben Gemüsen, wahlweise mit Rindfleisch, Lamm oder Huhn, seltener mit Fisch. Der süße Couscous wird mit Rosinen und gedünsteten Zwiebeln serviert, meist mit Hühnerfleisch.

Pastilla – in Blätterteig gefülltes Tauben-, Hühner- oder Hackfleisch, mit Puderzucker und Zimt bestreut

TANGER

Ziel von Agenten, Glücksspielern, Drogenbossen – das war Tanger damals, als es vor hundert Jahren als internationale Freihandelszone zwielichtige Gesellen anzog.

Kein Wunder, dass der Stadt ein zweifelhafter Ruf anhaftete: Geheimnisvoll war sie, verführerisch und gefährlich zugleich. Und so folgten auf die Schmuggler, Diebe und Abenteurer in den 1930er-Jahren die intellektuellen Aussteiger: Paul Bowles, Truman Capote und André Gide, die Tanger weltweit bekannt machten.

Heute ist Tanger (715 000 Ew.) eine moderne Stadt, vielleicht sogar die modernste des Landes. Denn sie wird seit einem halben Jahrzehnt umfassend neu gestaltet. So sind die Bauarbeiten zur neuen Marina, dem neuen schicken Hafenviertel, noch voll im Gange. Es ist das Vorzeigequartier von Tanger und präsentiert sich so, wie die Stadtplaner das wünschen: reich, luxuriös und up to date. Doch so modern nun vieles wirkt, im Gassenlabyrinth der Medina scheint die Zeit dagegen stehen geblieben zu sein. Von der Kasbah blickt man auf die grünen Hügel mit ihren Supervillen. Sie werden merken: In keiner Stadt Marokkos sind die sozialen Unterschiede so groß wie in Tanger.

SEHENSWERTES

GRAND SOCCO

Hier schlägt das Herz von Tanger. An der *Place du 9 Avril 1947,* wie der Grand Socco offiziell heißt, geht die Medina in die Neustadt über. Hier findet donnerstags und sonntags ein großer Markt statt, und Cafés säumen den Platz. Werfen Sie einen Blick in das *Cinéma Rif (www.cinemathequedetanger.com)*, ein kleines Kulturzentrum mit Café, Ausstellungen und Kino. Für eine Pause machen Sie es ganz wie die Einheimischen: Ruhen Sie sich direkt nebenan im *Parc Mendoubia* unter Schatten spendenden Bäumen aus. Lassen Sie sich auf keinen Fall die Hallen des *Marché Central* entgehen. Es ist der größte Lebensmittelmarkt der Stadt – und entsprechend lebendig geht es hier zu.

ORIENTALISCHE WELLNESS

Dass Marokkaner es lieben, in öffentliche Badeanstalten zu gehen, um sich dort zu waschen, bedeutet nicht, sie hätten kein Badezimmer daheim. Aber so richtig sauber – da ist man sich in Marokko einig – wird man dort nicht. Dafür braucht es das Hamam. Denn hier wäscht man sich nicht einfach nur, hier reinigt man die Seele. Im heißen Dampf der Nebelschwaden weicht die Haut auf, lässt sich dann leichter abschrubben, während die Seele sanft davongleiten kann. Das ist Tiefenentspannung, die man niemals unter der Dusche erlebt. Doch Vorsicht: Vor Feiertagen und am Freitag können Hamams brechend voll sein. Dann ist es schnell vorbei mit der Tiefenentspannung, denn es wird geschnattert und gequatscht, was das Zeug hält. Die Hamam-Besitzer wissen sich zu helfen, um eine gute Quote an Besucherzahlen zu garantieren: Sie heizen an diesen Tagen die Räume einfach extra heiß. Nur so bleibt niemand zu lange.

Tangers malerische Gassen

KASBAHVIERTEL

Ganz hoch oben, da wo es nicht mehr höher geht, thront die Kasbah von Tanger, diese alte Königsresidenz aus dem 17. Jh. Hierher kommt normalerweise der, der das *Museum (Mi–Mo 9–16 Uhr | Eintritt 10 DH)* im alten Palast besuchen möchte, das alte Schatzhaus oder die Besucherterrasse, von der aus man einen großartigen Blick über das Meer bis rüber nach Spanien hat. Aber die Kasbah bietet ihren Besuchern mehr. Hier oben kann man auf Spurensuche gehen. Schauen Sie sich mal das *Bab Assa* an, das durch den schönen, mosaikverzierten Brunnen auffällt: Erkennen Sie's? Das ist die berühmte „Porte de la Casbah", die Henri Matisse 1913 malte. Oder sehen Sie die kleine Tür neben dem Kunsthandwerksladen direkt am Platz? Hier findet sich die Musikervereinigung *Les Fils du Detroit (eine kleine Spende ist willkommen)*, wo man in einem kleinen Räumchen alten Männern beim Musizieren zuhören kann.

PETIT SOCCO

Wenn Tanger das internationale Zen-trum des Schmuggels um die Jahrhundertwende zum 19. Jh. war, so war der *Petit Socco*, der kleine Marktplatz das Schmugglerzentrum Tangers. Bis heute strahlt der Platz eine ganz eigene Atmosphäre aus, was wahrscheinlich vor allem an den vielen alten Cafés liegt, die kaum modernisiert wurden. Wer hier steht, sollte den Blick nach oben schweifen lassen und die Jugendstil-Hausfronten bewundern.

EINKAUFEN

Was man so zum Leben braucht, finden Sie auf dem Sonntagsmarkt beim Grand Socco. Weit mehr als einen Besuch wert ist die Galerie/der Buchladen **INSIDER TIPP** *Les Insolites (Mo–Sa 11–20 Uhr | Rue Ibn Khalid Oualid | ehem. Rue Velazquez | librairielesinsolites.tanger.over-blog.com)*. Nicht nur ein tolles Buchsortiment, sondern auch Ausstellungen (modern, Fotografie), Musik und Kunstdrucke werden Sie begeistern. Ach so, ein Café gibt es natürlich auch ...

STRÄNDE

Der feinkörnige Stadtstrand ist strahlend weiß-sauber, das Wasser klar und meist sauber. Schön sind die Strände am *Cap Malabata*, 14 km entfernt.

ZIELE IN DER UMGEBUNG

ASILAH

Die Menschen in Asilah (25 000 Ew.) sind freundlich und zurückhaltend, der Sandstrand ist weiß und sauber. Die Altstadt ist in den Farben Türkis, Blau und Weiß gehalten. Künstler haben die Hauswände bemalt, und überall gibt es gemütliche Cafés im Freien unter schattigen Bäumen. Wem Essaouira zu touristisch ist, sollte Asilah aufsuchen – denn hier ist es ein wenig so, wie es früher, vor dem großen Ansturm, in Essaouira war. Nur noch ruhiger.

TETOUAN

Ist der Ruf von Tanger legendär, so ist der von Tetouan (365 000 Ew.) vollkommen verdorben! Wo immer man sich erkundigt: Vor Tetouan wird gewarnt. Kein Wunder, denn es gibt hier vergleichsweise viele Haschischdealer, Taschendiebe und *Faux Guides*. Doch das ist nur die eine Seite der Medaille. Denn wer sich etwas Zeit für Tetouan nimmt, wird von dem orientalischen Flair, aber auch von den vielen spanischen Kolonialbauten überrascht sein. Hier verschmelzen Marokko und Spanien wie an nur wenigen Orten des Landes. Und das macht den Reiz dieser ganz besonderen Stadt aus. Die ★ *Medina von Tetouan* steht unter dem Schutz der UNESCO als Weltkulturerbe. Weiße Gassen, von gemauerten Torbögen überspannt, winden sich in sanften Kurven durch die Stadt. Viele kleine Restaurants liegen rund um die *Place Hassan II*.

AGADIR

330 Sonnentage. Damit wirbt Agadir (600 000 Ew.).

Hier landen und verweilen die meisten Strandtouristen. In der Tat bietet Agadir alles, was ein Ferienort braucht: einen kilometerlangen Sandstrand, ein herrliches Hinterland – ideal für Ausflüge –, eine ausgezeichnete touristische Infrastruktur und nicht zuletzt Sonne, Sonne, Sonne. Ein großer Anteil der Landeseinkünfte aus dem Tourismus stammt von hier. Die Küste ist mit Hotels zugepflastert, auf Schildern einiger Restaurants werden auf Deutsch Bier vom Fass und Filterkaffee angeboten, die Mietpreise sind ins Unendliche gestiegen, und der Grundwasserspiegel sinkt, da der Süßwasserverbrauch weit höher ist, als die Ressourcen es zulassen. Kleinkriminalität und Nepp, die sonst im Land eher selten vorkommen, sind in Agadir nichts Ungewöhnliches, denn jeder versucht auf seine Weise, von den ausländischen Gästen zu profitieren.

Alle Bauten Agadirs entstanden nach einem Erdbeben 1960. Aber wundern Sie sich nicht: Trotzdem es kaum alte Substanz gibt, ist Agadir eine sehr liebenswerte Stadt. Entfernt man sich ein wenig von den großen Touristenmeilen, zeigt sie sich als Universitätsstadt, als moderne Stadt mit lebendigen Wohn-

MIT KINDERN

CROCOPARC AGADIR

Eine der neuesten Attraktionen direkt vor den Toren Agadirs ist der sagenhafte Krokodilpark im Dörfchen Drarga, nahe der Autobahn. Er ist angelegt wie ein kleiner Zoo und hier leben derzeit zig Krokodile in großen Becken. Das ist keine Tierquälerei, denn sie werden darauf vorbereitet, wieder ausgewildert zu werden, und parken hier nur zwischen. Die Kleinen freut's! Denn es gibt neben lebendigem Gruselschauer auch Spielplätze und Cafés. *Infos & Öffnungszeiten unter: www.crocoparc.com*

vierteln und als Handelszentrum mit bunten Märkten und vielen Geschäften.

SEHENSWERTES

MEDINA POLIZZI

Römisches Theater, Medina-Gassen, Mosaike und Zedernholzverzierungen: Wenn Sie sich hier ein wenig an eine Walt-Disney-Welt erinnert fühlen, kein Wunder: Einst war hier ein kleines Handwerkszentrum untergebracht. Heute lohnt der Besuch nur noch wegen der herrlichen Architektur, die der Italiener Coco Polizzi hier aus dem Boden gestampft hat. Ein nettes Café unter Eukalyptusbäumen ist angegliedert. *Di–So 9–19 Uhr | Ben Sergao | Eintritt 60 DH*

MUSÉE DU PATRIMOINE AMAZIGH

Museumsmuffel aufgepasst! Mitten in der Fußgängerzone *Ait Souss* steht eines der schönsten staatlichen Museen überhaupt. Was Sie hier drin sehen, ist eine großartige Sammlung marokkanischer Berberkunst: Schmuck, Teppiche, Kleidung. Beeindruckend sind die überlebensgroßen Schwarz-Weiß-Fotografien bildschöner Berberinnen in Tracht. *Mo–Sa 9.30–17.30 Uhr | Eintritt 20 DH*

Traditionelle Fortbewegung

EINKAUFEN

Lassen Sie sich auf keinen Fall den Besuch des *Souk el Had (Sa–Do ab früh morgens | Av. Abderrahim Bouabib à Rabat | etwas südl. des Zentrums)*, einer der schönsten Markthallen des Landes, entgehen. Hier finden Sie alles, was das Herz begehrt – außer Alkohol.

STRÄNDE

An Agadirs kilometerlangem, sauberem Strand können Sie manchmal auch Flamingos sehen. Die Surferszene beherrscht dagegen die Küste in der näheren Umgebung der Stadt am Dünenstrand von *Taghazoute* (20 km nördlich).

ZIELE IN DER UMGEBUNG

PARC NATIONAL OUED MASSA ★

An der Mündung des Oued Massa, 45 km südlich von Agadir, liegt Marokkos größtes Vogelschutzgebiet mit reichlich Entdeckungspotenzial für Sie. Hier leben so seltene Arten wie Sand- und Wüstenflughühner. Unter der Ägide der deutschen Gesellschaft für Internationale Zusammenarbeit (GIZ) wurden Tierarten, die fast ausgestorben sind, wie zum Beispiel Mendesantilope und Mhorrgazelle aus dem Hannoveraner Zoo, wieder angesiedelt. Neben einer herrlichen Flusslandschaft stöbern Sie einige schöne Strände mit Höhlen auf, wo einheimische Fischer ihren Fang frisch zubereiten.

EINKAUFEN

Arganöl oder Porzellan: Beim Shoppen in Marokko gehört Handeln zum guten Stil

Ein Geschäft reiht sich in den marokkanischen Medinas ans andere, mit typischen Lederwaren, Schmuck, Keramik, Kleidung und Holzarbeiten. Nehmen Sie sich Zeit beim Kauf von Souvenirs, denn Handeln ist ein fester Bestandteil eines Kaufs. Wenn Ihnen die Basargepflogenheiten missfallen, können Sie auch in staatlichen Geschäften einkaufen, in denen alle Waren zu Festpreisen angeboten werden. Grundsätzlich sollten Sie aber in den Geschäften, die auf Touristen als Kunden spezialisiert sind, nicht einkaufen. Jede Handwerkerzunft hat in der Altstadt ihre eigene Gasse oder ihr kleines Viertel. Neben einer größeren Auswahl ist es auch ein besonderes Erlebnis, durch die verwinkelten Gassen zu schlendern. Kaufen Sie Souvenirs in den Regionen, wo sie beheimatet sind.

KERAMIK

Bekannt ist Fès nicht nur für Kupferarbeiten, sondern auch für Keramiken mit ihrem typischen blau-weißen Muster. Besonders reizvoll ist das Fèser Essgeschirr, das gerade in Blau-Weiß sehr edel wirkt. Die Keramik aus Fès ist von der Qualität her hochwertiger als die Produktionen aus der Stadt Safi, dem zweiten Töpferzentrum des Landes.

KULINARISCHES

Auf den imposanten Gewürzmärkten bekommen Sie frischen Pfeffer, Kreuzkümmel oder auch kalt gepresstes Olivenöl. Besonders empfehlenswert ist das INSIDER TIPP Öl des Arganbaums, der nur in Marokko wächst. Das aus den Nüssen des Baums kalt gepresste Öl hat einen starken Nussgeschmack und dient der Veredelung von Speisen. In Marokko wird Arganöl auch mit Mandeln und Honig vermischt (*Amlou*) und als Brotaufstrich verwendet.

LEDERWAREN

Marokko ist auch für Lederwaren bekannt. Besonders beliebt sind die traditionellen Schuhe, sogenannte *babouches*, und Ledertaschen in allen Farben und Formen.

TAROUDANNT

Taroudannt (57 000 Ew.), 80 km östlich von Agadir, besucht man wegen der vollständig erhaltenen Stadtmauer aus dem 16. Jh. und des lebendigen Souks. Die Stadt in der fruchtbaren Sous-Ebene war einst ein Haupthandelszentrum und während des 16. Jh.s Hauptstadt unter den Saadiern.

MARRAKESCH

Von den vier Königsstädten ist Marrakesch (1 Mio. Einw.) die aufregendste. Sie ist trendy, sie ist hip, sie ist verführerisch und unglaublich vielfältig.

Wer zum ersten Mal hierherkommt, kann sich kaum vorstellen, dass Marrakesch nicht die Hauptstadt ist. Denn man spürt von der ersten Minute an: Das Herz von Marokko schlägt hier. Und tatsächlich war Marrakesch seit der Stadtgründung im 11. Jh. auch immer wieder Herrschaftssitz des Landes. Aber selbst wenn „die Rote", wie Marrakesch aufgrund der Farben seiner Hauswände genannt wird, kein Regierungssitz ist, so ist sie doch die Hauptstadt der Berber und neben Casablanca das Wirtschaftszentrum des Landes. Keine Stadt in Marokko wächst so schnell (inoffiziell leben hier zwischen 3 und 4 Mio. Menschen). Trabantenstädte und neue Viertel entstehen, in denen Trends gesetzt werden. Es wird saniert und restauriert, es werden internationale Gipfel abgehalten und internationale Festivals gefeiert, und hier werden Besucherrekorde gebrochen! Rucksackreisende, Orientverfallene, Pauschalurlauber, Künstler und Stars: Alle kommen und erliegen dem Charme der Stadt.

Dass Marrakesch so beliebt ist, hat u. a. mit seiner Ursprünglichkeit zu tun: Die Stadt blieb jahrelang von modernen Entwicklungen unberührt. Der *Djemaa el Fna*, der Gauklerplatz, zog von jeher Menschen in seinen Bann und schien lange Zeit immun gegen moderne und westliche Entwicklungen. Das faszinierte. Als 1999 durch eine Gesetzesänderung auch Ausländer Häuser kaufen konnten, legte sich jeder, der etwas auf sich hielt, ein Riad in der Medina oder eine Villa an der Palmeraie zu. Stars wie Brad Pitt, Alain Delon und Kate Moss haben heute in Marrakesch ihren Zweit-, Dritt- oder Viertwohnsitz. Auch viele Privatpersonen, vor allem Franzosen, erlagen der Faszination Marrakeschs und eröffneten kleine Gästehäuser, von denen Sie als Besucher der Stadt profitieren. Die Veränderungen tun der Stadt gut: Alte Bausubstanz wird erhalten und neue Investoren machen viele Innovationen möglich.

SEHENSWERTES

DJEMAA EL FNA ★

Der Platz der Geköpften (so der Name übersetzt) ist das Highlight Marokkos schlechthin! Er steht seit einigen Jahren als Meisterwerk des mündlichen und immateriellen Erbes der Menschheit unter dem Schutz der UNESCO. Und tatsächlich: Noch immer zieht er Tag für Tag, Abend für Abend Tausende von Marokkanern von nah und fern an, die den Geschichtenerzählern lauschen, die Feuerschlucker anfeuern und den Heilern alles glauben. Hier treten Akrobaten auf, Schlangenbeschwörer und mobile Zahnärzte. Wasserverkäufer lassen sich für viel Geld ablichten, Touristen irren umher; fremde Besucher trauen sich häufig nicht, stehen zu bleiben, und betrachten das Spektakel lieber aus der Distanz. Doch wer eintauchen will ins wilde Marokko, kann das am besten hier, inmitten der Großstadt Marrakesch. Vor allem am späten Nachmittag und in den frühen Abendstunden brummt hier

Am Djemaa El Fina pulsiert das Leben Marrakeschs

der Bär! Und keine Sorge: Es ist weder gefährlich noch stressig am Gauklerplatz. Aber man sollte, wie überall, wo viele Touristen sind, auf Betrüger und Handtaschendiebe achten.

MADRASA BEN YOUSSEF ★

Erinnern Sie sich an den Hollywood-Streifen „Marrakesh" mit Kate Winslet? Dann werden Sie die Madrasa Ben Youssef wiedererkennen. Denn hier, in diesen heiligen Hallen, konvertiert die Protagonistin des Films zum Islam. Und tatsächlich hätten sich Produzent und Regisseur keinen passenderen Ort aussuchen können. Es gibt wohl keine schönere Koranschule im ganzen Land. Im 14. Jh. gegründet, erhielt sie ihre heutige Gestalt unter den Saadiern im 16. Jh. Der beeindruckend große Innenhof mit Brunnen hat Bodenfliesen aus Carrara-Marmor. Die Wände sind mit aufwendigen Kachelornamenten und arabischen Schriftzügen verziert, mit Stuckkapitellen und im oberen Bereich mit feinst gedrechselten Zedernholzarbeiten versehen. Wenn Sie nach oben gehen, überkommt Sie in den Studierzimmern vielleicht die Weisheit. Hier oben sind auch die Toiletten untergebracht (tatsächlich sehenswert und sauber!). *Tgl. 9–18 Uhr | Place Ben Youssef | Eintritt 20 DH*

MOSQUÉE KOUTOUBIYA

Sie ist das Wahrzeichen der Stadt! Eines, das nur für Muslime geöffnet ist. Die anderen müssen draußen bleiben. Doch: Schwamm drüber. Das Schönste können Sie sowieso nur von außen sehen – nämlich das Minarett. Es ist beeindruckend und beispielhaft für die typische marokkanisch-islamische Architektur. Nach ihrem Vorbild wurden alle Moscheen von Marokko errichtet. Erstaunlich, wenn man bedenkt, dass sie bereits im 12. Jh. entstanden ist. Aber nicht nur das Minarett lohnt einen Blick: Die Gebetskanzel *(Minbar)* aus Cordoba ist großartig renoviert und ganz und gar aus Holz. Freuen Sie sich: Sie ist im *Palais el Badi* untergebracht und daher auch für Sie zugänglich. *Place de la Koutoubia*

INSIDER TIPP **MUSÉE DE L'EAU AMAN**
Marokko ist mit dem Wassermuseum, das mit vollem Namen Musée Mohammed VI de la civilisation de l'Eau au Maroc Aman heißt, in der Postmoderne angekommen. Unglaublich, was man hier geschaffen hat. Museumskunst par excellence. Filme, Schautafeln, Nachbauten, aber auch Multimedia-Schauen und immer wieder Informationen zum Anfassen. In einem Wüstenland mit Wasserproblemen sollen die Menschen – vor allem Schulklassen und die Leute vor Ort – lernen, was Wasser (in Marokko: *aman)* bedeutet. *Tgl. 9.30–19.30 Uhr | Route de Casablanca | Eintritt 60 DH*

SOUKS
Wer in der Medina durch die Soukgassen läuft, weiß gar nicht, wohin zuerst mit Augen, Ohren und Nase – denn ganz gleich, wohin Sie gehen: Garantiert werden alle Sinne angesprochen. Bunte Stoffe und allerlei Zierrat locken potenzielle Käufer, Hammer- und Schleifgeräusche zeugen von den Handwerkern im Basar und weiter hinten steigt an Fressbuden Rauch von frisch gegrilltem Fleisch auf. Also, wohin zuerst? Zum Schauen, Kaufen, Essen oder Klopfen? Der Souk ist so spannend, dass man sich tagelang darin aufhalten kann. Denn obwohl er sich vor allem auf Touristen eingestellt hat, haben sich die Gassen und Läden doch ihren ureigenen Charme bewahrt.

EINKAUFEN

Der Souk ist voller schöner Dinge. Wer sich hier umschaut, entdeckt 1001 schönes Souvenir. Wem der Sinn nach Einkaufen im europäischen Stil steht, sollte einen Besuch in *Gueliz*, der Neustadt von Marrakesch einplanen. Hier gibt es schicke Boutiquen mit tollem Warenangebot.

Shopping auf orientalisch in den Souks von Marrakesch

PRAKTISCHE HINWEISE

Marokko: die wichtigsten Informationen für Ihre Reise

ANLEGESTELLEN

▶ CASABLANCA

In Casablanca legen die Kreuzfahrtschiffe im Industriehafen an. Die Sehenswürdigkeiten der Stadt befinden sich in 2 bis 4 km Entfernung; wenn Ihnen das zu Fuß zu weit ist, können Sie vom Hafen aus ein Taxi nehmen, um das Stadtzentrum zu erreichen.

▶ TANGER

Das Kreuzfahrtterminal befindet sich in der Nähe der Medina, der Altstadt, die fußläufig erreichbar ist. Im Hafen stehen auch Taxis zur Verfügung.

▶ AGADIR

Agadir besitzt kein Kreuzfahrtterminal, Kreuzfahrtschiffe legen im Industriehafen an, der ca. 6 km außerhalb der Stadt liegt. Taxis und Shuttlebusse sorgen für den Transfer in die Innenstadt.

KLIMA & REISEZEIT

Marokko können Sie das ganze Jahr bereisen – jedoch nicht überall. In den Bergen müssen Sie zwischen Oktober und Ende April mit Schnee rechnen. Auch in den Städten kann es von Dezember bis Februar kalt werden. Im Süden ist der Winter an der Küste angenehmer. Die Sommermonate sind hingegen ungeeignet für Wüstentouren. Ideale Reisezeit für Badeferien: Mai bis September am Atlantik und April bis Oktober am Mittelmeer.

TELEFON & HANDY

Sogenannte *Téléboutiques* ersetzen zunehmend die öffentlichen Telefonzellen. Man kann mit 1-, 2- und 5-, manchmal auch mit 10-Dirham-Münzen telefonieren. Die Vorwahl für Deutschland ist 0049, für Österreich die 0043, für die Schweiz die 0041, für Marokko die 00212. Das Handynetz ist in Marokko sehr gut ausgebaut. Es kann aus den deutschen Netzen telefoniert werden. Für einen längeren Aufenthalt im Land sollten Sie sich eine marokkanische Prepaidkarte *(Carte Jawal)* für das eigene Handy *(le portable)* zulegen. Diese kostet 30 DH plus Telefonguthaben. In Marokko muss die 0 immer mitgewählt werden, vom Ausland aus entfällt nach der Nationalvorwahl die 0.

TRINKGELD

Im Restaurant gibt man normalerweise 10 Prozent Trinkgeld (im Café 1 DH/Getränk). Es ist üblich, auch Taxifahrern ein wenig mehr zu geben, als das Taxameter anzeigt; je nach Fahrpreis sind ca. 2 bis 5 Dirham angemessen.

WAS KOSTET WIE VIEL?

Kaffee	0,70–1,50 Euro *für ein Glas Kaffee*
Hamam	ab 40 DH *ohne Massage u. a.*

SPRACHFÜHRER

AUF EINEN BLICK

DEUTSCH	ENGLISCH	SPANISCH
ja/nein/vielleicht	yes/no/maybe	sí/no/quizás
bitte/danke	please/thank you	por favor/gracias
Entschuldige!	Sorry!	¡Perdona!
Entschuldigen Sie!	Excuse me!	¡Perdone!
Darf ich ...?	May I ...?	¿Puedo ...?
Wie bitte?	Pardon?	¿Cómo dice?
Ich möchte ...	I would like to ...	Querría ...
Haben Sie ...?	Have you got ...?	¿Tiene usted ...?
Wie viel kostet ...?	How much is ...?	¿Cuánto cuesta ...?
Das gefällt mir (nicht).	I (don't) like this.	Esto (no) me gusta.
gut/schlecht	good/bad	bien/mal
offen/geschlossen	open/closed	abierto/cerrado

BEGRÜSSUNG & UNTERWEGS

DEUTSCH	ENGLISCH	SPANISCH
Guten Morgen!/ Tag!	Good morning!/ afternoon!	¡Buenos días!/ días!
Gute(n) Abend!/Nacht	Good evening!/night!	¡Buenas tardes!/noches!
Hallo!/Auf Wiedersehen	Hello!/Goodbye!	¡Hola!/¡Adiós!/
Tschüss!	Bye!	¡Hasta luego!
Ich heiße ...	My name is ...	Me llamo ...
Wie heißen Sie?	What's your name?	¿Cómo se llama usted?
Ich komme aus ...	I'm from ...	Soy de ...
Bahnhof/Hafen	station/harbour	estación/puerto
Abfahrt/Abflug/Ankunft	departure/arrival	salida/salida/llegada
Wie viel Uhr ist es?	What time is it?	¿Qué hora es?
Es ist drei Uhr.	It's three o'clock.	Son las tres.
heute/morgen/ gestern	today/tomorrow/ yesterday	hoy/mañana/ ayer

ESSEN & TRINKEN

DEUTSCH	ENGLISCH	SPANISCH
Die Speisekarte, bitte.	The menue, please.	¡El menú, por favor!
Könnte ich bitte ... haben?	May I have ...?	¿Podría traerme ... por favor?
Messer/Gabel/ Löffel	knife/fork/ spoon	cuchillo/tenedor/ cuchara
Salz/Pfeffer/Zucker	salt/pepper/sugar	sal/pimienta/azúcar
Essig/Öl	vinegar/oil	vinagre/aceite
Milch/Sahne/Zitrone	milk/cream/lemon	leche/crema/limón
mit/ohne Eis	with/without ice	con/sin hielo
Vegetarier(in)	vegetarian	vegetariano
Ich möchte zahlen, bitte.	May I have the bill, please?	Querría pagar, por favor.

Kurz und gut

Dieser Sprachführer hilft Ihnen, die wichtigsten Wörter und Sätze in den unten aufgeführten Sprachen zu sagen

FRANZÖSISCH	ITALIENISCH	KROATISCH
oui/non/peut-être	sì/no/fọrse	da/ne/možda
s'il vous plaît/merci	per favọre/grạzie	molim/hvala
Pardon!	Scụsa!/	Oprostite molim!
Pardon!	Scụsi!	Oprostite molim vas!
Puis-je ...?	Posso...?	Smijem li ...?
Comment?	Cọme dịce?/Prẹgo?	Molim?
Je voudrais ...	Vorrẹi .../	Htio bih ...
Avez-vous ...?	Avẹte ...?	Imate li ...?
Combien coûte ...?	Quạnto cọsta ...?	Koliko košta ...?
Ça (ne) me plaît (pas).	(Non) mi piạce.	To mi se (ne) dopada.
bon/mauvais	buọno/cattịvo	dobro/loše
ouvert/fermé	apẹrto/chiụso	otvoreno/zatvoreno
Bonjour!/	Buọn giọrno!/	Dobro jutro!/
Bonjour!	Buọn giọrno!	Dobar dan!
Bonsoir!/Bonne nuit!	Buọna sẹra!/Buọna nọtte!	Dobra večer!/Laku noć!
Salut!/Au revoir!/	Ciạo!/Arrivedẹrci!	Zdravo!/Do viđnja!
Salut!	Ciạo!	Bok!
Je m'appelle ...	Mi chiạmo ...	Moje ime je...
Quel est votre nom?	Cọme si chiạma?/	Kako se vi zovete?
Je suis de ...	Sono di ...	Dolazim iz ...
gare/port	staziọne/pọrto	željeznička stanica/luka
départ/départ/arrivée	partẹnza/partẹnza/arrịvo	odlazak/odletište/doletište
Quelle heure est-t-il?	Che ọra è?	Koliko je sati?
Il est trois heures.	Sọno le tre.	Sad je tri sata.
aujourd'hui/demain/	ọggi/domạni/	danas/sutra/
hier	iẹri	jučer
La carte, s'il vous plaît.	Il menù, per favọre.	Molim donesite jelovnik.
Puis-je avoir ...	Potrei avere...per	Mogu li dobiti ...?
s'il vous plaît	favore?	
couteau/fourchette/	coltẹllo/forchẹtta/	nož/vilicu/
cuillère	cucchiạio	žlicu
sel/poivre/sucre	sạle/pẹpe/zụcchero	sol/papar/šećer
vinaigre/huile	acẹto/ọlio acẹto/ọlio	ocat/ulje
lait/crème/citron	lạtte/pạnna/limọne	mljeko/vrhnje/limun
avec/sans glaçons	con/sẹnza ghiạccio	sa/bez Led
végétarien(ne)	vegetariạno/vegetariạna	vegetarijanac(ci)
Je voudrais payer,	Vorrẹi pagare,	Želim platiti,
s'il vous plaît.	per favọre	molim.

SPRACHFÜHRER

	DEUTSCH	GRIECHISCH
AUF EINEN BLICK	ja/nein/vielleicht	nä/'ochi/'issos
	bitte/danke	bitte/danke
	Entschuldige!	sig'nomi
	Entschuldigen Sie!	mä sig'chorite
	Darf ich ...?	Äpi'träppäte ...?
	Wie bitte?	O'riste?
	Ich möchte ...	'Thälo ...
	Haben Sie ...?	'Ächäte ...?
	Wie viel kostet ...?	'Posso 'kani ...?
	Das gefällt mir (nicht).	Af'to (dhän) mu a'rässi.
	gut/schlecht	ka'llo/kak'ko
	offen/geschlossen	annik'ta/klis'to
BEGRÜSSUNG & UNTERWEGS	Guten Morgen!/ Tag!	Kalli'mära!/ Kalli'mära!
	Gute(n) Abend!/Nacht	Kalli'spära!/Kalli'nichta!
	Hallo!/Auf Wiedersehen	'Ja (su/sass)!/A'dio!
	Tschüss!	Ja (su/sass)!
	Ich heiße ...	Mä 'läne ...
	Wie heißen Sie?	Poss sass 'läne?
	Ich komme aus ...	érchome apó...
	Bahnhof/Hafen	stathmós/limani
	Abfahrt/Abflug/Ankunft	anachórisi/anachórisi/'afiksi
	Wie viel Uhr ist es?	Ti 'ora 'ine?
	Es ist drei Uhr.	Íne tris i óra
	heute/morgen/ gestern	'simära/'awrio/ chtess
ESSEN & TRINKEN	Die Speisekarte, bitte.	Tonn ka'taloggo parakal'lo.
	Könnte ich bitte ... haben?	Tha 'ithälla na 'ächo ...?
	Messer/Gabel/Löffel	machéri/piroúni/koutáli
	Salz/Pfeffer/Zucker	aláti/pipéri/sáchari
	Essig/Öl	xídi/ládi
	Milch/Sahne/Zitrone	gála/santigí/lemóni
	mit/ohne Eis/ Kohlensäure	mä/cho'ris 'pago/ anthrakik'ko
	Vegetarier(in)	chorto'fagos
	Ich möchte zahlen, bitte.	'Thäl'lo na pli'rosso parakal'lo.

Kurz und gut

Dieser Sprachführer hilft Ihnen, die wichtigsten Wörter und Sätze in den unten aufgeführten Sprachen zu sagen

TÜRKISCH	KATALANISCH
evet/hayır/belki	sí/no/potser
Lütfen./Teşekkür.	si us plau/gràcies
Afedersin!	Perdona!
Afedersiniz!	Perdoni!
Müsaadenizle...?	Puc ...?
Pardon?	Com diu (Sie)? Com dius (Du)?
... istiyorum	Voldria ...
... var mı?	Té ...?
... ne kadar? Fiyatı ne?	Quant val ...?
Beğendim./Beğenmedim.	(No) m'agrada.
iyi/kötü	bé/malament
açık/kapalı	obert/tancat
Günaydın!/ İyi Günler!/	Bon dia!
İyi Akşamlar!/İyi Geceler!	Bona tarda!/Bona nit!
Merhaba!/Allaha ısmarladık!	Hola!/Passi-ho bé!
Hoşçakal (Plural: Hoşçakalın)/Bye bye!	Adéu!
Adım ... oder İsmim ...	Em dic ...
Sizin adınız ne?/Sizin isminiz ne?	Com es diu?
... den/dan geliyorum.	Sóc de ...
istasyon/liman	estació/port
kalkış/kalkış/varış	sortida/sortida del vol/arribada
Saat kaç?	Quina hora és?
Saat üç.	Són les tres.
bugün/yarın/ dün	avui/demà/ ahir
Menü lütfen.	La carta, si us plau.
... alabilir miyim lütfen?	Podria portar-me ...?
bıçak/çatal/kaşık	ganivet/forquilla/cullera
tuz/karabiber/şeker	sal/pebre/sucre
sirke/zeytinyağı	vinagre/oli
süt/kaymak/limon	llet/nata/llimona
buzlu/buzsuz su/soda	amb/sense gel/ gas
vejetaryan	vegetarià/vegetariana
Hesap lütfen.	El compte, si us plau.

HOW TO CRUISE

EINSCHIFFUNG

Sie geben Ihr Gepäck nach Ankunft am Kreuzfahrtterminal ab. Achten Sie darauf, wichtige Utensilien, die Sie nach Betreten des Schiffs benötigen, mit ins Handgepäck zu nehmen, da es oftmals lange dauert, bis die Koffer in die entsprechenden Kabinen gebracht worden sind. Am Check-in erhalten Sie Ihren Bordpass und durchlaufen eine Sicherheitskontrolle. Wenn Sie Glück haben, können Sie das Schiff direkt betreten; möglich ist es aber auch, dass Sie in der Wartehalle länger warten müssen, bis Sie an der Reihe sind.

AUSSCHIFFUNG

Am Vorabend der Ausschiffung müssen Sie Ihre Koffer vor Ihrer Kabine bereitstellen. Auch hier gilt: Alles, was Sie am nächsten Morgen noch benötigen, gehört ins Handgepäck.

SEENOTRETTUNGSÜBUNG

Alle Passagiere sind verpflichtet, an der Seenotrettungsübung teilzunehmen, die in der Regel am Einschiffungstag stattfindet. In Ihrer Kabine finden Sie eine Schwimmweste, die Sie für die Übung anlegen müssen. Über Lautsprecher werden Sie über die Übung informiert; begeben Sie sich zu der für Sie zuständigen sogenannten Masterstation, einem Ort bei den Rettungsbooten. Hier findet die eigentliche Übung statt.

RETTUNGSBOOTE

Die Zahl der Rettungsboote an Bord ist international geregelt und übersteigt die maximale Passagierkapazität um 125 Prozent. „Frauen und Kinder zuerst" gilt im Notfall nicht; für Passagiere mit Behinderungen gibt es Boote, die ihren speziellen Bedürfnissen angepasst sind.

Endlich unterwegs auf hoher See!

Tipps & Tricks für Ihre Kreuzfahrt

Zum ersten Mal auf großer Fahrt? Wir haben einige Infos und Begriffe rund um das Leben auf hoher See für Sie zusammengestellt

MEDIZINISCHE VERSORGUNG

Auf Kreuzfahrtschiffen ist medizinisches Personal vorhanden; auf größeren Schiffen sogar ein Krankenhaus. Bei schwerwiegenderen Erkrankungen erfolgt eine Überweisung an ein Krankenhaus an Land. Prüfen Sie, inwieweit Ihre Krankenversicherung für etwaige Krankheitsfälle aufkommt, deren Behandlung zunächst selbst bezahlt werden muss. Im Zweifelsfall schließen Sie eine entsprechende Auslandskrankenversicherung ab.

SEEKRANKHEIT

Normalerweise ist der Seegang des Mittelmeers relativ ruhig, aber auch hier kann es je nach Wetterlage etwas turbulenter werden. Die Stabilisatoren moderner Schiffe fangen zwar das Schwanken ab, können es aber im Zweifelsfall nicht ganz unterbinden. Sicherheitshalber können Sie sich vor der Abreise in der Apotheke ein entsprechendes Mittel gegen Seekrankheit kaufen.

LIEGEZEITEN

Vor Landgängen werden Sie darüber informiert, wie viel Zeit Ihnen dafür zur Verfügung steht. Beim Verlassen und bei Wiederbetreten müssen Sie Ihre Bordkarte vorzeigen. Wichtig: Sie sollten für die Rückkehr zum Schiff ausreichend Zeit einplanen. Auch wenn Schiffe eine gewisse Zeit auf verspätete Gäste warten – irgendwann fahren sie los, da verlängerte Aufenthalte im Hafen für die Reederei mit entsprechenden Kosten verbunden sind. Ist es einmal weg, stehen Sie vor einem Problem.

Letzte Hürde: die Gangway

LANDGANG

Sie können für den Landgang Ausflugsangebote inklusive Shuttle-Bus auf dem Schiff buchen und z. B. an Sightseeing-Fahrten teilnehmen. Sie können ihn aber auch eigenständig organisieren. Wenn Sie auf eigene Faust unterwegs sein wollen, finden Sie in den meisten Häfen Taxis; manchmal haben Sie auch Glück und das Stadtzentrum ist fußläufig vom Hafen aus erreichbar.

REEDE

Manche Häfen sind zu klein, als dass große Kreuzfahrtschiffe in sie einfahren können. In diesen Fällen ankern die Schiffe außerhalb, sie liegen damit „auf Reede".

TENDERBOOT

Von auf Reede liegenden Schiffen werden die Passagiere in kleineren Booten, den sogenannten Tenderbooten, für den Ausflug an Land gebracht.

GARDEROBE

Auch wenn die Garderobe an Bord infolge des zunehmend breiteren Spektrums an Kreuzfahrtschiffen inzwischen legerer ausfällt, sollten Sie sich dennoch informieren, welcher Dresscode an Bord Ihres Schiffs vorgeschrieben ist. Als Faustregel gilt: Je mehr Sterne ein Schiff hat, desto formeller ist die Kleidung. Meist wird Ihnen der Dresscode für das Abendessen mit dem Bordprogramm für den jeweiligen Tag mitgeteilt. Viele Reedereien informieren auch auf ihrer Website über den gewünschten Kleidungsstil.

KABINEN-INFOS

Normalerweise finden Sie auf Kreuzfahrtschiffen vier Kategorien von Kabinen vor, die sich in Ausstattung und Preis merklich unterscheiden:

▶ **Innenkabinen:** Sie sind die günstigste Variante ohne Meerblick und räumlich meist recht beengt.

▶ **Außenkabinen:** Hier haben Sie durch das Bullauge einen Blick auf das Meer hinaus, deutlich größer als Innenkabinen sind sie meist nicht.

▶ **Balkonkabinen:** Diese Kabinen bieten einen eigenen Balkon, der gerade im angenehmen Mittelmeerklima ein Pluspunkt sein kann.

▶ **Suiten:** Die teuerste Kategorie mit besserer Ausstattung, größerem Raumangebot und zusätzlichem Service.

TRINKGELDER

Manche Reedereien erheben eine feste Pauschale zum Reiseende, die auf die Crew umgelegt wird. Bei anderen können Sie selbst entscheiden, wem und wie viel Trinkgeld Sie geben möchten. Erkundigen Sie sich im Zweifelsfall bei Ihrer Reederei nach deren Gepflogenheiten.

KENNENLERNABENDE

Kreuzfahrten erfreuen sich auch bei Alleinreisenden großer Beliebtheit. Für diese Passagiere bieten die Reedereien entsprechende Kennenlernabende an, bei denen man mit anderen Alleinreisenden in Kontakt treten kann. Keine Sorge, diese Abende sind keine Partnervermittlungsbörse!

BORDRECHNUNG

Alle Käufe, die Sie an Bord tätigen, werden bargeldlos abgerechnet. Bei der Einschiffung registrieren Sie Ihre Kreditkarte oder leisten eine Einzahlung. Die Bordwährungen sind meist Euro oder US-Dollar. Beachten Sie, dass bei Dollarwährung Umrechnungsgebühren bei der Kreditkartenabrechnung anfallen. Vor der Ausschiffung erhalten Sie Ihre Bordrechnung. Was Sie danach bezahlen, wird Ihrer Kreditkarte separat belastet.

BORDPROGRAMM UND GESCHÄFTE

Auf Kreuzfahrtschiffen wird mit entsprechenden (Abend-)Veranstaltungen für Unterhaltung gesorgt. Für Einkäufe stehen Läden und Boutiquen zur Verfügung.

SCHIFFS-ABC

Achtern – hinterer Teil des Schiffes (Heck)
Anker – hält das Schiff an seinem Platz, Kreuzfahrtschiffe haben mehrere
Anker lichten – Hochziehen der Anker vor Abfahrt des Schiffs
Auslaufen – Hinausfahren des Schiffes aus dem Hafen
Backbord – linke Seite des Schiffes in Fahrtrichtung
Beidrehen – Drosseln des Tempos und Änderung der Fahrtrichtung des Schiffes
Bootsstationen – auch Masterstationen genannt; Wartestellen an den Rettungsbooten in Notfällen
Bug – vorderer Schiffsteil
Bullauge – rundes Fenster
Bunker – Treibstofflager auf einem Schiff
Brücke – Von hier steuert der Kapitän das Schiff
Dock – Anlegestelle des Schiffes
Faden – nautisches Längenmaß; 1 Faden entspricht 1,82 m
Flaggschiff – bestes Schiff einer Reederei, oft auch das größte und neueste
Gangway – Treppe oder Brücke, über die die Passagiere Zugang zum Schiff haben
Gieren – vom Kurs abkommen
Glasen – nautische Zeitangabe, die eine halbe Stunde bezeichnet
Hafengebühr – wird in jedem Hafen, abhängig von der Schiffsgröße, berechnet
Heck – hinterer Teil des Schiffes (siehe Achtern)
Informal – englische Bezeichnung für legere Bekleidung an Bord
Jungfernfahrt – erste Fahrt eines Schiffs mit Passagieren
Kapitän – Schiffskommandant
Kiel – von vorn bis hinten durchgängiger Bauteil eines Schiffes, der weitgehend unter der Wasserlinie liegt
Kielwasser – Wasserspur, die ein Schiff während der Fahrt hinter sich herzieht
Kombüse – Schiffsküche
Knoten – nautische Geschwindigkeitseinheit, 1 Knoten entspricht einer Seemeile pro Stunde
Kurs – Fahrtrichtung eines Schiffes
Lee – dem Wind abgewandte Seite
Lotse – leitet Schiffe durch schwierige Gewässer
Luv – dem Wind zugewandte Seite
Mayday – internationaler Hilferuf auf See
Niedergang – (schmale) Treppe im Inneren eines Schiffs
Pier – Anlegestelle für ein Schiff (auch Kai genannt)
Purser – „Zahlmeister" auf einem Schiff, zuständig für Finanzen und Kaufmännisches
Quai – Landungsbrücke
Rumpf – Schiffskörper ohne Aufbauten
Schlingern – seitliches Schaukeln eines Schiffs
Schwesterschiffe – baugleiche Schiffe einer Flotte
Seegang – Wasserbewegung, verursacht durch Wind
Seemeile – nautisches Längenmaß, entspricht 1852 m
Sextant – nautisches Messinstrument zur Ortsbestimmung
SOS – internationales Notrufzeichen
Stampfen – schaukelnde Bewegung eines Schiffs in seine Längsrichtung
Steuerbord – rechte Seite des Schiffs in Fahrtrichtung
Tide – Gezeiten (Ebbe und Flut)
Wache – Dienstzeit der Mannschaft an Bord
Wasserlinie – Höhe des Wasserspiegels am Schiffsrumpf

REGISTER

In diesem Register sind ausgewählte im Reiseführer erwähnte Sehenswürdigkeiten und Ausflugsziele aufgeführt.

REGISTER

IMPRESSUM
Titelbild: Mykonos (Getty Images/iStockphoto)
Fotos: Getty Images/iStockphoto (1); © iStock.com: AtanasBozhikovNasko (2 o., 42/43), HHakim (3 u., 130/131), brunette (3 o., 144/145), Olena_Znak (4), Roxiller (21), dvoevnore (22), Gargolas (26), Hakat (28), jotily (35), Selitbul (37), margouillatphotos (47), gianliguori (48), Madzia71 (50), PocholoCalapre (51), cavallapazza (53), eugenesergeev (54), bluejayphoto (58/59), canbedone (63), fotografiche (65), swisshippo (67), eugenesergeev (68), bluejayphoto (71), ultraforma (73), Okssi68 (74), SeanFavonePhoto (78), davidionut (81), Konstantin Aksenov (92), WitR (94/95), iascic (97), zeleno (98), xbrchx (99), Mawardibahar (102), emicristea (106/107), sugar0607 (116), ivanmateev (118), GWMB (120), excentric_01 (123), muharremz (132), hayatikayhan (134), Kuzenkova Yuliya (135), Nikada (136), Kirillm (138/139), DronG (141), InnaFelker (142), efesenko (146), tbralnina (147), urf (149), sergio_kumer (150), Meinzahn (151), ejwhite (157), Eduardo1961 (160/161), Naeblys (164), AlxeyPnferov (166), kasto80 (167), ugurhan (169), oversnap (170), apomares (178); © fotolia.com: vulcanus (2 u., 14/15), Harris Shiffman (6/7), Orhan Çam (12), vulcanus (14/15), Ingo Bartussek (31), e55evu (77), ushuaia2001 (83), javarman (88/89), dudlajzov (90), digitalsignal (91), cge2010 (100), pillerss (109), Kavalenkava (110), entrechat (113), Magrig (114), Jürgen Reitz (122), gatsi (125), lubos K (127), Dasha Petrenko (158), tbralnina (162); © mauritius Images: Hackenberg-Photo-Cologne/Alamy (5), Magdalena Dral/Alamy (8/9), Pawel Kazmierczak/Alamy (10/11), Digital-Fotofusion Gallery/Alamy (24), travelstock44/Alamy (39), age fotostock/José Fuste Raga (154/155), age fotostock/Lucas Vallecillos (156), Juan SiLVA/Alamy (176), Jochen Tack/Alamy (177); © Michael Scheuring (16, 18, 33, 45, 60, 75, 84)

SCHREIBEN SIE UNS!

Egal, was Ihnen Tolles im Urlaub begegnet oder Ihnen auf der Seele brennt, lassen Sie es uns wissen! Ob Lob, Kritik oder Ihr ganz persönlicher Tipp – die MARCO POLO Redaktion freut sich auf Ihre Infos.
Wir setzen alles dran, Ihnen möglichst aktuelle Informationen mit auf die Reise zu geben. Dennoch schleichen sich manchmal Fehler ein – trotz gründlicher Recherche unserer Autoren und Autorinnen. Sie haben sicherlich Verständnis, dass der Verlag dafür keine Haftung übernehmen kann.

MARCO POLO Redaktion
MAIRDUMONT
Postfach 31 51
73751 Ostfildern
info@marcopolo.de

1. Auflage 2019

Chefredaktion: Stefanie Penck

Autoren: Andreas Drouve, Martin Dahms, Petra Rossbach, Jördis Kimpfler, Muriel Kiefel, Peter Bausch, Gabriele Kalmbach, Barbara Markert, Bettina Dürr, Christiane Büld Campetti, Hans Bausenhardt, Klaus Bötig, Daniela Schetar, Gunnar Köhne, Dilek Zaptçioğlu, Jürgen Gottschlich, Jürgen Stryjak, Friedrich Köthe, Muriel Brunswig-Ibrahim; Koautoren: Jürgen Gottschlich, Dilek Zaptçioğlu, Laura Schmid; Bearbeiter: Michael Allhoff, Lothar Schmid, Brigitte Kramer, Tom Gebhardt, Marcel Brunnthaler, Annika Joeres, Dorothea Schmidt, Hilke Maunder, Stefanie Buommino, Stefanie Claus, Sabine Oberpriller, Friederike Anz, Peter Höh, Timo Lutz, Peter Peter, Nina Cancar, Christina Sternberg

Kartografie und Faltkarten © MAIRDUMONT, Ostfildern

Printed in Italy

FSC www.fsc.org
MIX
Paper from responsible sources
FSC® C015829

BLOSS NICHT

Besonderheiten, über die Sie informiert sein sollten

ANTIKES EINFACH MITNEHMEN

Antiquitäten, alte Ikonen und ähnliche historische Schätze dürfen in der Regel nur mit besonderer Genehmigung ausgeführt werden. Steine an antiken Stätten aufzuheben oder selbst zu graben ist nicht nur in Griechenland strafbar. In der Türkei werden auch arglose Touristen, die einen schönen Stein „eingesteckt" haben, vors Gericht gebracht und mit hohen Geldstrafen konfrontiert.

UNPASSENDE KLEIDUNG

In Touristenzentren sind Einheimische in der Regel leichte Sommerkleidung gewohnt. Insbesondere in der Türkei und in den nordafrikanischen Ländern sollten Frauen außerhalb von Touristenzentren auf sehr freizügige Kleidung verzichten, um sich vor ungewollten Avancen zu schützen.

RESPEKTLOS IN KIRCHEN UND MOSCHEEN

Die Mittelmeerländer sind katholisch bzw. muslimisch geprägt, der Glaube spielt für die meisten Menschen eine wichtige Rolle. Bei Kirchenbesuchen sollten Sie sich gegenüber den Betenden stets respektvoll verhalten, also auf Fotografieren oder Gespräche verzichten. Nackte Schultern, Shorts oder Minis sollten tabu sein. Stören Sie nicht den Gottesdienst, sondern warten Sie für den Kirchenbesuch auf jeden Fall dessen Ende ab. Bevor Sie eine Moschee besichtigen, müssen Sie die Schuhe ausziehen.

ALLES FOTOGRAFIEREN

So verständlich der Wunsch ist, möglichst viele Reiseerinnerungen auf Fotos oder in Videos zu bannen: Seien Sie rücksichtsvoll und holen Sie das Einverständnis ein, wenn Sie Personen ablichten möchten. Ein freundliches Lächeln wirkt oftmals Wunder! Und akzeptieren Sie ein Nein! Verboten ist oft das Fotografieren von militärischen Anlagen – halten Sie sich besser daran.

SICH BEKLAUEN LASSEN

Wo sich viele Menschen tummeln, muss auch immer mit ein paar zwielichtigen Gestalten gerechnet werden, die es auf Ihre Wertgegenstände abgesehen haben. Passen Sie insbesondere in Großstädten gut auf Ihre Wertsachen auf; beim Stadtbummel trägt man die Handtasche und den Fotoapparat grundsätzlich an der zur Hauswand gerichteten Seite, nie zur Straßenseite. Am sichersten sind Brust- und Bauchtaschen, in denen Sie Bargeld, Kreditkarten und Ausweispapiere verstauen können.

EXOTISCHE SOUVENIRS KAUFEN

Lassen Sie die Finger von Schildkrötenpanzern oder Schildpatt-Produkten, wie sie Ihnen z. B. auf Malta angeboten werden. Deren Import in die deutschsprachigen Länder ist ebenso verboten wie die Einfuhr anderer vom Washingtoner Artenschutzabkommen geschützter Tiere. Also, Hände weg – auch von Elfenbein, ausgestopften Reptilien, Amphibien, Fischen und Vögeln.